서강대학교 인문 과학 연구원

서강 인문 정신

005

하나의 역사, 두 개의 역사학

— 개설서로 본 남북한의 역사학 —

지은이 정두희

이 책을 지은 정두희는 서강대학교 사학과 졸업 및 동대학원에서 석사 및 박사학위를 취득했다. 전북대학교 사학과 교수, 미국 하버드 옌칭 연구소 교환 교수를 역임하였고 현재 서강대학교 사학과 교수로 재직 중이다.

주요 저서로는 『조선시대 대간 연구』(일조각, 1994), 『조선 시대 인물의 재발견』(일조각, 1997), 『미국에서의 한국사 연구』(국학자료원, 1999), 『조광조』(아카넷, 2000) 등이 있다.

주요 논문으로는 「조선 초기 지리지의 편찬」, 「조선 건국 초기 통치체제의 성립과 그 역사적 의미」 등이 있다.

하나의 역사, 두 개의 역사학 — 개설서로 본 남북한의 역사학 —

분류 번호/KDC 910

펴낸곳/조합공동체 소나무
발행인 겸 조합장/유재현
지은이/정두희
편집/강주한 · 김장환 · 임혜선
제작 · 홍보/안혜련
영업/임중혁
표지 및 본문 디자인/김장환
인쇄/대원인쇄
제본/명지문화

등록일/1987년 12월 12일
등록번호/제2 · 403호
초판 발행일/2001년 4월 19일

주소/121 · 130 서울 마포구 구수동 44 · 1
전화/(02)707 · 2483~6
팩스/(02)707 · 2487

ⓒ 정두희 2001
ISBN 89 · 7139 · 605 · 9   94910

하나의 역사, 두 개의 역사학

— 개설서로 본 남북한의 역사학 —

정두희 지음

조합공동체
소나무

최근 남북 교류가 크게 확대되면서 우리 사회에는 남북 통일에 대해 활발한 논의가 이루어지고 있다. 이러한 분위기는 우리 모두에게 미래의 남북 문제에 대하여 매우 낙관적인 전망을 갖도록 하기에 충분하다. 이러한 낙관론의 배경에는 남북 양측이 모두 같은 역사를 공유한 한민족이라는 소박하면서도 강력한 민족주의 정서가 짙게 깔려 있다고 보아도 좋을 듯하다. 정부가 앞장서고, 모든 언론 매체가 이러한 분위기를 크게 조장하면서 일반 국민의 기대는 현실을 훨씬 앞서 가고 있다. 물론 과거 불행했던 남북 문제를 생각해 보면 충분히 이해하고도 남는 일이다.

그러나 다른 한편으로 생각해 보면, 이제서야 거우 남북 문제가 정상 궤도에 오른 셈이다. 이럴 때일수록 한치의 오류도 없을 만큼 치밀한 계획을 기지고 접근해야 한다고 생각한다. 남과 북은 분명 한민족이지만 상상을 초월할 만큼 잔인한 상처를 서로에게 입혔던 역사를 가지고 있다. 서로의 가슴에 총부리를 들이댔던 한국전쟁이 그러하며, 그후 50여 년 동안 극단적인 대립 관계를 유지해 왔었던 것도 사실이다. 이제 겨우 새로운 전기를 맞아 해빙의 문턱을 넘어섰지만, 아직도 한반도에서 모든 위험 요소가 사라졌다고 볼 수는 없다.

이것이 우리가 외면할 수 없는 엄연한 현실이다. 그런 점에서 현재의 남북 관계가 바람직하게 발전해 가기를 바란다면 돌다리도 두드려 보고 건너는 신중함이 절대적으로 필요하다.

역사학도로서 필자는 최근 몇 년 동안 남북한에서 발간된 한국사 개설서들을 읽게 되었다. 그러면서 우리 역사를 바라보는 남북 역사 학계의 시각과 서술 내용이 너무도 극명하게 대조된다는 점을 절감하였다. 흔히들 남북한은 오랜 역사를 공유했다고 말하지만, 이러한 학문적 독서를 통해 필자는 남북한은 '역사'를 공유한 것이 아니라 단지 '과거'만을 공유했을 뿐이라는 결론을 얻었다.

역사란 과거에 대한 체계적인 해석으로 이루어지는 것이다. 따라서 동일한 과거에 대해서도 얼마든지 다른 해석에 도달할 수 있다. 다시 말해서 남북한의 역사학이 이처럼 다른 것은 우리들이 공유하고 있는 과거에 대한 해석이 서로 다르다는 뜻이다. 게다가 역사 해석에는 역사가의 현재적 관점이 깊이 반영될 수밖에 없다는 점을 상기한다면, 남북은 이처럼 다른 역사 해석에 이를 수밖에 없을 정도로 그 현실적 상황이 다르다는 뜻도 된다.

남과 북이 처한 현실이 이처럼 다르다면, 이 차이를 어떻게 극복할 것인가? 우리는 이러한 아주 평범한 물음에 대해 그다지 관심을 두지 않았던 게 사실이다. 오늘날 정치, 사회, 경제, 교육 등 우리 사회의 각 분야에서 맞닥뜨린 심각한 문제들을 생각하면, 현대사의 격랑 속에서 주권 국가로서 서기 위하여 너무도 사전 준비 없이 졸속으로 모든 일을 추진하였기 때문이라는 생각에 이르게 된다. 그런 까닭에 우리가 치러야 하는 대가가 너무도 크다는 것은 모두가 공감하는 바이다. 이제 신중하게 풀어가야 할 남북 문제를 대하는 상황에서 만에 하나 조급함과 무계획성으로 인해 차질이 빚어진다면 어떤 결과를 초래할 것인가 되묻지 않을 수 없다.

그 동안 우리 역사학계에서도 여러 측면에서 북한의 역사학을 검토하려는 시도가 꾸준히 있어 왔다. 그러나 필자는 매우 전문적인 분야에서 이루어진 이러한 검토를 통해 드러난 문제들은 개설서를 읽을 때 더 명료해진다는 것을 알게 되었다. 사실 학계에서 개설서가 심각하게 논의된 적은 많지 않다. 그러나 개별적 연구 성과와는 달리 개설서는 집필 당시의 역사가들이 어떠한 입장에서 역사 서술에 임하였는지를 좀더 체계적으로 보여 준다. 그런 의미에서 개설서를 검토하는 작업은 남북한 역사학의 성격을 전체적으로 조망하는 데 많은 도움이 된다고 생각한다.[1] 또한 이러한 작업은 일반 독자를 대상으로 서술된 개설서의 성격상 학계라는 제한적인 울타리를 넘어서 일반인들과도 그 성과를 함께 나눌 수 있는 장점도 있다.

남북한의 한국사 개설서를 읽으면서 필자는 현재 우리가 느끼고 있는 일반적 정서와는 달리 남북한의 현재와 미래에 매우 심각한 난제들이 산적해 있음을 발견할 수 있었다. 예상치 못한 것은 아니었지만, 구체적인 확인 과정을 통해 드러나는 차이점의 실체는 필자의 가슴을 짓누를 정도로 심각했다. 그러면서 나름대로 남북한의 바람직한 미래를 위해 어떠한 태도를 취하는 것이 좋을지에 대해 많은 생각을

---

1) 북한 역사학의 현주소를 종합적으로 이해하려는 노력은 이기동 교수에 의해 시도되었다. 그의 논문, 「북한 역사학의 전개 과정」(『한국사 시민 강좌』 21, 1997. 8)은 1945년 이후 북한 역사학이 어떻게 전개되어 왔는지를 매우 체계적으로 검토하고 있다. 이 논문에서 그는 북한 역사학이 1970년 이후 파산의 길로 치닫고 있다는 절망적인 진단을 내린 바 있는데, 필자도 그의 진단에 동의한다. 북한의 역사학을 있는 그대로 조망하면 이외의 다른 진단이 나올 수가 없다고 생각한다. 이 논문에 대해서는 다른 기회에 다시 언급할 기회가 있을 것이다. 그리고 이기동 교수의 북한에 대한 다른 글들은 그의 저서 『전환기의 한국사학』(일조각, 1999. 8)의 제3장에 수록되어 있다.

하도록 하였다. 그렇게 해서 얻은 필자의 결론은 남들이 어떻게 생각하든지 무관하다고 생각할 정도로 가벼운 것은 결코 아니다. 남북간의 교류가 남북 양 국가 원수의 만남으로 공식화되었던 2000년 중반 이후 통일에 대한 기대와 낙관은 크게 증폭되었다. 하지만 남북간에 현실적으로 존재하는 대립과 차별성을 어떻게 구체적으로 극복할 수 있는가에 대해서는 거의 언급이 없었다. 오히려 그런 논의는 남북 통일을 반대하는 나쁜 의미의 보수적 태도라고 매도되기 십상이었다. 그러나 통일이라든지 통합이라는 것은 항상 차이점을 정확히 인식한 다음에야 제대로 논의될 수 있다는 것을 잊어서는 안 된다.

지금까지 대부분의 우리 나라 사람들은 남북 문제를 푸는 방법을 민족주의에서 찾는 데 매우 익숙해져 있다. 그러나 그러한 민족주의적 정서는 매우 감성적이라고도 할 수 있다. 물론 남북 이산가족이 상봉하면 너나할것없이 부둥켜안고 눈물을 흘리는 그 슬픔과 감격의 현장에서 이성적 판단이 비집고 들어설 틈은 전혀 없을 것이다. 그러나 우리들이 처한 현실은 이런 감격적인 만남만으로 모든 문제를 풀기에는 너무도 복잡하게 얽혀 있다는 사실을 잊어서는 안 된다. 그런 점에서 남과 북의 바람직한 미래를 위해 우리가 어떠한 태도로 임할 것인가는 매우 심도 있게 논의해야 할 국가적 과제라 하겠다.

이 점과 관련하여 필자는 꼭 짚고 넘어가고 싶은 것이 있다. 남과 북은 같은 민족이다. 동시에 격동의 20세기 후반 50년 동안 너무도 상이한 체제를 각기 발전시켜 온 서로 다른 두 나라이다. 더군다나 남북 양국은 이미 유엔에 동시 가입함으로써 서로 다른 국가임을 공식적으로 인정하였다. 이 책을 통해 밝히겠지만, 남과 북의 두 국가 체제는 동일한 과거에 대해 너무도 다른 역사 해석에 도달할 정도로 이질적이다. 국가의 체제, 이념, 사회 구성 원리, …… 이처럼 모든 점에서 다르다면 남과 북의 두 국가가 추구하는 이상도, 이해 관계도 엄청나게 다를 수밖에 없다. 그런 점에서 필자는 남북 문제에 관한 한, 가슴속에는 뜨거운 민족 동질성에 대한 확신을 품되, 냉철한 이성적 분별력을 가지고 임해야 한다는 사실을 한시도 잊어서는 안 된다고 확신하게 되었다. 이 한 권의 책은 너무나도 미력하지만, 이런 문제들을 성찰하는 데 도움이 되기를 간절히 바란다.

이 책의 제1부에서 필자는 일제 시대부터 이어지는 한국사학사의 흐름 속에서 남한의 역사학자들이 쓴 개설서를 정리하려고 노력하였다. 사실 최근 한국사학계의 연구 성과를 보면 다양한 분야에 걸쳐 너무도 방대한 양이 쌓이고 있다. 따라서 이 모든 경향을 혼자의 힘으로 정리한다는 것은 거의 불가능한 일이다. 그러나 이러한 한국사학계의 흐름을 개설서를 통해 살펴보면 한국사 전체에 대한 의미 있는 조망이 가능하다는 사실을 발견할 수 있다. 결국 개별적인 연구 성과의 단순한 축적만이 중요한 것이 아니라, 이 전체를 하나의 체계로 정리하려는 노력이 왜 필요한 것인가를 깊이 깨닫는 기회가 될 것으로 기대한다. 그리고 하나의 단일한 사관에 종속되지 않고 꾸준히 다원화의 길을 걸어온 한국 역사학계의 현주소를 이해하는 것도 중요하다고 생각한다. 결국 민족주의와 내재적 발전론이라는 두 개의 기둥을 세우기 위해 노력하였던 우리 학계의 노력이 어떻게 정리되어 갔는가를 사학사의 흐름 속에서 이해하는 일은 앞으로 새로운 방향을 모색하는 데 매우 의미 있는 작업이 될 것이다.

이 책의 제2부에서는 북한 개설서들에 나타난 북한 역사학의 성격을 여러 측면에서 드러내려고 노력하였다. 흔히들 남북한은 수천 년의 역사를 공유하고 있다고 말하면서 서로의 동질성을 강조하는 경우를 종종 접하게 된다. 그러나 남북이 공유하고 있는 것은 역사가 아니라 과거일 뿐이라는 점을 깨닫게 되기를 바란다. 과거란 현대적 해석을 기다리는 대상일 뿐이다. 그리고 과거에 대한 해석은 역사가의 현재적 관점에 따라 얼마든지 달라질 수 있다. 그러므로 남북의 현실적 상황에 차이가 있는 만큼 당연히 그 역사 해석에서도 큰 차이가 있다. 바꾸어 말하면 역사 해석에 차이가 있는 만큼 남북이 처한 현실적 상황에 차이가 있다는 뜻이기도 하다. 북한의 역사학이 그 나름대로 민족주의적이며 내재적 발전론이라는 두 흐름을 중요시하고 있지만, 그것은 어디까지나 김일성 주체사상이라는 하나의 이념에 종속되었다는 점에서 남한의 경향과는 매우 다르다. 제1부와 제2부를 읽으면서 남북한 역사학을 대비해 볼 수 있는 기회가 되었으면 한다.

마지막으로 제3부에서는 남북의 역사학이 과연 통합 가능한지에 대해 고찰하였다. 남북한 양측의 역사학에 공통적 기반이 없지는 않지만, 그 추구하는 방향이 전혀 다르다는 점을 다시 한번 정리하여 제시하였다. 그러므로 남북한이 비록 오랜 과거를 공유하고는 있지만, 그것을 해석하는 현재적 상황이 전혀 다르기 때문에 단순한 통합이 불가능하다는 점을 설명하려 하였다. 더군다나 남한의 역사학이 꾸준히 다양한 해석이 공존하는 다원주의를 지향하고 있음에 비하여 북한의 역사학은 김일성의 주체사상이라는 절대적 이념을 합리화하려는 일원적 귀결점을 지향한다는 점에서도 현시점에서의 남북한 역사학의 통합이란 명제는 불가능할 뿐 아니라 부질없는 논의에 불과하다는 점을 설명하려고 하였다. 여기서 말하는 '통합 불가능'이란 문제는 남북 교류가 필요 없다는 뜻이 아니라, 남북 문제에 접근하는 우리들의 기본적 자세에 근본적으로 새로운 변화가 필요하다는 뜻이다. 이 책을 통해 이러한 점을 환기시키고자 했던 필자의 생각이 바르게 전달되길 바란다.

이 책을 펴내는 데 필자는 많은 분들의 도움과 격려를 받았다. 특히 북한의 역사학에 대한 관심을 지속적으로 유지할 수 있었던 것은 서강대학교 동아연구소의 지원 덕분이었다. 그런 기회를 가질 수 있도록 도와주신 동아연구소의 당시 소장이신 서강대학교 경제학과의 김수용 교수와 현재 소장이신 철학과의 정인재 교수에게 우선 감사드린다. 그리고 50여 권 이상의 한국사 개설서를 읽을 수 있었던 것은 서강대학교 인문과학연구원의 지원 때문이었다. 이번 연구 계획을 지원해 주신 당시 인문과학연구원장이었던 사학과 이종욱 교수에게 깊은 감사의 뜻을 전한다. 그리고 북한의 역사학에 대한 연구는 서강대학교 국어국문학과의 성현경 교수의 격려가 큰 힘이 되었으며, 또한 모든 궂은 일을 마다 않고 연구에만 전념할 수 있었던 것은 국어국문학과의 한동완 교수의 도움 때문이었다. 이 자리를 빌어 두 분께 감사드린다. 이 책의 제1부를 사학사적인 관점에서 이 정도로나마 다시 정리할 수 있었던 것은 박환무 씨의 비평과 충고의 덕분이었다. 그러나 이 책을 '조합공동체 소나무'에서 '서강인문정신' 시리즈로 출판할 수 있도록 특별히 추천해 주신 것은 서강대학교의 인문과학연구원장이신 철학과의 강영안 교수였다. 강 교수와 조합공동체 소나무 식구들께 진심으로 고마운 인사를 드린다.

2001년 4월

정두희

차 례

■ 제2부
북한 역사학의 성격

제1부
개설서를 통해 본 한국사학사의 전통

개설서를 통해 본 한국사학사의 전통

1. 한국사 개설서를 통해 한국사학사를 돌아보면서

최근 여러 방면에서 한국사 연구의 역사를 정리하는 작업이 이루어지고 있다. 하지만 이 과정에서 한국사 전체를 다룬 개설서槪說書나 시대사時代史 등은 심각한 고려의 대상이 되지 못하였다. 학자들의 개별적인 연구 논문이나 저서 등을 통해 밝혀지는 역사적 사실들은 그 성격상 여러 면에서 단편적일 수밖에 없다. 그러나 이러한 단편적인 사실들을 종합하여 전체적인 역사상歷史像을 그려보려는 시도가 이루어지지 않는다면, 학자들의 개별적인 연구 결과의 효용성에 대하여 심각한 회의가 제기될 수도 있다. 나아가 개별 학자들의 연구가 상호 긴밀한 연관성을 맺을 수도 없다. 그러므로 좋은 개설서는 학자들의 개별적인 연구를 종합함으로써 기존 연구 성과를 체계적으로 정리하고, 또 개설서에 정리된 체계적인 지식은 그 이후 진행될 개별적인 연구에도 일정한 영향을 주게 된다. 우리들이 개설서에 대하여 좀더 각별한 관심을 기울여야 할 필요가 여기에 있다.[1]

---

[1] 이기동, 「한국사 시대 구분의 반성과 전망」, 『전환기의 한국사학』(일조각, 1999.

　지난 30여 년 동안 한국사에 대한 연구는 양적인 면에서나 질적인 면에서 커다란 성과를 거두었다. 그러나 여러 분야에 걸친 다양한 연구가 그처럼 많이 이루어졌지만, 이들을 종합하여 체계화하려는 시도는 상대적으로 소홀하였다.

　개별적인 연구가 확대되면 될수록 새롭게 발견되는 사실도 늘어나게 마련이다. 이와 동시에 학자들 사이에 있게 마련인 견해 차이도 더욱 분분해진다. 학문學問의 세계에서 생기는 견해 차이는 당연한 것이지만, 개별적 사실들이 모여 하나의 전체적 모습을 그려낼 수 없다면 그러한 개별적인 연구가 필요한 까닭은 또 어디에 있겠는가. 개별적인 연구에 몰두해야 하는 역사가들은 자신의 연구 결과가 동시대의 다른 현상들과 어떠한 관련성이 있는지를 끊임없이 살펴야 한다. 또한 전후前後의 시대상時代相과 흐름을 일치시키려는 노력 또한 기울여야 한다. 이러한 일을 통해 역사 연구의 근본 목적이 개별적인 사실 하나하나를 구명究明하는 것이 아니라, 이러한 사실들이 모여 이루게 될 전체적인 역사상을 제시하는 것임을 깨닫게 된다. 이런 점에서도 우리들이 개설서에 대하여 깊은 관심을 기울여야 할 이유가 있다. 개별적인 연구가 이처럼 확대되어도 그에 따라 좋은 개설서가 많이 나타나지 않는 것은 매우 유감스러운 일이다. 지난 30여 년 동안 한국사 전반에 대한 연구가 얼마나 발전하여 왔는가를 생각해 본다면 이러한 의문은 더욱 커진다. 이제 한 세기를 마감하고 새로운 세기를 눈앞에 두고 있는 이 시점에서 우리들의 연구 자세를 가다듬는 일은 아무래도 이러한 반성과 함께 시작되어야 하겠다.

　한국사 전체를 서술한 개설서를 제대로 이해하려면 한국사 전반에

---

8)에서는 한말 애국계몽 운동 시기에 나온 개설서부터 최근의 것까지 개설서들을 중심으로 한국사 시대 구분의 흐름을 검토하고 있다. 지난 한 세기 동안의 개설서 전체를 조망한 것은 이것이 거의 최초의 시도가 아닌가 한다.

걸친 깊은 안목이 필요하다. 그러나 유감스럽게도 필자의 능력이 이에 미치지 못하기 때문에 여기서는 조선 전기前期 서술을 중심으로 개설서의 성격을 검토하려 한다. 일제 식민주의 사학자들의 연구에서부터 지금 우리 학계의 연구에 이르기까지 조선 전기에 관한 역사의 해석은 매우 중요한 문제였다. 조선의 건국과 그 통치 체제의 성격을 비롯하여 대외 관계를 둘러싼 논쟁, 그리고 당쟁에 대한 해석의 문제 등은 한국사 전체의 성격을 해명하는 핵심 과제이기 때문이다.

이 연구를 위해 필자는 50여 종 이상의 개설서를 구해 읽었다. 그런 과정에서 조선 전기 역사를 이해하기 위한 학계의 노력이 어떠한 성과를 이루었으며, 또 어떠한 노력을 더 기울여야 하는지에 대하여 많은 생각을 하게 되었다. 더 나아가 현재 양적·질적으로 커다란 발전을 이루고 있는 한국사학계가 앞으로 나가야 할 방향에 대해서도 생각해 볼 기회를 갖게 되었다.

그러나 여기에서는 필자가 읽은 것이나마 모두 언급할 수 없었음을 밝힌다. 안타깝지만 필자가 읽었던 개설서를 선택적으로 논평하는 것이 불가피하였음을 이해해 주기 바란다. 따라서 여기서 충분히 언급하지 못했던 개설서들은 또 다른 연구자가 마저 검토하기를 바랄 뿐이다. 그러나 필자의 이 작은 글이 지금까지의 연구 논문이나 저서들에 대한 회고回顧와 전망展望에서는 드러나기 어려웠던 또 다른 문제점들을 성찰하는 데 도움이 되었으면 한다. 이에 덧붙여 이제 깊은 사색思索이 담긴 좋은 개설서를 세상에 내놓으려는 학계學界의 노력이 절실함을 인식하는 계기가 되었으면 한다.

2. 여명기의 개설서와 안확安廓의 『조선문명사朝鮮文明史』

우리 나라에서 근대적인 학문으로 역사 연구가 시작된 지는 그리
오래되지 않았다. 개별적인 연구 결과가 누적되지 않은 상태에서 좋
은 개설서가 나오기를 바랄 수는 없지만, 외세의 침략에 대응하면서
내적으로는 근대적인 개혁을 추진해야 했던 19세기 말에는 어떤 형
태로든 국민들에게 역사 의식을 심어 줄 새로운 역사 교육의 필요성
이 대두하였다. 그런 점에서 볼 때, 본격적인 개설서라고 할 수는 없
어도 1899년 학부學部에서 편찬한 교과서인, 『대한역대사략大韓歷代史
略』 같은 것들을 무시할 수는 없다. 학부에서 편찬한 이 『대한역대사
략』의 제7권은 '본조기本朝記'라 하여 조선 시대를 다루고 있다. 하지
만 그 형식과 내용은 마치 실록實錄을 축소해 놓은 듯하다. 한문으로
쓰여지고 실록과 같은 편년체編年體로 서술된 이 책은 여러 가지 한
계를 지니고 있다. 따라서 당시의 급박한 국내외 현실에 비추어 볼
때 제구실을 하기는 어려웠을 것이다.[2]

그러나 1906년 현채玄采가 편집한 『중등교과中等敎科 동국사략東國
史略』에 이르면 그 체제와 내용에서 모두 크게 달라진다. 우선 이 책
은 국한문 혼용으로 쓰여졌다. 또한 전체 역사를 태고사太古史(단군 조
선檀君朝鮮—기자 조선箕子朝鮮—삼한三韓), 상고사上古史(삼국 시대三國時代
—신라 멸망新羅滅亡), 중고사中古史(고려 시대), 근세사近世史(조선 시대)로
시대를 구분하였다. 그리고 오늘날 우리들이 흔히 조선 전기라고 부
르는 시대를 '조선기상朝鮮期上' '세종 치적世宗治積' '세조 정난世祖靖

---

[2] 개화기 시대의 교과서들은 한국학문헌연구소에서 정리하여 아세아문화사에서
『韓國開化期敎科書叢書』간행하였다. 여기서 언급한 『대한역대사략』도 이 총서 가
운데서 인용한 것이다. 특히 이 책의 조선 시대 부분은 『한국 개화기 교과서 총
서』 13, p. 111 이하를 참조할 것.

難’‘대전大典의 제정制定’‘사림士林의 화급 외교禍及外交’‘임진란壬辰亂’이라는 6개의 장으로 나누어 서술하고 있다. 우선 역대 왕들의 재위在位 순서로 역사를 서술한 것은 그 이전의 교과서와 다를 바 없으나, 태조太祖와 태종太宗, 세종世宗과 세조世祖 등 네 왕의 치적에 중심을 두고 서술하였다는 점이 크게 다르다. 그리고『경국대전經國大典』의 제정과 그 내용에 대하여 별도로 항목을 나누어 서술한 점, 사림과 사화士禍 문제와 임진란을 별도로 취급한 점을 보아도 서술 체제가 종전보다 크게 발전하였다는 사실을 알 수 있다.

현채는 이 책의 서문에서 종전의 학부에서 편찬한 역사책이 매우 부실하다고 지적하였다. 그리고 일본인 하야시 타이스케(林泰輔)가 지은『조선사朝鮮史』7책이 우리 나라의 역사를 매우 자세하게 기술하고 있다고 감탄하면서, “그 나라에 살면서 그 역사를 제대로 기술하지 못하고, 지금에 이르러서는 타국 사람이 지은 것을 읽으면서도 부끄러워하지 않으니, 이것은 무슨 까닭이냐?”고 자책하고 있다.[3] 그는 이 책을 쓰면서 단순히 중등 교과서를 쓰는 것이 아니라 과거의 것과는 다른 새로운 역사책을 써야겠다고 생각했던 모양이다. 특히 그가 살던 당시 국가적 위기에서 벗어나 자주 독립을 지켜야 한다는 시대적 요구에 부응하는 역사책이 반드시 나와야 한다는 사명감을 가지고 있었던 것이나.

1928년 현채는 다시『반만년半萬年 조선역사朝鮮歷史』를 저술하였다. 그러나 이 책은 앞에서 소개한 1905년의『중등교과 동국사략』과 동일하다. 그는 이 때에 와서『동국사략』을『반만년 조선역사』라는 이름으로 다시 출간한 것이다.[4] 전체적으로 태고사, 상고사, 중고사,

---

3) 현채가 편집한『중등교과 동국사략』은 1906년에 간행되었으며, 이후 1977년 아세아문화사에서 영인하여 간행한『한국 개화기 교과서 총서』16에 실리게 되었다. 여기서는『한국 개화기 교과서 총서』16에 실린『동국사략』을 이용하였으며, 현채의 자서自序는 pp. 3~6을 참조할 것.

근세사로 나눈 것도 동일하거니와, 조선 시대 전기 부분만을 상세하게 조사해 보아도 그 내용이 『동국사략』과 같다는 것을 쉽게 알 수 있다. 차이점이 전혀 없지는 않지만, 무시해도 좋을 정도이다. 예를 들면, 세종의 치적을 다룬 소목차小目次에서 '건흠경각建欽敬閣'이 추가되었다든지, '세조 정난'을 '세조 즉위世祖卽位'로 바꾸었다든지 하는 정도에 지나지 않는다. 그가 『동국사략』을 출판하였을 때는 그래도 국권國權이 유지되고 있었다. 그러나 1928년은 이미 일제의 식민 통치가 한창 진행 중이었고, 조국의 독립은 당장 기대하기도 어려운 것처럼 보이던 암담한 시기였다. 현채가 이 때에 와서 『동국사략』을 『조선역사』로 제목만 바꾸어 내고자 했던 까닭은 당시에도 여전히 국민들에게 조국의 역사를 제대로 알려 줄 좋은 역사책이 없었기 때문이었을 것이다. 그러므로 1905년에 간행된 현채의 『동국사략』은 우리 나라 초창기의 개설서로 기억할 만한 가치가 있다고 생각한다. 그러나 안확의 『조선문명사』가 1923년에 출판되었다는 것을 생각해 보면 1928년에 출판된 현채의 『조선역사』는 여러 가지 면에서 아쉬운 점이 많다.

일제의 식민 지배가 본격화되면서 1920년대에 들어서면 국내 학자들이 개설서를 출판하기 시작하였다. 1922년에는 김택영金澤榮의 『조선역대소사朝鮮歷代小史』가 나왔다. 하지만 이것은 한문으로 저술되었을 뿐만 아니라 서술 체제도 과거 실록과 같은 편년체를 따르고 있다.[5] 여기서는 전통적인 역사책처럼 논찬論贊 부분을 두어 저자 자신의 사론을 적고 있다. 그 부분에는 더러 눈여겨볼 만한 데가 있다. 세조가 만년晩年에 원각사圓覺寺를 완성하고 과거의 잘못을 참회하고자

---

4) 현채의 『반만년 조선역사』는 1928년 京城의 德興書林에서 출판되었다.
5) 김택영, 『한국역대소사』(南通翰墨林書局, 1922)은 1978년 아세아문화사에서 간행한 『김택영 전집』에 실려 있다.

했다는 주장에 대해서 김택영은 실제는 그렇지 않았으리라고 하면서
세조를 비판하고 있다.[6] 또한 조광조를 전한前漢 문제文帝 때의 가의
賈誼에 비교하면서, 문제를 '영주英主'라 한다면 중종은 '용주庸主'라고
비판하고 있다.[7] 그리고 당쟁의 원인을 그 나름대로 진단하면서 태종
때 서자庶子를 차별하는 등 귀천貴賤의 차별을 지나치게 엄하게 하였
으며, 세종대에서부터 성종대를 거치면서 유교가 크게 발전하여 심지
어는 여자의 개가改嫁를 금할 정도로 명분을 중시하였던 것 등이 조
선 붕당朋黨의 화禍를 깊게 만들었다고 해석하였다.[8]

1931년에는 최남선崔南善의 『조선역사朝鮮歷史』가 동명사東明社에서
출판되었으며, 1936년에 다시 재간再刊되었다. 최남선은 이 책의 서문
에서 "역사는 사실事實의 쓰레기통이 아니며 연대年代의 실꾸리가 아
니며 물론 번쇄煩鎖한 고증考證과 쇄잡鎖雜한 행록行錄이 아니다. 일국
의 역사는 그 민족, 사회, 문화의 발전 성립發展成立한 내력을 가장 단
적하게 요령 있이 인과적因果的으로 표현한 자이라야 할 것이다. 각개
各個의 사실에 정당한 지위를 주어서 그것의 정제精製한 연쇄連鎖가
곧 그 국가, 민중, 생활, 문화의 합리적 전개상이라야 할 것이다"[9]라
고 말함으로써, 그의 『조선역사』가 체계적이면서 종합적인 해석이
돋보이는 책이 될 것임을 암시하였다.

이 책에서는 한국사를 싱고(단군—삼국—신라 멸망), 중고(고려), 근세
(조선 건국—철종), 최근(대원군大院君의 개혁—한일 합방韓日合邦)의 4편으
로 구분하였다. 조선 시대인 근세편은 20장에서 36장까지 모두 17개

---

6) 김택영, 『조선역대소사』 17, p. 151.
7) 김택영, 『조선역대소사』 18, p. 192.
8) 김택영, 『조선역대소사』 19, pp. 230~231.
9) 최남선, 『조선역사』(東明社, 1931)의 '小敍' p. 1 참조. 다만 책에서는 당시의 맞춤
   법에 맞게 되어 있는 것을 원문을 최대한 유지하는 선에서 오늘날의 맞춤법에 맞
   도록 다소 변형하여 인용하였다.

의 장으로 구성되어 있다. 이 책은 크기도 문고판 정도로 작으면서
총 면수도 200쪽 안팎으로 얼마 되지 않는데, 여기에 단군 조선에서
부터 한일 합방 때까지의 역사를 서술하였으므로 그 내용은 너무나
소략하다. 조선 시대 전기 부분의 서술 목차를 보면 '이씨조선李氏朝
鮮의 창업創業' '세종의 제작製作' '세조와 성종의 계술繼述' '사화士禍'
'교학敎學의 융성隆盛' '당론黨論' '임진의 난' '정유재란' '인조의 반정
反正' 등으로 되어 있어서 그런대로 조선 전기의 정치사의 줄거리를
담고 있지만, 그 모든 항목이 각각 두세 쪽에 불과하다. 예를 들면
'사화' '당론' 같은 것이 독립된 장으로 되어는 있으나, 각각은 겨우
두세 쪽에 불과하여 그 서술 내용에서 참신한 해석을 발견할 수는 없
다. 그래도 최남선의 『조선역사』가 1936년에 다시 재간된 것으로 보
면 독자의 입장에서는 손쉽고 간편하게 고대로부터 당시까지의 역사
를 읽을 수 있다는 장점을 가지고 있었던 것으로 보인다.

1934년에 출간된 이창환李昌煥의 『조선역사』(北星社)는 우리 역사를
상고사(원시 시대—부여), 중고사(삼국 초기—고려), 근세사(조선—을미사변
乙未事變), 대한(독립협회獨立協會—한일 합방)의 네 시기로 구분하였다.
특히 조선 시대사를 근조선近朝鮮의 초기(태조—명종), 근조선의 중기
(선조—정조), 근조선의 말기(순조—을미사변)의 세 시기로 나누었다. 그
리고 조선의 각 시기를 다시 잘게 나누었다. '근조선의 초기'만 하더
라도 24개의 절로 나누어 지극히 간략하게 서술하고 있다.[10]

1937년 일본에서 발간된 이청원李淸源의 『조선역사독본朝鮮歷史讀

[10) 이창환의 『조선역사』는 상고사를 원시 시대—고조선—부여 시대로 나누었으며,
중고 시대를 삼국의 초기—삼국의 중기—삼국의 말기—남북국 시대로 나누어
서술하는 등 고대사 부분에 주된 관심이 있었던 것 같다.
이창환의 『조선역사』를 비롯하여 이 책을 준비하는 과정에서 일제 시대나 해방
직후에 출판된 희귀한 여러 권의 『조선역사』는 아단문고雅丹文庫의 하영휘 선
생 호의로 모두 읽어 볼 수 있었다. 이 자리를 빌어 감사드린다.

本』(東京, 白揚社)은 일본어로 저술되었다. 특히 이 책은 유물사관唯物史觀의 관점으로 서술한 개설서이다. 그는 당시 국내외의 사정이 필연적으로 조선의 과거와 현실에 대한 관심을 불러일으켰다고 지적하면서, "유교 훈화적儒敎訓話的이고 정책적政策的이며 반봉건적半封建的인 조선학朝鮮學은 조선의 역사적 과정을 세계사와는 전혀 별개의 독립적인 고유 신성 불가침적인 '5천 년간의 얼'"과 같은 것을 탐구하는데 열심인 학계의 현실을 비판하였다.11) 이로써 그는 일인日人 어용학자들의 역사관과 국내의 한국인 역사가들을 모두 비판한 것으로 생각된다. 그리고 자신의 대안을 '신흥 역사학新興歷史學'이라 이름하고, 여기서는 조선의 역사상에 존재하던 경제적 대립을 역사 발전의 법칙에 비추어 봄으로써 역사적 진실을 파악할 수 있다고 자신의 입장을 강조하였다.12)

이 책에서 이청원은 조선의 원시 시대(상고), 노예 사회의 개시開始와 발전(삼국—고려), 봉건 사회封建社會로서의 조선, 자본주의 침입(개항—한일 합방) 이식자본주의 발달移植資本主義發達의 현단계現段階(일제 식민지 시대) 등의 네 시기로 구분하였다. 이러한 방식은 종래 상고—중고—근세로 나누던 것과는 확연히 다르다. 이는 유물사관에 따른 것임을 쉽게 알 수 있다. 이에 따르면 삼국에서 고려 말까지는 노예제 사회였으며, 조선 시대는 봉건 사회였다.

그는 "고려 중기 이후 봉건적 토지 소유의 발전이 고려의 정치적 지배를 완전히 파괴"하였으며, 조선은 "그 폐허廢墟 위에 성립한 봉건 국가"라고 주장하였다.13) 조선과 같은 봉건적 국가는 봉건적 토지 소유자가 정치적 권력을 장악한 존재로 부상하는 사회이며, 고려 후기

---

11) 이청원, 『조선역사독본』, 序文, p. 1.
12) 앞의 책, 序文, p. 2.
13) 앞의 책, p. 124.

봉건 지주의 통제에서 도망친 농노農奴는 모두 도시로 유입되었다고
도 하였다. 조선과 같은 중세 사회에서는 부단히 도시로 흘러 들어온
도망 농노 문제에 대처하기 위하여 항상 상비군常備軍을 유지해야만
하였다고 주장하였다.[14] 그의 개설서는 자신의 주장을 뒷받침할 만한
구체성을 지니지 못하고, 자신의 입장인 유물사관만을 앞세우는 데
그치고 만 느낌이다.

  이상에서 구한말 이후 일제 시대에 이르는 여명기의 여러 개설서
를 살펴보았지만, 그 내용은 매우 소략하여 실망스럽기까지 하다. 그
러나 이러한 시대에 안확의 『조선문명사朝鮮文明史』는 그 시대의 수
준을 크게 넘어서는 개설서로 주목할 만하다.[15]

  안확의 『조선문명사』는 '일명 조선 정치사朝鮮政治史'란 부제가 달
려 있듯이 상고 시대부터 조선 시대 말까지의 우리 나라 정치사를 체
계적으로 서술한 것이다. 특히 이 책은 그 규모나 체제, 그리고 개설
서의 생명이라 할 수 있는 시대 구분에서 매우 중요한 기여를 했다고
하겠다. 이 점에서 『조선문명사』는 이전의 어떠한 개설서와도 비교
될 수 없는 업적으로 인정할 수 있다.

  안확은 태고太古 부락 시대部落時代, 상고上古 소분립 정치 시대小分
立政治時代(단군─삼한 말기), 중고中古 대분립 정치 시대大分立政治時代(삼
국─남북조), 근고近古 귀족 정치 시대貴族政治時代(고려), 근세近世 군주
독재 정치 시대君主獨裁政治時代(조선)의 5단계로 한국사의 시대 구분을
시도하였으며, 그 단계에 따라 일정한 발전을 이룩해 온 역사로 서술
하였다.[16]

---

14) 앞의 책, p. 125.
15) 안확, 『조선문명사』(滙東書館, 1923)는 『自山安廓國學論著集자산안확국학론저
    집』(여강출판사, 1994)에 수록되어 있다.
16) 안확의 『조선문명사』의 시대 구분이 매우 독창적이며, 당시 상황을 고려해 볼
    때 더욱 의미가 있는 것임을 다음과 같은 논문에서도 지적하고 있다.

그는 이성계李成桂에 대하여 당시의 폐단을 구하고, 어지러운 정치를 바로잡으며, 새로운 정치의 기초를 세운 '은인恩人'이라고 평하면서 조선의 건국을 정당화하고 있다.17) 이처럼 조선의 건국을 긍정적으로 파악하였을 뿐만 아니라 당시 누구나 부정적으로 해석하던 조선 시대의 당쟁에 대해서도 매우 새로운 해석을 내놓았다. 그는 이 책의 제6장 '근세 군주 독재 정치의 시대'에서 조선의 당쟁에 대하여 정당政黨의 발생, 정당의 발달, 당파黨派와 정치 발달이라는 3개의 절을 따로 두고 설명하고 있다. 그 제목부터 당쟁黨爭이라든가 붕당朋黨이라는 표현은 찾을 수가 없으며, 조선의 당파 혹은 붕당을 정당이라 이름하고, 이것의 발생에서부터 발전 과정을 서술하였다.

그는 먼저 정당의 발생이라는 부분에서는 특별히 당시 국내 학자이거나 일본인 학자들에게 많은 영향을 주었던 이건창李建昌의 『당의통략黨議通略』의 서술을 비판하였다. 그는 이건창이 당쟁의 발생 원인을 여덟 가지로 나누어 설명한 것을 '근시적近視的' 혹은 '소극적'이라며 비판하였다.18) 그리고 나서 "당파의 발생은 적극적 정치의 발달"로 인한 두 가지의 큰 원인에서 비롯되었다고 설명하였다. 첫째, 조선의 정치는 이전의 정치의 폐단을 바로잡고 '신국면新局面의 정체政體'를 만들었기 때문에 "일반 인민은 정치에 대한 자유를" 얻게 되었다는 것이다. 그러므로 조선의 유생儒生들은 "정안政案을 제출하여 왕 및 정부를" 자유롭게 비판할 수 있었다. 따라서 서로 다른 정치적 견해가 크게 제기된다는 것은 당연하다는 주장이다. 이런 분위기 속에서 '정당이 발생'한다는 것은 당연하다는 주장이다.19) 둘째, 조선의

이태진, 「안확」 『한국사 시민 강좌』 5(一潮閣, 1989), pp. 153~154.
한영우, 「1920년대 안확의 민족주의 문화사 서술─『조선문명사』를 중심으로」 『한국민족주의력사학』(一潮閣, 1994), pp. 185~188.
17) 안확, 『조선문명사』, p. 172.
18) 이건창, 『당의통략』에 대한 비판은 안확, 『조선문명사』, pp. 191~192 참조.

정당 발생 시점은 흔히 동인東人과 서인西人으로 갈리게 된다는 선조 초로 잡는다. 그러나 안확은 연산군에서 명종대에 이르는 50여 년 동안에 일어났던 사화를 겪으면서 정당이 발생하였다고 주장하였다. 그리하여 따지고 보면 동인은 사화의 과정에서 성장한 청년가青年家 혹은 국민당國民黨 혹은 의사파義士派라 할 수 있으며, 서인은 노장가老長家 혹은 관료파官僚派 혹은 외척파外戚派라고 규정하였다.[20] 이조吏曹의 전랑銓郎 자리를 두고 벌였다는 심의겸沈義謙과 김효원金孝元의 대립으로 동·서인의 분립이 생겼으며, 이것이 조선 당쟁의 본격적 시작으로 보는 일반적인 견해는 오늘날에도 상당한 인정을 받고 있는 실정이다. 그러나 안확은 훈구파勳舊派와 사림파士林派의 대립이라는 구도로 사화를 해석하고 있는 오늘날의 일반적인 역사 해석에 유사한 견해를 제시하고 있었다는 점을 기억할 필요가 있다.

그리고 당파간의 경쟁이 치열해지면서 왕권이 약해졌으며, 정당간의 대립은 더욱 확대되고 당파는 갈수록 다수로 분할되어 갔다고 조선 중기 이후 당파의 분열상을 설명하였다.[21] 그리고 나서 안확은 당쟁이 우리 나라 정치 발달에 미친 영향을 다음의 세 가지로 설명하였다.

첫째, 그는 세조가 '의정부서사법議政府署事法'을 폐지함으로써 "압제 독재적壓制獨裁的 수단은 무한히 확대"되었으며, 연산군의 폐정도 그 결과로 나타났다고 보았다. 그는 당파가 발생한 후에 정치는 더욱 발전했다고 보았다. 왜냐하면 당파의 발생은 '정치상의 자유'가 성장하였음을 뜻하기 때문이다. 둘째, 당파로 인하여 정부가 자주 교체되는 등 폐단이 없지 않았으나, 정치적 개성이 발휘될 수 있는 여지가 크게 확대되었기 때문에 조선 시대의 정치에 "청년적 활기가 정치 무

---

19) 이상은 앞의 책, p. 192 참조.
20) 『조선문명사』, pp.192~193 참조.
21) 앞의 책, pp. 194~195 참조.

대를 장식"하게 되었다고 주장하였다. 동시에 각 당파는 자신들의 주의 주장을 실행하기 위해 새로운 인물을 발탁하였으므로 조선 중기의 "학자와 문집의 수효는 전대보다 백 배나 되며" 심지어는 '상인常人 계급에서도' 벼슬에 나아가는 이들이 나타났다고도 하였다는 것이다. 셋째, 치열한 당파간의 경쟁 탓으로 당시의 정치에는 파란이 심하였지만, 정치의 폐해를 시정하기 위한 열띤 토론 속에서 결국 정치적 진보를 이룩할 수 있었다고 하였다.[22]

이처럼 안확은 조선 시대를 그 이전의 어떠한 시대보다 발전한 시대로 보았다. 그는 정치사의 입장에서 한국사를 정치가 없던 시대(태고 부락 시대)에서 소분립 시대(상고)와 대분립 시대(중고)로 점차 통일을 지향해 가는 발전 사관으로 정리하였다. 그리고 귀족 정치 시대(근고/고려)보다는 '정당'에 기초한 조선의 정치를 더욱 발전된 형태로 보았다. 그러므로 그는 조선 시대를 '근세'로 구분한 까닭을 나름대로는 분명히 하였다. 이러한 그의 견해는 당시의 기준으로 볼 때 매우 진보적이었다.

1928년에 나왔던 현채의 『조선역사』와 비교해 본다면 안확의 『조선문명사』가 당시에 얼마나 앞선 것인지를 잘 알 수 있다. 이렇게 되기까지 안확은 실로 수많은 자료를 섭렵하였다. 그 스스로도 모두 8,500책을 보았다 하였으며, 그가 읽은 책은 국내의 저서는 물론, 중국과 일본의 서적, 그리고 서양의 '독일 법제사, 로마 법제사, 각종 정치사, 정치학' 등 다방면에 걸쳐 있었다. 필자는 여기에서 『조선문명사』 전체를 문제 삼을 수는 없지만, 조선 시대에 국한하여 말한다면, 안확은 조선 시대 역사의 의미를 새롭게 해석한 최초의 학자였다고

---

22) 이상 정당 정치의 3가지 영향에 대하여는 앞의 책, pp. 196~198 참조.
그리고 안확의 당쟁에 대한 독창적인 해석이 지니는 가치에 대하여는 한영우, 앞의 논문, pp. 191~192를 참조할 것.

할 수 있다. 비록 오늘날의 입장에서 볼 때, 그의 견해에 잘못이 많다고 하더라도 1920년대의 어려웠던 시대적 상황을 고려해 본다면 이러한 견해를 정리한다는 것이 얼마나 어려운 일인지를 짐작하기란 그리 어렵지 않을 것이다.23)

3. 미시나 쇼에이(三品彰英)의 『조선사개설』
─ 일제 식민주의 사학의 체계화

일제의 식민주의 사학자들은 일본 정부나 식민지 당국의 지원을 받으면서 한국의 역사를 서술할 수 있었다. 이들은 일제의 한국 지배가 정당하다는 것을 역사적으로 증명하기 위해 한국의 역사를 연구하고, 이를 토대로 한국이 식민지화될 수밖에 없는 이유를 밝히려 하였다. 선행된 목적에 종속된 역사 연구는 그 폐해가 심각하였다는 점에서 이 때의 개설서를 검토해 볼 필요가 있다.

(1) 식민주의 사학자들의 개설서들
하야시 타이스케(林泰輔)의 『조선통사』(東京, 富山房, 1921)는 600쪽이 넘는 방대한 분량의 개설서로서, 전기前紀(고조선·삼국·고려)와 정기正紀(조선 시대), 이렇게 두 시기로 나누어 서술하였다. 조선 건국 이후 한일 합방까지의 역사를 '정기'라 한 것은 한일 합방으로 한국의 역사가 종결되어, 일본 제국주의의 입장에서 본다면 한국의 역사가 바

---

23) 안확의 업적을 개화기 이래의 한국사의 전개 과정 속에서 어떻게 평가해야 할 것인가에 대하여는 앞서 인용한 이태진의 논문이 큰 도움이 되며, 안확의 업적을 사학사적인 측면에서 이해하기 위해서는 앞서 인용한 한영우의 논문이 많은 참고가 된다.

른 궤도로 진입하게 되었다는 의미를 담고 있는 것 같다. 그러므로
이 책의 대부분은 조선 건국 이후의 역사 서술에 해당된다. 앞서 밝
혔듯이 실제로 이 책은 모두 600쪽이 넘는데, 그 가운데 조선 시대사
서술에 500여 쪽이나 할애했던 점을 보아도 그러하다. 조선 시대에
해당하는 역사 서술의 목차를 보면, '조선 태조의 창업' '태종·세종
의 치적' '세조의 사적과 대전의 제정' '사림의 화' '임진 이전의 외교
와 내정' '임진·정유의 난' '만주의 침입과 조선의 항복' '당파의 알
력軋轢' '문화의 부흥' '외척과 왕족의 전횡專橫' '외국과의 관계' '일
러 충돌日露衝突의 영향과 일한 병합' 등으로 되어 있다. 그 목차 상으
로 보더라도 조선 건국 이후 세조까지를 조선의 발전기로 보고 이후
의 시대를 조선의 쇠락기로 그리고 있음을 알 수 있다. 그는 성종 이
후에는 나라의 세력(國勢)이 점차 기울었으며, 그에 따라 태종에서 세
종까지의 왕성한 학풍은 그 이후부터 사라지게 되었다고 하면서 사
림의 기풍이 크게 타락하여 가는 과정으로 서술하고 있다.24) 그러므
로 그는 조선 시대를 서술하면서 사화와 당쟁에 관한 서술과 왜란과
호란에 관한 부분을 매우 중요시하였던 것이다. 때문에 그는 한일 합
방으로 조선 왕조의 역사가 종결되는 것은 당연하다고 여겼으며, 이
책은 그러한 일제의 지배를 정당화하려는 것이었다.

아오야기 나메이(靑柳南冥)의 편저작인『조선문화사대전朝鮮文化史大
全』(京城, 朝鮮硏究會藏版, 1924)은 모두 1,200쪽이 넘는 방대한 책이다.
이 안에는 '판도적版圖的 정치사' '조선 민족사론朝鮮民族史論' '조선 유
학사儒學史' '조선 성씨록姓氏錄' '조선 교육사敎育史' '조선 종교사宗敎
史' '조선 문화의 제1기' '조선 행정사行政史' '조선 군정사軍政史' '조
선 음악사音樂史' '조선 전제사田制史' '조선 문화의 제2기' '조선 의학

---

24) 임태보,『조선통사』, pp. 280~281.

지醫學誌' '조선 재정사財政史' '조선 화폐사貨幣史' '조선 외구朝鮮外寇
와 문화의 동천東遷' '조선 문화의 제3기' '이조 붕당사론李朝朋黨史論'
'조선 오례지五禮誌' '조선 외교사外交史' '조선 교통사交通史' '조선 통
신사通信史' '조선 미술사美術史' '조선의 문학과 야담野談' '조선 왕세
사王世史' 등 실로 한국사의 여러 분야를 총체적으로 정리하고 있다.
편저자인 아오야기 난메이는 당시 조선연구회 주간이었으며, 이 책의
서문은 당시 조선 총독이었던 사이토오 마코토(齋藤實)가 썼다. 그러
므로 이것은 조선 총독부의 전폭적인 지원을 받아 만들어진 것이라
하겠다.

　여기서 먼저 '판도적 정치사'를 보면 세조대의 사육신 사건에서 시
작하여 이시애李時愛의 난, 무오·갑자사화, 기묘사화, 삼포의 왜란과
기묘사화, 인종대 외척 세력의 등장, 명종대의 을사사화, 선조대의 왜
란, 인조대의 이괄李适의 난으로 이어지는 조선의 역사는 필연적으로
심각한 당쟁으로 분열을 겪을 수밖에 없던 것으로 그리고 있다.25) 그
리고 '조선 유학사'에서는 조선의 유학사를 붕당사와 연결시켜 서술
하였다.26) 그는 '이조 붕당사론'의 첫머리에서 "이조의 창업은 붕당
의 힘"이라고 단정하고, 고려 말의 이성계·정도전·조준 등의 개혁
파를 모두 붕당으로 파악하였다.27) 그러므로 그는 건국 초의 왕자의
난을 '이조 최초의 당화黨禍'라고 단정하였으며,28) 그에 따라 조선 초
기부터 정치적 갈등으로 빚어진 사건을 모두 당쟁이라는 관점으로만
해석하였다. 아오야기 난메이에 따르면 조선의 정치사는 붕당사였으
며, 그에게 붕당사는 오직 부정적인 의미만을 지닌 것이었다. 그리고

25) 아오야기 난메이(靑柳南冥) 편저, 『조선문화사대전』, pp. 87~88.
26) 앞의 책, pp. 204~212.
27) 앞의 책, p. 901.
28) 앞의 책, p. 902.

붕당사로 일관한 조선은 망하지 않을 수 없었고 결국 한일 합방은 정당한 일이었다.29)

미야자키 이카사키(宮崎五十騎)가 쓴 『개관조선사槪觀朝鮮史』(東京, 四海書房, 1937)는 한국사를 상고(고조선—삼국), 중고(고려), 근세(조선), 최근세(대원군—한일 합방)의 네 시기로 구분하고, 조선 시대를 '이씨 조선의 창업' '조선의 성시盛時' '사화와 붕당' '임진 · 정유의 난' '정묘 · 병자의 난' '탕평 운동蕩平運動과 문화의 부흥' '세도 정치勢道政治' '천주교의 금압禁壓' 등으로 장을 나누었다. 그리고 대원군 이후 한일 합방까지는 최근세라 하여 별도로 서술하였다. 이 책의 간단한 서문에서 저자는 합방 이후 20여 년에 걸쳐 발전을 이룩한 조선에 대한 인식을 심화시키기 위해 이 책을 쓴다는 뜻을 밝히고 있다. 여기서도 그는 조선의 전성기는 성종 때까지로 보고 있지만, "이조 정치의 일대 화근인 붕당"은 고려 말 친원파親元派와 친명파親明派가 서로 대립할 때부터 발생하였다고 해석하였다. 그리고 이 영향은 후대에 길이 미쳐서, 이조의 당쟁은 [조선인의] 천성을 이루는 지경까지 확대되었다고 하였다.30) 그러므로 그가 건국 과정에서부터 조선의 역사를 어떤 관점으로 보고 있는지가 잘 드러난다.

오다 쇼고(小田省吾), 『증정 조선소사增訂朝鮮小史』(京城, 大阪屋號書店, 1937)는 앞에서 소개한 미야자키 이카사키宮崎五十騎의 『개관소선사』와 매우 비슷하다. 그는 상세(석기 시대—신라 멸망), 중세(고려), 근세(조선), 최근세(대원군—한일 합방), 현대의 조선(한일 합방 이후)으로 나누어 현대사 부분을 매우 강조하였음을 알 수 있다. 조선 시대의 서술 체

---

29) 바로 이러한 시대(1923)에 안확이 『조선문명사』에서 조선 왕조의 당쟁을 전혀 다른 관점에서 해석하려고 시도한 것은 매우 의미심장한 일이었다. 그는 조선 시대를 부정적인 당쟁사로 치장하려는 일본인들의 의도와 저술에 대하여 대응해야 할 필요성을 절실히 느끼고 이 책을 저술하였음이 틀림없다고 생각한다.
30) 미야자키 이카사키(宮崎五十騎), 『개관조선사』, p. 116.

제는 '이씨 조선의 창업' '조선의 성시' '사화와 붕당' '임진·정유의 난' '정묘·병자의 난' '당쟁의 적폐積弊' '문운 부흥文運復興과 세도 정치' 등으로 나누어 『개관조선사』의 체제와 거의 동일하다. 여기서 도 저자는 "붕당의 다툼(爭)은 이조 시대의 일대 특색"이며, "마침내 그 국가의 기반(國基)을 붕괴"시킨 주된 원인이 되었다고 하였다.[31]

(2) 미시나 쇼에이(三品彰英), 『조선사개설』

이상에서 일제의 식민주의 사학자들이 쓴 개설서 몇 권을 살펴보았 다. 하지만 이제까지 살펴본 책들에서 거론된 한국사의 성격론을 체계 화한 것은 미시나 쇼에이의 『조선사개설』(東京, 弘文堂, 1940)이었다. 훗 날 우리들이 '식민주의사관'이라고 부른 한국사에 대한 부정적 사관은 이 책에서 고도로 체계화되어 해방 이후에까지 지속적인 영향을 미쳤 다. 그러므로 우리는 이 책을 좀더 자세하게 살펴보아야 한다.

이 책은 출판된 지 5개월 후인 1940년 8월에 재판이 나왔다. 당시 몇 부를 인쇄하였는지는 알 수 없으나, 초판이 나오자 몇 달 후에 바 로 재판이 나온 것으로 미루어 볼 때 그만큼 이 책이 널리 읽혔다는 것을 알 수 있다. 필자는 일제 시대 일본인 학자들이 저술한 개설서 가운데서 이 책이 가장 중요하다고 생각한다. 왜냐하면 여기서는 한 국사를 보는 관점을 명확하게 이론화하고 있기 때문이다. 우리들이 흔히 식민주의사관이라고 부르는 내용들이 이 책에서처럼 명백하게 이론적 형태를 띠고 있는 경우는 찾아보기 어렵다. 그리고 조선 시대 사에 대한 서술 체제나 내용도 이 책에서처럼 체계를 갖춘 경우도 없 었다.

이 책의 분량은 문고판 크기에 200쪽도 되지 않지만, 그 서술 체제

---

31) 오다 쇼고(小田省吾), 『증정 조선소사』, p. 59.

나 내용이 이전의 일본인이 쓴 개설서와는 아주 다르다. 우선 이 책
에서는 첫머리에 '서설序說'을 두고, 여기에서 다시 '조선사의 타율성
他律性' '조선 문화의 기조基調' '신화와 시대 정신'의 세 부분으로 나
누고 있다. 특히 '조선사의 타율성'이라는 부분은 그 제목만 보아도
내용을 짐작할 수 있을 정도이다. 그것을 제시하면 다음과 같다.

※ '조선사의 타율성'의 내용 구성

조선사는 조선반도의 역사

반도의 부수성附隨性, 주변성周邊性, 다린성多隣性과 그 역사적 성격

대외 관계 사항의 중요성

지나支那의 전례주의典禮主義 주지주의主智主義적 지배

사대事大와 교린交隣

이데올로기의 결핍缺乏

당벌성黨閥性과 의뢰성依賴性과 뇌동성雷同性

숙명론자宿命論者

고증학考證學의 부진不振

이러한 미시나 쇼에이의 한국사론은 일견 너무나 체계적일 뿐만 아
니라 논리적인 타당성이 있어 보이기 때문에 이후 국내외의 학자들에
게 많은 영향을 미쳤다. 사실 미시나 쇼에이의 이러한 한국사론에 대
하여 본격적으로 비판을 가하고 한국사의 새로운 방향을 모색해야 한
다고 주장한 학자는 이기백李基白이었다. 그는 1961년 출간된 자신의
첫 개설서인 『국사신론國史新論』의 '서론緖論'에서 일제의 식민주의사
관 전체를 문제 삼고 있지만, 구체적으로는 미시나 쇼에이의 『조선사
개설』에 나타난 왜곡된 한국사론을 정면으로 비판하였던 것이다. 이
기백의 『국사신론』의 서론은 다음과 같은 내용[32]을 담고 있다.

> ※ 『국사신론』 서론의 내용 구성
>
> 반도적 성격론
> 사대주의론
> 당파성의 문제
> 문화적 독창성의 문제
> 정체성停滯性의 문제

위에서 보는 바와 같이 이기백의 글은, 물론 식민주의사관 전체를 문제 삼고 있지만, 구체적으로는 미시나 쇼에이의 『조선사개설』을 표적으로 삼고 있음을 쉽게 알 수 있다. 실제 이기백도 그런 의도를 전혀 숨기지 않고 있다. 이것은 일제의 식민주의사관이 미시나 쇼에이의 『조선사개설』에서 전체적으로 체계화되고 이론화되었으므로, 이에 대한 체계적인 비판 없이 식민주의사관을 극복하기는 어렵다는 사실을 이기백 자신이 깊이 인식한 때문이라고 생각한다.

미시나 쇼에이는 소위 '이조사李朝史의 성격'에 대하여 다음과 같이 서술하였다.

이씨 오백 년의 왕조사는 그 수명이 길었던 것에 비하여, 신라사나 고려사에 비하여 시대적 다양성을 지니지 못하였다. …… 이러한 이조의 역사는 그 내용이 단순하지 않은 점이 있다. 그 이유는 다음과 같다. (1) 이조 최후 4, 50년을 제외한다면 국외 세력의 정세가 대체로 일률적이어서, 그 동안에 많은 사건이 있었다고는 하지만, 유형적으로는 매우 단순하였다. (2) 그렇기 때문에 조선의 대외 태도가 사대주의로 일관하여, 말하자면 이조는 사대주의의 완성기라고 볼 수 있으며, 그 사대주의는 대외 문제뿐 아니라 생활 전반을 지배하는 의식이 되었으며, 이데올로기의 무발전無發展을 결과하였다.[33]

---

32) 이기백, 『국사신론』(泰成社, 1961)의 緖論은 『민족과 역사』(一潮閣, 1971)에 「식민주의적 한국사관 비판」이란 제목으로 재수록되었다.

[표 1] 미시나 쇼에이의 조선 시대사 구분[34]

	유교정사儒敎政史에 의한 구분	정권에 의한 구분
전기	유불 항쟁기 사화기(준붕당기)	왕권 홍융기 제1대 태조~제9대 성종 제10대 연산군~제13대 명종
중기	붕당 융성기	붕당 성립기 제14대 선조~제16대 인조 붕당 격화기 제17대 효종~제20대 경종
후기	붕당 쇠미衰微기	왕권 중흥기 제21대 영조~제22대 정조 외척 전권기 제23대 순조~제27대 이왕李王

그는 신라에서 고려를 거치면서 한국의 역사는 더욱 퇴행적으로 변화해 왔다는 것을 암시하면서 조선의 역사는 국가를 지배하는 이 데올로기도 없으며, 사대주의로 일관한 역사라고 단정하였다. 이처럼 조선 시대사를 부정적으로 평가하면서 그는 조선 시대사의 시대 구분을 꾀하였다. 이에 대하여 그는, "고려 정치는 귀족적 권위에 의존하였지만, 이조는 유학의 이념에 따른 합리주의 문화주의의 시대로서, 극단적인 문치 정치를 그 이상으로 삼았다. 따라서 왕조의 시대 구분을 시도할 경우, 이러한 이조사의 본질에 기초하여, 유교주의가 정치사적으로 성쇠盛衰하는 양상에 기준을 두어야 한다"[35]고 주장하였다. 이런 입장에서 그는 조선의 역사를 위의 [표 1]과 같이 구분하였던 것이다.

미시나 쇼에이의 『소선사개실』은 아마도 조선사를 그 나름대로 명확한 기준을 가지고 시대 구분한 최초의 개설서라고 말할 수 있다. 그는 붕당의 활동을 기준으로 조선 시대를 세 개의 시대로 구분하였다. 왜냐하면 그 자신이 "유교주의 지배의 정치사적 양상은 소위 붕

---

33) 미시나 쇼에이(三品彰英), 『조선사개설』, p. 15.
34) 이 표는 미시나 쇼에이, 『조선사개설』, p. 116에 있는 두 개의 표를 하나로 재정리한 것이다.
35) 미시나 쇼에이, 『조선사개설』, p. 116.

당의 활동에서 찾을 수 있으며, 이조사의 반 이상은 붕당사라고 보아
야 할 것"36)이라고 주장하였기 때문이다. 그는 유교와 붕당을 일체적
으로 보았던 것이다. 그러므로 그의 견해에 따르면 조선 전기는 붕당
의 발생기며, 중기와 후기는 붕당의 융성과 쇠퇴의 시대에 지나지 않
았다. 조선의 역사를 부정적으로 보았던 미시나 쇼에이 사관은 1945
년 이후에도 전혀 변하지 않았던 것으로 보인다. 1940년에 간행되었
던『조선사개설』이 1952년도에 증보 1판의 형식으로 홍문당弘文堂에
서 다시 인쇄되었지만, 그 내용은 실제로 거의 바뀌지 않았다는 것이
그 명백한 증거일 것이다.37)

　이상에서 일제 시대에 우리 나라 학자들의 개설서들도 여러 종이
나왔지만, 안확의『조선문명사』가 매우 돋보이는 업적임을 알게 되
었다. 그러나 일본인 학자들은 한국의 학자들과는 비교도 될 수 없을
만큼 민관民官의 충분한 지원과 협조 속에서 매우 다양한 개설서를
출판하였다. 책의 인쇄, 체제 모든 면에서 한국인 학자들의 개설서를
압도하였다. 그 내용이 일제의 식민 지배를 합리화하고, 한국의 역사
를 왜곡하는 것이었지만 그 영향은 훨씬 심대하였다고 말할 수 있으
며, 이들의 식민주의사관은 미시나 쇼에이의『조선사개설』에서 체계
화되기에 이르렀다고 생각한다. 특히 조선 시대사는 당쟁사를 중심으
로 서술되었으며, 이들은 한결같이 조선의 당쟁을 부정적으로 해석하
였다. 그러므로 조선 왕조 500년의 역사는 발전이 없는 퇴행적인 역
사로 그려졌다. 일제 식민주의 사학자들의 논리적이며 실증적으로 보
이는 역사 해석을 대할 때 유의해야 한다는 사실을 여기서 새삼 강조
하고자 한다.

---

36) 앞의 책, p. 116.
37) 필자는 미시나 쇼에이의『조선사개설』의 1940년 판과 1952년 판 모두를 이기백
　　선생님의 호의로 읽을 수가 있었다. 이 자리를 빌어 감사드린다.

최근 조선 시대사 연구자들 사이에서는 '당쟁'이라는 용어보다 '붕당'이라는 용어를 사용해야 한다는 주장이 제기되어, 웬만한 개설서에서는 이미 '붕당'이란 용어를 보편적으로 사용하고 있는 것 같다. 일찍이 이태진李泰鎭은 당쟁이란 용어는 일본인 히데하라 히로시(幣原坦)가 조선의 파쟁성派爭性을 부각시키기 위하여 '붕당간의 싸움'이란 뜻으로 처음 쓰기 시작하였다고 하면서, '당쟁'이라는 용어 자체를 쓰지 말고, 그 대신 '붕당'이라는 용어를 쓰자고 제안하였다.[38] 이후 최근에는 오랫동안 사용되던 '당쟁'이라는 용어는 잘 쓰지 않고 '붕당' '붕당 정치' 등의 말을 널리 사용하게 되었다. 그러나 이 글에서 살펴본 대표적인 일본인 학자들의 책을 보면 거의 대부분 조선의 정치사를 붕당사라고 보고 있으며, 지금까지 살펴본 것을 기준으로 한다면, 책의 큰 제목이나 소제목에서는 당쟁보다는 붕당이란 용어가 더 일반적으로 사용된 듯하다.

위에서 살펴본 바와 같이 아오야기 난메이의 편저작『조선문화사대전』에서는 '이조 붕당사론'이란 장을 독립해 두고, 조선의 정치사를 오직 붕당사의 입장에서만 서술하고 있다. 그리고 그에게 붕당사는 오직 부정적인 의미만을 지닌 것임은 재론의 여지가 없다. 미시나 쇼에이는 이보다 더 나아가 아예 붕당사에 따라 조선 시대를 구분하였다. 필자는 최근의 경향대로 붕당, 붕당 정치를 조선 왕조의 독특한 정치 형태로 보고, 그 용어를 사용하는 것은 학자들이 알아서 선택할 일이라고 생각한다. 다만 당쟁이란 용어는 식민주의사관의 영향이 강한 것이기 때문에 붕당이란 용어를 써야한다고 말한다면, 이러한 견해는 잘못되었다는 점을 지적하고 싶다.

---

38) 이태진, 「당쟁을 어떻게 볼 것인가?」,『조선 시대 정치사의 재조명』(汎潮社, 1985), p. 14.

4. 해방 공간의 역사학 — 한국사학사의 새로운 시작

(1) 해방 직후의 개설서들에 대한 개요

1945년 해방 이후 새롭게 조성된 분위기는 한국사 연구에 열기를 불어넣었다. 이와 동시에 국내의 학자들은 독립된 조국의 국민을 교육해야 한다는 현실적 요구에도 적극적으로 응해야 했다. 불안정한 해방 정국 속에서, 또 열악한 사회 경제적 여건 속에서도 다수의 개설서가 계속 출판된 것은 이러한 분위기를 반영한 것이다.

함돈익咸敦益이 지은 『조선역사』(한글문화보급회, 1945. 10)는 해방된 지 두 달만에 출판되었다. 저자는 이 책의 서언緒言에서 "조선 삼천만 동포는 36년간 유폐幽閉의 생활을 하였던 관계로 모든 것을 잊었었다. 영토를 잊었고, 인민을 잊었고, 말을 잊었고, 이름을 잊었고 자유와 평화를 잊었다. 더욱이나 이 모든 것의 혈관이 되는 우리 나라 역사의 발자취에 잊음에랴!"[39]라고 하면서, 잊혀졌던 우리의 역사를 다시 찾아야 할 필요성을 크게 강조하였다. 그러나 이처럼 열렬한 뜻을 가지고 나온 책이었으나, 그 내용은 매우 빈약하다. 여기서는 상고사(단군—삼한), 중고사(삼국—남북조), 근고사(고려), 근세사(조선), 최근세사(대원군—현대)의 다섯 단계로 구분하였다. 조선 시대의 경우를 보면 조선의 건국에서 세종대왕의 치적, 사화와 당쟁에 이르기까지 여러 내용을 기술하고 있지만 간략하기 짝이 없으며, 종합적이거나 체계적인 역사 해석을 찾아 볼 만한 대목은 없다.

문석준文錫俊이 지은 『조선역사』(함경남도교육문화부, 1945. 12)는 저자의 유고遺稿를 그 제자들이 해방 직후에 출판한 책이다. 문석준은 일제 시대 보성중학의 교사였으며 좌익 성향의 지식인이었던 것 같다.

---

39) 함돈익, 『조선역사』, p. 1. 여기서 인용한 것은 오늘날의 맞춤법에 맞도록 최소한 의 수정을 가한 것이다.

그는 서대문 형무소에 수감되었다가 1944년 봄에 옥사獄死하였다.[40] 이 책의 저자는 역사를 "정치적 변천을 중심으로 하고 쓰는 것은 정당한 일이나 그러나 정치적 사실事實은 사회적 모순 내지 계급 투쟁의 견지에서 관찰"해야만 한다고 주장함으로써 자신의 입장을 분명히 하였다.[41]

그리고 지금까지 대부분의 역사책에서 태고, 중고, 중세, 근세로 시대를 구분하거나, 혹은 왕조를 중심으로 구분한 것을 비판하고 새로운 방식으로 시대를 구분해야 한다고 주장하였다. 그는 '원시 공동체 사회原始共同體社會의 시대' '노예 국가―정복 국가의 성립 및 발전 시대(삼국)' '봉건 국가의 성립 및 발전 시대(고려)' '봉건 국가의 성숙 및 쇠퇴 시대' '금일今日의 조선―자본주의 국가의 식민지로서의 조선'과 같이 구분할 것을 제안하였다.[42] 이처럼 그는 유물사관에 따라 역사를 서술하는 것이 정당함을 역설하였지만, 구체적인 역사 서술은 거의 없는 것이나 마찬가지이다.

1946년 2월 출간된 김성칠의 『조선역사』(서울 금융조합연합회)의 머리말에는 이 책의 저술 동기가 다음과 같이 밝혀져 있다.

　　작년 여름 해방 이후로 한두 학교의 아이들에게 국사를 가르칠 기회를 얻어서 아이들이 읽을 국사책이 시급히 필요함을 느꼈다. 외국 사람들 같으면 어머니의 무릎에서도 자미난[재미난] 역사의 이야기를 들을 수 있었고 유치원의 그림책에서도 아름다운 역사의 모습을 구경할 수 있었지만 조선 아이들은 소학생이고 중학생이고 간에 우리 역사에 대해서 전연히 백지일 수밖에 없었다. 그리고 그들의 불같은 국사 지식에의 욕구를 채워 주기 위해서도 필요하거니와 오랜 동안

---

40) 그의 간략한 생애는 문석준, 『조선역사』의 앞에, 문석구가 쓴 「은사의 유고를 내면서」(pp. 1~2)와 주영하가 쓴 「은사 고 문석준 선생」(pp. 3~4)을 참조할 것.
41) 문석준, 『조선역사』, P. 1.
42) 시대 구분에 대하여는 앞의 책, pp. 5~8 참조.

그릇된 일본 교육으로 말미암아 부지중에 아이들의 뇌수에 배인 자기 모멸의 사상을 씻어 버리고 우리 민족에 대한 자신을 불어넣어 주기 위해선 그들에게 똑바로 쓰이고 또 그들이 읽을 수 있도록 쉽게 쓰인 국사책이 무엇보다도 필요함을 절실히 느꼈다.[43]

김성칠은 학생들의 '불같은 국사 지식에의 욕구'를 채워 주고, 일제가 심어 놓은 자기 모멸적인 역사관을 극복하기 위해서 '똑바로' 쓰였으면서도 쉽게 읽힐 수 있는 역사책을 써야 될 필요성에 대하여 역설하고 있다.

이 책도 상고사(시초—신라 말), 중세사(고려), 근세사(조선)의 삼분법으로 시대를 구분하고 있는 점에서는 별다른 특징이 보이지 않는다. 조선 시대사를 중심으로 살펴보면 '이조의 건국' '세종대왕' '사육신의 충성' '이조의 발전(1, 2, 3)' '붕당의 시초' '임진왜란(1, 2, 3)' '정유재란' '인조 반정' '병자호란(1, 2)' '당파 싸움' 등으로 체제를 잡고 있어서, 이점에서도 과거의 개설서들과 큰 차이가 없다.

그러나 그 구체적인 서술에서는 다른 개설서들과 무척 다르다. 김성칠의 『조선역사』는 매우 평이하고 재미있을 뿐만 아니라 한글로 쓰여져 누구나 쉽게 읽을 수 있었다. '사육신의 충성'이라는 대목을 보면 그는 그들이 읊었던 시조도 인용하면서 마치 옛날 이야기를 하듯이 써 내려갔다. 그리고 조선 전기 부분에 '이조의 발전'이라는 항목을 두고 세조—성종—중종대의 역사를 긍정적으로 서술하려고 노력하였다는 점도 과거 사화와 당쟁의 구도로 써 내려갔던 것과는 많은 차이점이 있다. 때문에 이 책에 서문을 썼던 김상기金庠基도 "본서는 내용의 풍부함과 아울러 표현에 있어서도 글발이 수월하며 일화와 유문을 거두어 그것을 문화사적 견지에서 자미스럽게[재미있게] 운

---

43) 김성칠, 『조선역사』, 머리말, p. 1.

용하여 정확한 관념을 주는 동시에 취미를 돋우려는 그의 의도야말로 본서가 청소년을 상대로 한 만큼 매우 고심한 곳이라 하겠습니다"44)라고 이 책의 가치를 드러내고자 하였다.

그러나 이러한 장점에도 불구하고 이 책이 과거의 그릇된 역사 해석에서 완전히 벗어나지는 못했다. 그는 붕당의 시작을 서술하면서 "그 시초는 지극히 하치 않은 일이었으나 세월이 지남에 따라 그들의 감정이 커 가서 가지가지 비극의 역사를 자아내고 마침내 국가 민족을 그릇치기[그르치기]에 이르렀다"45)고 하여 조선 시대사에서 가장 큰 쟁점이 되는 당쟁의 문제에 대하여 조금도 더 나은 해석에까지 이르지는 못하였다. 그러나 해방 후 일 년도 지나지 않은 시점에서 300쪽 가까운 분량의 원고를 한글만을 사용하여 써 내려간 흥미 있는 개설서가 출현하기는 이 책이 처음이었다. 그런 점에서 김성칠의 『조선역사』는 중요한 가치를 지니고 있다고 하겠다.

1946년 7월에 출간된 정벽해鄭碧海의 『조선역사』(서울 중앙출판사)의 서문을 보면, 저자는 "징용徵用을 피하여 마음 없는 직업에도 있고 이리저리 방황하다 조선의 해방의 날이 와 자주 독립이 되니 이 얼마나 기쁘랴. 내 두 눈에서는 눈물이 쏟아진다"46)고 쓰고 있다. 그러나 해방과 더불어 서울의 번화한 거리를 보고서는 "음식점, 빠가 헌軒을 연連하고 노상路上의 음식 장수 두 번만 해방되면 선 서울이 음식 도시가 될 것이 아닌가. …… 50여의 당파, 거리마다 부친 비라[선전지], 찬란하게도 차려 입은 여성, …… 이것이 지금부터 자주 독립하려는 조선의 수도 서울 풍경이다"47)라고 한탄하였다. 그러므로 그는 "무엇보

---

44) 앞의 책, 서문, p. 3.
45) 앞의 책, p. 204.
46) 정벽해, 『조선역사』, p. 1. 원문을 현대의 맞춤법에 맞도록 최소한의 변형을 가하였다.
47) 앞의 책, p. 2.

다도 우리는 우리 것을 먼저 배우고 잘 알아야 할 것을 명심하지 않으면 안 된다"[48]라고 이 책을 쓰는 이유를 밝혔다.

그는 우리 역사를 '상고사(단군―신라 멸망)' '중고사(고려)' '근고사(조선)' '근세사(대원군―한일 합방)' '현대사(식민지 시대―해방)'로 구분하였다. 조선 전기도 '이씨 조선의 창업' '세종과 세조·성종' '이조 시대의 문화(1)' '사화' '교학의 융성' '당론' '일본 내구日本來寇와 신무기' 등으로 나누어 서술하였다. 그러나 열렬하기는 하나 소박한 그의 저술에서 남다른 점을 찾기는 어렵다. 그러나 이러한 책을 통해 해방 직후 우리 사회의 모습의 일단을 볼 수 있다는 것이 무척 흥미롭다.

1950년 유홍열柳洪烈이 쓴 『한국문화사』(陽文堂)는 한국사를 '고대 문화' '중세 문화' '근세 조선 문화', 이렇게 셋으로 구분하고, 조선 시대를 다시 전기(건국―선조), 중기(17, 8세기), 후기(개항 이후)로 나누었다. 그러나 이병도李丙燾가 1948년 펴낸 『조선사대관』(同志社)에서 조선 시대를 근세의 전기(개국―명종 말), 근세의 중기(선조 원년―경종 말년), 근세의 후기(영조 원년―순조 말)로 나누면서 그 구분의 시점을 명확하게 제시한 것과는 달리 유홍열의 『한국문화사』는 다소 애매하게 설정되어 있다. 그는 동시에 조선 시대의 첫 부분을 '사대 정치의 문화에 끼친 영향'이라는 제목으로 시작하면서, 거기에 "이씨 조선은 이성계와 그 자손들이 명明에 대하여 철저한 사대 정책을 씀으로써 이루어진 나라이었다. …… 이에 따라 조선에서는 송宋의 정통을 계승한 명의 문물 제도가 그대로 채용되어 주자학朱子學이 지도 이념으로 숭상되고, 이에 따르는 문화가 발달하게 되었다"[49]고 하여 조선 시대 문화 전체를 사대 정책의 산물로 파악하고 있다. 그러므로 그가 "주자학을 지도 이념으로 삼은 조선은 국초國初부터 그의 폐해도 받게

48) 앞의 책, p. 2.
49) 유홍열, 『한국문화사』, p. 146.

되어 안으로는 왕자들 사이에서 세자 자리다툼이 벌어지고 밖으로는
관리 학자들 사이에 신구 두 파의 대립을 보게 되었다"고 한 것은 당
연한 이치였다. 그는 왕자의 난은 물론이거니와 사화도 모두 주자학
의 폐해에서 비롯된 것으로 해석하였다.

1951년 김성칠은 다시 『국사통론』(講堂社)을 출간한다. 이 책은 시
대 구분이나 구체적인 서술 내용에서는 이전에 나온 많은 개설서들
과 차별성을 지닐 수 있는 내용은 거의 없다고 할 수 있다. 그는 이
책을 내는 자신의 뜻을 "우리 나라 역사를 알아보기 쉽게 또 자미있
게[재미있게] 읽어나갈 수 있고, 그리고도 읽는 이로 하여금 역사를 통
하여 우리 민족의 본바탕을 이해할 수 있도록 써보려는 것"50)이라고
밝혔는데, 아마도 이 점이 이 책의 가장 중요한 특징이라고 하겠다.
그는 이 책을 한글로 썼으며, 그 구체적인 서술 모두가 비교적 읽기
쉽고 이해하기 쉽도록 써 내려갔다. 앞서 살펴본 바와 같이 그가
1946년 『조선역사』를 쓸 때도 한글 위주로 알아보기 쉽게 쓰려고 노
력하였는데, 이 책에서도 그러한 노력이 엿보인다. 그러므로 그는
"이 책이 순 한글로 쓰여져서 읽기 힘들다고 생각하는 이는 없을까?
그러나 될수록 한자를 버리고 한글을 씀이 민족 문화의 올바른 길인
줄로 믿는다"51)고 거듭 자신의 뜻을 강조하였다. 이 시대에 보통 사
람들이 읽기 쉽도록 한글 위주로 한국사 개설서를 썼던 김성칠의 노
력은 높이 평가할 만하지만 그가 독자적으로 밝히고 체계를 잡은 조
선 시대의 역사상은 없다고 말할 수 있다.

(2) 전석담全錫淡의 『조선사교정朝鮮史敎程』

전석담의 『조선사교정』(乙酉文化社, 1947)은 해방 직후에 나온 개설

---

50) 김성칠, 『국사통론』, 머리말, p. 1.
51) 앞의 책, 머리말, p. 2.

서 중에서 주목해야 할 저서 가운데 하나이다.52) 기본적으로는 마르크스의 역사 발전 단계에 따라 삼국의 성립 시기부터 조선 왕조 말기까지를 봉건 사회로 보았으며, 우리 역사상의 봉건제를 '관료적 집권 봉건제'라고 규정하였다. 그리고 조선 시대는 그러한 관료적 집권 봉건제가 완성된 시대로 보았다.

일제 시대에서 해방 직후까지 소책자 형태로 나온 여러 가지의 『조선역사』들은 적은 분량에 많은 내용을 담으려 하였기 때문에 공통적으로 내용이 매우 빈약하다는 결점을 지니고 있었다. 그러나 전석담의 저서는 소책자로 되어 있다는 점에서는 기타의 『조선역사』와 비슷하였지만, 내용을 과감하게 압축해서 전 역사를 자신의 사관으로 일관성 있게 조망하는 데 성공한 책이라고 하겠다. 여기에서 중점적으로 다루고 있는 조선 시대만 하더라도 다섯 항목만으로 되어 있을 뿐이다. 그리고 서술의 중심을 농민 문제에 두었다는 점이 주목된다. 그는 많은 내용을 생략하였지만, 자신의 생각이 잘 드러나게 이 책을 구성하였던 것이다.

서문에서 그는, "역사는 실천의 기록이다. 역사는 실천의 피조물이며 동시에 실천의 창조자다. 그러므로 역사를 실천하는 자만이 역사를 이해할 수 있다"53)고 하였다. 또한 "역사의 수레바퀴는 끊임없이 돌아가고 있다. 그러나 이것을 앞으로 전진시키기 위해서는 인민의 힘이 필요하다"54)라고도 하였다. 그러므로 그가 보기에 역사를 실천하는 자는 인민이며, 조선 시대를 중심으로 말할 때 그 인민은 곧 농

---

52) 1989년 범우사에서는 이 책을 『민중조선사』라는 이름으로 다시 출판하였다.(범우문고 76). 『민중조선사』에는 편집자의 서문이 추가되고, 또 본문은 현대의 맞춤법에 따라 고쳐졌다. 그러나 1947년 판과의 실질적인 차이는 없기에, 이 논문에서는 『민중조선사』를 참고로 하였다.
53) 전석담, 『민중조선사』, 서문, p. 21.
54) 앞의 책, p. 17.

민이었다.

그는 조선의 건국 과정에서 고려 말의 사전 개혁을 일제의 토지 조사 사업에 비교하면서, "일제의 토지 조사 사업이 전대前代의 토지 소유 관계에 본질적으로는 전혀 변경을 주지 않았듯이, 조선 정부에 의한 전제 개혁도 전대 이래의 토지 소유 관계에 본질적으로는 아무런 변화도 가져오지 않았던 것"55)이라고 하였다. 그러나 이로 인하여 새 왕조의 "조세·지대 수취의 기반은 비약적으로 확장되고 새 정권의 물질적 기초는 강화"56)되었다고 그 의미를 부여하였다. 이처럼 조선 왕조의 지배 체제가 강화되는 대신 "조선 사회의 농민들은 최고 지주인 국가의 농노로서 존재하였을 뿐만 아니라 그 대부분 품관品官·향리鄕吏·토호土豪 등의 예농隸農으로서 더 가혹한 생산 조건 밑에 긴박되어 있었다"57)고 하였다.

한편으로 그는 조선의 관료 조직이 "역대의 어느 왕조보다도 완성된 것이고 또한 정교하고 치밀한 것"58)임을 강조하면서도, 지배 계급 자체의 모순으로 인한 권력 쟁탈전은 '당쟁'의 형태로 나타났다고 주장한다. 그리고 조선의 당쟁은 "그 자체로는 특수한 사회적 의미를 가지는 것은 아니다. 다만 그것이 유례가 드물 만큼 광범하게 또한 심각하게 전개되었다는 점이 주목"59)된다고 주장하였다. 당쟁에 특수한 의미를 부여하려는 종래 일본인 학자들의 견해나 그에 영향을 받은 국내 학자들의 당쟁관과는 뚜렷한 대조를 이룬다. 이러한 그의 서술은 너무나 소략해서 조선 시대의 역사가 충분하게 드러날 수 없는 한계를 가지고 있다. 그러나 전석담의 『조선사교정』은 소책자이

---

55) 앞의 책, p. 57.
56) 앞의 책, p. 56.
57) 앞의 책, p. 60.
58) 앞의 책, p. 67.
59) 이상 당쟁에 대하여는 앞의 책, p. 68.

면서도 역사적 사실을 과감하게 선택하여 저자의 사관이 잘 드러나
도록 하는 데 매우 성공적인 책이었다. 그러나 양반 지배층에 대한
이해가 전제되지 않은 상태에서 조선의 농민에 대한 이해는 불가능
하다는 점을 생각하면 그의 역사 서술은 종합적이지 못하고 편파적
이었다는 비판을 면할 길이 없다.

전석담은 이 책을 내면서 세계사와 국사의 관계에 대하여 많은 생
각을 한 듯하다. 그는 "조선은 이미 극동의 한 구석에 고립해 있는
'소우주'가 아니고 세계사의 진보의 기운과 불가분의 관계로 결부된
조선"[60]이므로 세계사의 방향을 똑바로 파악하고, 그 방향으로 우리
역사를 이끌어가야 한다고 주장하였다. 그러면서도 그는 다음과 같은
글에서 알 수 있듯이 한국사에는 그 만의 특수성이 있음을 간과하지
는 않았다.

> 조선 역사는 이제는 이미 세계사적 진보의 기운과 밀접히 연결되
> 어 있지만 그렇다고 해서 그대로 세계적 진보의 기운에 해소되고 마
> 는 것은 아니다. 조선 사회에는 역사적으로 조선 자체의 특수성이 있
> 는 것이다. 그러므로 다른 국민이 프롤레타리아 혁명을 성취하고 있
> 다고 해서 우리도 이제 곧 프롤레타리아 혁명을 실행할 수 있는 것
> 은 아니다.[61]

그러나 그가 인식한 한국사의 특수성은 마르크스의 유물사관 내
에서의 특수성을 의미하는 것이었다. 그에게 마르크스의 사관은 한국
사의 특수성보다 훨씬 우위의 보편성을 지니고 있기 때문이었다. 그
러므로 그가 한국사의 특수성을 인식하였다 하더라도, 한국사 전체를
체계적으로 해석하는 데 마르크스의 사관에 따르지 않더라도 얼마든

---

60) 앞의 책, 서문, p. 17.
61) 앞의 책, p. 17~18.

지 다양한 대안이 있다는 것을 깨닫는 데까지 나아간 것은 결코 아니
었다.

(3) 이병도李丙燾의 『조선사대관朝鮮史大觀』

앞서 언급했던 이병도의 『조선사대관』(同志社, 1948)은 500여 쪽이나
되는 방대한 저서이다. 해방 후 이러한 본격적인 개설서가 나온 것은
『조선사대관』이 처음이었다. 그는 '상대사上代史(고조선—신라 말)' '중
세사(고려)' '근세사(조선)'로 구분하였으며, 현대사에 대해서는 간단히
'최근(서기 1910—45)'으로 다루었다. 그리고 조선 시대사를 '근세의 전
기(태조—명종 말)' '근세의 중기(선조 원년~경종 말년)' '근세의 후기(영조
원년—순종 말)'로 구분하였다. 그리고 역사를 이해하는 데 도움이 되
는 참고 자료들을 중간중간에 삽입하였다. 예를 들어 조선 건국 초의
'왕자의 난'에 대하여는 본문에서 간략하게 설명은 하였지만, 그런 설
명만으로 부족하다 싶으면, '참고 왕자의 난'이라는 부분을 따로 두
어, 이 부분을 읽으면 매우 상세한 내용을 알 수 있게 하였다. 이런
식으로 그는 본문을 장황하게 만들지 않으면서 특별히 강조할 내용
에 대한 설명을 자세히 할 수 있도록 배려하였다.

그러나 그의 조선 전기 역사에 대한 서술 가운데서 가장 주목되는
것은 '사화와 사상계의 동향'이라는 부분이다. 오늘날 성종대 이후의
역사를 설명하는 데 훈구파와 사림파의 대립을 반드시 언급하게 마
련이다. 그런데 이병도는 성종대 이후의 역사적 상황을 서술하면서
조선의 지배층 내부에서 전개된 이러한 대립과 분열을 깊이 의식하
고 『조선사대관』에서 다음의 [표 2]와 같이 구분하였다.[62]

오늘날의 입장에서 볼 때, 이러한 이병도의 구분은 많은 문제를 포

---

62) 이병도, 『조선사대관』, pp. 358~360.

[표 2] 이병도의 훈구 · 절의 · 사림 · 청담파 구분

구분	성 격	대표적 인물	학문의 특징	거주지
훈구파	세조의 총신 공신 어용 학자/조선에 기반을 지닌 귀족적 관료적 학자	정인지, 최항, 신숙 주, 양성지, 권람 등	사장詞章에 능함	대개 경기 도 지역
절의파	세조의 찬탈에 분개하여 소위 "불사이군"의 뜻을 품고 두문 혹은 방랑생 활로 일생을 보낸 이들	김시습 등		
사림파	당시 문장 경술經術로 영남의 사종인 김종직을 싸도는 일파의 문인학자 들. 종직은 고려의 유신 길재의 바로 손제자로, 그 학통과 학풍을 이은 이어니와, 일찍이 그는 노산군의 폐출과 변사를 슬퍼하여 이를 초의 의 제에 빗대어 조상하는— 한편 은근히 세조의 불 의를 꾸짖는—일종의 풍 자적인 유회 문자遊戲文 字(弔義帝文)를 지어 후 일 참혹한 사화史禍의 한 씨를 떨어뜨린 일이 있었다.	김굉필 · 정여창 · 조위 · 김일손 · 유 호인 · 표연말 · 이 종준 등	이들 중에는 실천을 주로 하는 몇몇의 도 학자도 있었지만, 사 화詞華(文藝)를 힘쓰 는 신진문사가 많았 고 또 대개는 야생귀 족으로, 사림의 전통 적 기상을 받아 스스 로 유속 이상에 처하 려는 고도적高踏的인 경향이 있었다	영남
청담파	나라에 뜻을 잃고 노장 老莊 고처高處의 풍을 좋아하며 권세 명리의 세계를 내려다보는 초속 적인 청담주의 풍류주의 에 기울어져 소위 진의 죽림칠현에 자비하던 일 파이다.	남효온 등	초속적인 청담주의 풍류주의에 기울어져 소위 진의 죽림칠현 에 자비하던 일파이 다.	

함하고 있다. 하지만 조선 전기의 정치적 대립을 당시 학자 문인들의 학문적 혹은 현실적 인식의 차이를 바탕으로 이해하려고 노력한 점 은 이후 오랫동안 학계에 많은 영향을 주었다.

성종대 이후는 흔히 사화의 시대로 인식되어 왔지만, 이것을 당시

학자 문인들의 학풍과 현실 인식을 바탕으로 체계화하여 분류를 시도한 것은 이것이 처음이었다. 그러므로 그도 여기서 분류한 명칭은 자신이 처음 시도했다는 점을 인식하고 특별히 "그 이름은 내가 부친 것이다"라고 밝히고 있다.[63]

그는 조선 시대의 신분 제도를 설명하면서, "조선의 계급적 차별은 조선에서만 보는 현상이 아니었지만, 근조선近朝鮮처럼 유심히 편협하여 조금도 관용성 융통성이 없던 사회는 드물 것이다. …… 이와 같이 계급의 차별, 지방의 차별로, 얼마나 많은 호걸과 인재가 일생을 통하여 불우의 눈물을 머금고 초복으로 더불어 함께 썩어버렸는지 헤아릴 수 없을 것이다. 국가적 입장으로 볼 때 얼마나 큰 손실이었는가는 말할 것도 없다. 이 오직 조선에서만 보던 기이한 현상이 아니고 무엇일까? 그 이유는 지극히 단순한 데 있다. 이씨 조선의 정치가 너무도 소수 귀족에 의한 과두적寡頭的 중앙 집권적이었기 때문에 자기네들 소수의 지반을 영구히 굳게 하기 위하여 먼저 계급을 차별하고 지방을 차별하고 재가 여자손再嫁女子孫 내지 서얼 자손庶孼子孫을 차등差等하게 되었던 것이다"[64]라고 하여 조선 시대를 기본적으로 부정적인 입장에서 보고 있다.

이병도의 『조선사대관』은 1948년에 처음 출판된 이후 1952년에는 『수정증보 국사대관國史大觀』(白映社)으로 모습을 바꾸었으며, 1954년에는 수정 11판이 나올 정도였다. 그리고 1955년에는 『신수판新修版 국사대관』(普門閣)이 나왔다. 그리고 1964년에는 『한국사대관』(普門閣)으로 제목을 바꾸었다. 그러나 1983년 판 『한국사대관』(東方圖書)의 머리말에 해당하는 '제5차 개판改版에 즈음하여'에서 "그간 개판도 여러 차례 거듭하였으나, 대체로 전대로의 체계에 다소 내용을 보수한 데

63) 앞의 책, p. 358.
64) 앞의 책, pp. 344~345.

불과하였다"고 저자 자신이 술회한 것처럼 1948년 당시의 『조선사대관』의 체제와 내용은 거의 그대로 유지되고 있었다.

이병도는 1955년 『신수판 국사대관』에서 조선 시대사의 시작머리에 조선사의 시대 구분을 다음과 같이 좀더 명확하게 제시하였다.

※ 이병도의 조선 시대사 시대 구분

1. 근세의 전기(개국~명종 말)
   전1기(개국~성종 말)—근조선 성립기
   후1기(연산~명종 말)—타성·부패기
2. 근세의 중기(선조 초~경종 말)
   전1기(선조 초~인조 말)—붕괴·동란기
   후1기(효종 초~경종 말)—개선과 당쟁 격심기
3. 근세의 후기(영조 초~순종 말)
   전1기(영조 초~철종 말)—문예 부흥 및 세도 쟁탈기
   후1기(고종 초~순종 말)—쇄국 개방과 내외 모순기

이러한 시대 구분은 이미 『조선사대관』 때부터 이루어진 것이지만, 조선 시대의 전기, 중기, 후기를 각각 다시 전1기 / 후1기로 나누어 거기에 그 시대의 특징을 부여하였다는 점에서 저자의 생각을 훨씬 구체적으로 나타낸 것이다.[65] 그것을 보면 조선 전기의 전1기를 근조선

---

65) 이러한 시대 구분은 이병도, 『신수판 국사대관』, pp. 322~323을 참조할 것. 이병도는 이 신수판을 내면서 조선사의 쟁점을 좀더 명확하게 설명해야 할 필요성을 느꼈던 것 같다. 그러기에 그는 당쟁에 대해서도 다음과 같은 설명을 추가하였던 것이다.
　　사회학적 견지에서 볼 때 생활 욕망과 의지를 같이하는 동류자가 상등한 의욕을 가지고 동일 대상에 향하여 만족시키려 하는 경우에는 이해 충돌의 야기를 보게 된다. 이때 제3류에 속한 유자들의 실사회에 있어서의 욕망의 대상은 대개 상술한 바와 같이 정계의 벼슬자리에 불과하였고 그 대상이 소량적이고

성립기로 삼은 것을 시작으로 '타성·부패기' '붕괴·동란기' '개선과 당쟁 격심기' '문예 부흥 및 세도 쟁탈기' '쇄국 개방과 내외 모순기' 등으로 각 시대의 성격을 규정함으로써 대체로 조선 시대 전체를 부정적으로 보는 것은 말할 것도 없지만, 조선 전기 부분도 건국 초를 제외하면 모두 부정적인 관점으로 보고 있음을 알 수 있다.[66]

이병도의 『조선사대관』은 1980년대 초까지 제목을 바꾸어가며 판을 거듭하였지만, 한번도 본격적인 개정이 이루어진 적은 없었다. 이 것은 그가 수십 년 동안 한국사를 보는 입장을 적어도 개설서를 통해서는 바꾸어 본 적이 없음을 의미한다. 이 시기 이병도가 한국의 학계에서 차지하는 위치의 중요성을 감안한다면 이는 매우 실망스럽다고까지 말할 수 있다. 결코 모든 역사가가 개설서를 써야 할 의무는 없다. 그러나 이미 1948년에 『조선사대관』을 썼으며, 그 책을 1980년대 초까지 판을 거듭하면서 출판하였는데도 불구하고 그 사이에 한국사를 보는 자신의 사관을 자신의 개설서를 통해 체계화하지 않았다는 것은 어느 모로 보더라도 아쉬운 일이 아닐 수 없다. 개별적 실증적으로 연구는 하되 이들을 종합하는 체계적인 해석을 시도하는데는 역사가의 책임 있는 주관적 개입을 배제할 수가 없다. 그의 위치에서 이러한 데까지 이르지 못한 것은 그만의 문제로 그치지 않고 한국 역사학계의 큰 부담으로 남게 되었다고도 말할 수 있다.

국한되었기 때문에 상호간의 알력과 반목이 늘 계속되었던 것이라고 할 수 있다. 유자들의 이 습성이 점점 커져서 분당의 염려가 있게 되매 선조 초의 원로인 이준경 같은 이는 이를 매우 걱정하였던 것이다(p. 395).

66) 이병도의 개설서를 제대로 평가하기 위해서는 아무래도 고대사 부분을 중점적으로 살펴보아야 하겠지만, 아쉽게도 필자의 주 관심이 조선 전기이므로 그런 노력을 할 수는 없었다.

(4) 손진태孫晉泰의『국사대요國史大要』

1949년 출판된 손진태의『국사대요』(乙酉文化社)는 여러 가지 점에서 중요한 개설서라고 생각한다.[67]『국사대요』에서 필자가 지적하고 싶은 가장 중요한 특징은 일제 시대부터 이 책이 나오기까지 출판되었던 대부분의 개설서들이 막연하게 '상고—중고—근세'라는 삼분법으로 시대 구분을 해 왔던 것에서 벗어나 매우 독창적인 시대 구분을 시도하였다는 점이다.『국사대요』의 목차에 나타난 것을 보면, 그는 '씨족 사회 및 부족 국가 시대(상고사)' '삼국 시대(고대사 上)' '신라 통일 시대(고대사 下)' '고려 시대(중고사)' '이씨 조선 시대(근세사)'로 되어 있어서 종래의 시대 구분과 다른 점이 없는 것처럼 보인다. 그러나『국사대요』에는 '민족 역사의 대강大綱'이라는 제목이 붙은 '서설緖說'이 있으며, 손진태는 바로 이곳에서 이 책을 쓰려는 목적, 방법 및 자신의 사관에 대한 사색의 결과를 밝혀 두었다.

그는 우선 사회의 발전 단계에 따라 우리 역사를 씨족 공동체 사회—부족 국가 · 부족 연맹 국가—귀족 국가의 세 단계로 나누었으며, 귀족 국가 시대는 고조선에서 조선 말까지가 해당된다고 하였다. 그리고 그 때를 귀족 국가 시대라 하는 것은 당시의 정치가 귀족 계급에 의해 지배되었기 때문이라 하였다.[68] 그러나 그는 여기에서 그치지 않고 한민족의 성장 과정에 따라 역사를 7단계로 시대 구분할 수 있다고 주장하였다. 그 7단계는 '민족 형성 배태기'를 시작으로 '민족 형성 시초기' '민족 통일 추진기' '민족 결정기' '민족 의식 왕성기' '민족 의식 침체기' '민족 운동 전개기'로 되어 있다. 이러한 두

---

67) 이 책은 1986년 을유문화사에서 다시 인쇄하여 출판하였다. 여기에서는 1986년 판을 대본으로 하였다.
68) 손진태,『국사대요』(1986), pp. 13~18. 특히 p. 18을 보면 세 단계의 시대 구분에 따른 한국사의 변천 과정을 일목요연하게 요약하고 있다.

[표 3] 『국사대요』에 나타난 손진태의 시대 구분[69]

사회 발전에 따른 구분	민족 성장에 따른 구분	해당되는 왕조
씨족 공동 사회	민족 형성 배태기	신석기 시대
부족 국가	민족 형성 시초기	고조선, 부여, 삼한
귀족 국가	민족 통일 추진기	삼국
	민족 결정기	통일 신라 시대
	민족 의식 왕성기	고려 왕조
	민족 의식 침체기	조선 왕조
	민족 운동 전개기	일제 시대

가지의 시대 구분을 하나로 정리해 보면 위의 [표 3]과 같다.

그는 이처럼 『국사대요』의 '총설總說'에서 위의 [표 3]에 나타난 바와 같은 시대 구분을 제시하고 그에 대하여 상세한 설명을 남겨 두었다. 그러므로 이 책의 목차만을 보고 손진태의 시대 구분을 문제 삼아서는 안 된다.

위의 시대 구분에서 잘 드러나듯이 손진태는 역사 서술에서 민족의 문제를 매우 중요시하였음을 잘 알 수 있다. 그러나 우리 나라의 역사 시대 대부분을 귀족 국가로 규정할 경우 민족은 지배 계급인 귀족과 피지배 계급인 평민이나 노비의 두 계급으로 나누어진다는 사실을 외면할 수는 없었다. 민족이란 계급을 초월한 일체적 통일성을 강조하게 마련인데, 민족이 지배 계급과 피지배 계급으로 나뉜다면 이 문제를 어떻게 생각해야 하는가? 이에 손진태는 다음과 같이 말하였다.

---

69) 이 표는 이기백, 「한국사의 시대 구분 문제」, 『한국사 시대 구분론』(경제사학회 편, 을유문화사, 1970), pp. 8~9에 있는 '한국사 시대 구분 일람표'의 (7) 손진태란을 형식만을 바꾸어 놓은 것이며, 모든 것은 이기백이 만들어 놓은 것을 그대로 따랐다.

귀족 정치는 이렇게 이기적·비非민족적 소수 특권 계급의 전제적
이었던 것이다. 귀족도 민족의 한 부분이었음에는 틀림이 없어, 민족
은 두 계급으로써 이루어져 있었다. 그래서 우리의 문화는 완전한 하
나의 민족 문화가 되지 못하고 둘로 나뉘어 있었으니, 고급 문화는
귀족에 독점되어 고도로 발전되었으나, 일반 국민의 문화는 저급한
채 발달되지 못하고 지금에 이르렀다. 그러나 그 두 가지가 모두 우
리 민족의 문화임에는 틀림이 없고, 오직 하나는 귀족적이요 다른 하
나는 민중적이었던 불평등이 있었을 따름이며, 또 이러한 모양은 옛
날의 모든 민족에 있어서도 마찬가지였다. 민족의 내부가 평등하여야
할 앞으로의 민족 문화는 이러한 폐악弊惡을 바로잡는 것이어야 할
것이다.70)

위의 인용문에서 보듯이 그는 모순 대립되어 보이는 두 계급의 문
화 전체가 합해서 민족 문화가 되는 것이라고 주장하고 있다. 그러나
그는 지배와 피지배로 나뉘어진 그런 상황을 정당화하지는 않았다.
그렇기 때문에 그는 미래에는 민족의 내부가 평등한 사회를 지향해
야 한다고 방향을 제시하였던 것이다. 이 책이 출판된 1949년은 해방
후 좌익과 우익의 이념 대립이 극심했던 때이며, 실제로 전석담과 같
은 학자는 철저한 유물사관에 따라 개설서를 이미 발표한 다음이었
다. 그러므로 민족의 중요성을 강조했던 손진태는 이러한 도전에 대
하여도 이론적으로 대응해야만 한다는 현실을 직시했던 사학자였다.
  이러한 유물사관에 대한 그의 적극적인 대응은 봉건 사회론에서
더욱 잘 드러난다. 다 아는 바와 같이 마르크스의 역사 발전 단계설
에 따르는 역사가들 가운데, 이청원은 조선 500년 역사를, 그리고 전
석담은 고대 아시아적 국가를 거쳐 적어도 통일 신라 시대부터 조선
말기까지는 관료적 집권 봉건제 사회가 성립 발전한 것으로 보고 있

---

70) 손진태, 『국사대요』, pp. 29~30.

개설서를 통해 본 한국 사학사의 전통 | 57

다. 이에 대하여 손진태는 "다른 민족들은 모두 봉건 제도를 그 역사 위에 가졌었다. 그러나 우리 민족에게는 그러한 시기가 없었다"[71]고 단언하였다. 우리 나라의 경우 삼국 시대나 고려 시대 혹은 조선 시대에 "공신功臣에게 어떤 지방의 토지를 주어 그 조세租稅를 받게 하여 그것을 식읍食邑이라 하고, 또 그들에게 벼슬을 주기도 하였으나"[72] 그것은 "비록 봉건적이었으나 봉건 국가는 아니었다"[73]고 예리하게 지적하였다. 그리고 나서 그는 우리 나라에 봉건 제도가 성립하지 못한 것은, "좁은 지역에서는 중앙 집권이 실질적으로 용이하게 행해질 수 있고, 또 외민족外民族의 위협이 있으면 분산적인 정치 행동과 군사 행동보다는 군센 통일적인 그것이 요청"[74]되었기 때문이라 하였다. 그러나 그는 결코 우리 나라에 봉건 제도가 없었다는 것을 열등하다고 생각지는 않았으며, 오히려 "이러한 통일적인 정치는 분산적인 봉건적 제도보다 민족으로서의 단결을 강하게 하였다"[75]고 해석하였다. 그가 역사 서술에 있어서 민족의 문제를 제일 중요하게 생각하였던 것은 감정적인 것이 아니라 이처럼 한국사의 특수성을 세계사적인 보편성과의 비교 속에서 발견할 수 있었기 때문이었다고 하겠다. 그러기에 손진태는 『국사대요』의 서문에서 다음과 같이 자신의 입장을 분명하게 밝혔다.[76]

우리 민족사는 우리 민족만으로 만들어진 것이 아니요, 우리 민족

---

71) 앞의 책, p. 30.
72) 앞의 책, p. 30.
73) 앞의 책, p. 31.
74) 앞의 책, p. 31.
75) 앞의 책, p. 31.
76) 손진태의 사관을 '신민족주의사관'이라 규정하고 손진태의 역사관과 사학사적인 의미를 깊이 있게 탐구한 연구는 이기백, 「신민족주의사관론」(『문학과 지성』 1972년 가을호 : 이기백, 『한국사학의 방향』(일조각, 1978) 소수).

이 세계 여러 민족 중의 하나임과 마찬가지로, 우리 민족사도 또한 세계사 속의 하나인 것이다. …… 우리는 쇄국적인 배타적, 독선적 사이비한 민족 사상을 버리고, 개방적이요 세계적이요 평등적인 신민 족주의 입장에서 우리 민족사를 연구하고 이해하여야 할 것이다.[77]

개설서를 쓰면서 자신의 역사관을 이처럼 깊이 생각한 학자는 오늘날에 이르기까지도 그다지 많지 않았다. 그런 점에서 손진태의 『국사대요』는 사학사史學史에서도 기억되어야 할 업적이다. 그러나 그의 사관이 실제 서술에서 일관되게 반영되었는지는 의문의 여지가 있다.

우선 앞의 시대 구분([표 3])에서도 보듯이 그는 조선 시대 전체를 '민족 의식 침체기'라 하여 부정적으로 평가하였다. 그는 사화에 대하여도 "오직 정권을 쥐고자 온갖 음모와 모함을 다하여 서로 피를 흘렸던 것"이며, "이로부터 이조사는 문신들의 추악한 비민족적인 당파 싸움을 끝까지 계속하다가 필경 일본인의 독한 이빨에 깨물려 넘어지는 것"이라고 하였다.[78] 그리고 당쟁에 대해서도 "당쟁이 비민족적인 것은 그들의 당론이 하나도 민족 문제에 관한 것이 없음으로써 알수 있고, 그것이 귀족적인 것은 왕실 문제로 많이 싸운 것으로 알 수 있고, 그것이 유교적인 것은 소위 예론禮論이 가장 큰 논쟁이 되었던 것으로 알 수 있는 것이다. 그리고 또 그것이 문족적門族的이었던 것은 싸움이 세습적으로 되었던 것으로 알 수 있다"고 해석하였다. 그리고 여기에 이어 "앞으로의 정당은 정정당당하고 명랑하고 신사적인 태도로 민족을 위하여 정책을 서로 싸워야 할 것이요, 이기적이요 배타적이요 동포의 피를 흘리는 짐승의 싸움이 되어서는 안 될 것"이라면서 이 책을 쓰던 당시의 현실과 비교하였던 것이다.[79] 그러므로

___

77) 손진태, 『국사대요』, 서문, p. 4.
78) 앞의 책, p. 195.
79) 앞의 책, p. 204.

그는 당쟁을 "이기적이요 배타적이요 동포의 피를 흘리는 짐승의 싸움"으로 보았던 것이다.

그리고 조선 왕조 500년을 지배한 유교에 대해서도, "유교는 근본적으로 그것이 민주적이 아니요 귀족적이라는 점도 있거니와, 그밖에 또 조선의 주자학은 너무나 문치를 중하게 여긴 때문에 무비武備를 가볍게 보았던 것과, 너무나 형식적·이론적이어서 학자 이외의 사람들에게 성가신 느낌을 주었던 것과, 그들이 정치의 세력을 독점하였던 까닭에 너무 교만하게 되어 다른 사람들의 미움을 받았던 이유 등으로, 무비가 아무것도 없어 일본과 청나라의 침로도 받게 되거니와, 한번 변변치 못한 임금이 서게 되면 곧 반대당과의 사이에 싸움이 일어나는 것"[80]이었다고 부정하였다. 유교가 민주적이 아니라는 것은 이 경우 비난의 대상이 될 수도 없는 것임에도 불구하고 그는 조선 왕조가 일제에 의해 멸망했다는 결과를 가지고 500년 조선 시대사 전체를 부정해 버리고 말았던 것이다.

조선 시대사에 대한 목차 구성을 보더라도 '건국 초기의 건설 사업' '귀족들의 정권 쟁탈' '일본 및 청과의 전쟁' '귀족 정치의 문란紊亂과 민중의 빈곤' '이씨 조선의 마지막' 등으로 나눈 것에서 보듯이 간략할 뿐만 아니라 전반적으로 조선 시대 전체를 부정적인 눈으로 바라보고 있음을 알 수 있다. 물론 내용이 산락한 까닭은 당시까지만 해도 조선 전기는 물론 조선 시대 전체에 대한 연구가 워낙 일천하였던 탓도 있기 때문에 그만의 잘못으로 돌릴 수는 없다. 그러나 500년의 조선 역사를 한결같이 부정하면서 그의 새로운 역사 서술은 무엇을 얻을 수 있었을까? 조선 시대에 관한 한 일제 시대 식민주의 사학자들이 주장한 바를 거의 그대로를 반영하고 있는 듯이 보이는 것은

---

80) 앞의 책, p. 191.

『국사대요』가 지니는 큰 문제점이었다고 아니할 수 없다.

(5) 이인영李仁榮의 『국사요론國史要論』

이인영의 『국사요론』(金龍圖書會社, 1950)은 손진태의 『국사대요』에
나타난 민족주의사관을 계승하면서도 자신만의 독자적인 역사 해석
을 위해 고심한 흔적이 뚜렷한 개설서이다.[81] 『국사요론』은 모두 25
개의 장과 부록으로 되어 있다. 그 가운데 제25장 '국사와 세계사'와
부록 '우리 민족사의 성격'에서는 저자 이인영의 사관이 잘 나타나
있다. 개설서를 쓰면서 그도 손진태처럼 우리 역사를 보는 자신의 입
장을 명백하게 밝혀 두려고 노력하였다.

해방 이후 세계사적인 흐름에 노출된 조국의 현실 속에서 "우리 나
라의 역사를 어떻게 이해하고 해석해야 하는가"라는 문제를 놓고 진
지하게 고민했던 그는 이 책에서 '국사와 세계사'의 문제를 깊이 다
루고자 하였다. 그는 "국사는 우리 민족의 형성 성쇠의 역사로 국사
의 주체가 우리 민족 자신임에는 틀림없지만 우리 민족은 우리 민족
만으로서 존재하는 것이 아니라 세계의 여러 민족들과 더불어 교섭
하여 왔으며 현재에도 더욱 밀접한 관련을 가지고 있는 것"[82]이라고
전제하였다. 그러면서도 그는 국사가 세계사에 묻혀 독자적인 특수성
을 잃어서는 결코 안 된다는 것을 의식하고 다음과 같이 말하였다.

> 그러나 국사의 주체가 언제나 우리 민족 자신인 만큼 세계사적 조
> 류 또는 소위 세계사적 필연성을 중시하는 나머지 민족적 의지 민족
> 적 창조를 전혀 몰각沒覺하여 버린다고 하면 국사에 대한 진정한 이
> 해는 고사姑捨하고 세계사의 파악에 있어서도 정곡을 잃을 것은 명약

---

81) 이인영의 『국사요론』은 1958년 民敎社에서 다시 출판되었는데, 모든 내용은
   1950년 판의 『국사요론』과 조금도 다름이 없다.
82) 이인영, 『국사요론』, 제25장 「국사와 세계사」, p. 219.

관화明若觀火한 사실이다. 국사와 세계사, 민족 문화와 세계 문화, 이
것은 일견 대립되는 듯하지만 실상은 불가불리不可不離의 관계를 가
지고 서로 영향을 주고받으면서 다 같이 세계 인류 사회 발전사를
형성하는 것이다.[83]

그는 역사의 보편성만을 강조하는 유물사관의 입장을 비판하면서
동시에 "관념적 민족성의 우수 또는 졸열"에 만사를 귀결시키는 편협
하고 잘못된 민족주의적 태도 또한 비판하였다.[84] 그리고 그는 자신
이 추구하는 역사관을 "민족적 세계관에 입각한 세계사적 국사의 새
로운 인식"이라 규정하고[85] 이러한 역사관이 앞으로는 크게 보급될
것이라고 예견하였다.[86] 이런 점에서 그는 손진태의 신민족주의 태도
에 상당히 공명하고 있었던 것이다.[87]

---

83) 앞의 책, pp. 219~220.
84) 앞의 책, p. 220.
85) 『한국사학의 방향』(일조각, 1978)에 실린 이기백의 논문 「신민족주의사관과 식
민주의사관」에 따르면 "민족적 세계관에 입각한 세계사적인 국사"의 주장이야
말로 이인영 한국사관의 새로운 경지라고 높이 평가하였다(p. 115).
86) 이인영, 『국사요론』, 제25장 「국사와 세계사」, p. 220.
87) 이인영은 "민족적 세계관에 입각한 세계사적 국사의 새로운 인식"을 주장한 다
음에, "우리는 쇄국적인 배타적 독선적 사이비한 민족 사상을 버리고 개방적이요
세계적이요 평등적인 신민족주의 입지에서 우리 민족사를 연구하고 이해" 하여
야 한다는 손진태의 말을 직접 인용하고 있다. 이런 점에서 그는 손진태의 신민
족주의적 역사관에 깊이 공명하고 있었다고 말할 수 있다(『국사요론』 pp. 220~
221 참조).
　이인영의 주장이 손진태의 영향임이 뚜렷하다는 것은 일찍이 이기백이 지적한
바가 있다(「신민족주의사관과 식민주의사관」, 『韓國史學의 方向』, p. 113). 이기
백의 이 논문은 이인영의 사학의 사학사적 의의와 한계점을 체계적으로 이해하
는 데 큰 도움이 된다.
　이인영이 손진태의 영향을 받았다고 해서 두 사람의 사관이 완전히 일치된 것이
라고 이해해서는 안 된다. 특히 이인영 사학이 손진태의 그것과 어떻게 다른가에
대하여는 위에서 언급한 이기백의 논문 p. 117~118을 참조할 것. 여기에서 이기
백은 "일제의 식민주의사관이라도 객관적인 견해는 받아들여야 한다는 것은 학
자적인 양심에서 우러나온 말이다. 그러나 가령 손진태의 경우에 식민주의사관
은 전혀 개입할 여지가 없었다. 그러면서도, 아니 그렇기 때문에, 훌륭히 자기대

[표 4] 이인영과 손진태의 시대 구분 비교[88]

이인영의 시대 구분	손진태의 시대 구분	해당되는 왕조
민족 태동기	민족 형성 배태기	신석기 시대
	민족 형성 시초기	고조선, 부여, 삼한
	민족 통일 추진기	삼국
민족 성장기	민족 결정기	통일 신라 시대
	민족 의식 왕성기	고려 왕조
		조선 세종대
민족 침체기	민족 의식 침체기	조선 사화 당쟁기~갑오경장 직전까지
민족 각성기		갑오경장~한일 합방
	민족 운동 전개기	일제 시대

그러나 그는 손진태의 시대 구분이 한국사를 우리 민족의 형성과 성장 과정에 맞춘 것이기는 하지만 결국 왕조 중심의 시대 구분에서 벗어나지 못했다고 비판하고 자신의 독자적인 시대 구분을 시도하였다. 이 둘의 시대 구분을 비교하기 위해 위의 [표 4]를 만들었다.

[표 4]를 보면 이인영의 시대 구분은 조금 다르긴 하여도 기본적으로는 손진태의 시대 구분과 같다는 것을 알 수 있다. 손진태는 삼국 시대까지의 고대사를 '민족 형성 배태기' '민족 형성 시초기' '민족 통일 추진기' 등 셋으로 나누었는데, 이인영은 이것을 '민족 태동기' 하나로 통합하였다. 그리고 손진태가 통일 신라 시대부터 고려 말까지를 '민족 결정기' '민족 의식 왕성기'로 한 것을 그는 통일 신라 시대부터 조선의 세종대까지를 '민족 성장기'로 규정하였다. 손진태가 조선 초부터 끝까지를 '민족 침체기'라 한 것을 이인영은 문종대 이

로의 독창적인 한국사관을 수립할 수가 있었던 것이다. 그런데 이인영은 요컨대 식민주의사관의 전형적 산물인 정체성과 타율성을 한국사의 기본적인 성격으로 생각한 것이다"라고 하였다.

88) 이 표도 이기백, 「한국사의 시대 구분 문제」(『한국사학의 방향』, pp. 8~9)에 있는 '한국사 시대 구분 일람표'에서 시사를 받아 만든 것이다.

후 갑오경장 직전까지를 '민족 침체기'로 하였다. 그리고 손진태가 일제 시대를 '민족 운동 전개기'라 한 것을, 이인영은 갑오경장 때부터 일제 시대 끝까지를 '민족 각성기'로 보았다. 그 시대 명칭의 수는 줄었지만 민족이 형성, 발전, 침체하다가 다시 각성하는 단계로 역사를 해석하는 방식은 손진태와 동일하였다.

여기서의 중요한 차이점이라고 할 수 있는 것은 조선 시대의 세종대까지는 민족 성장기에 속하고 그 이후 갑오경장 직전까지는 침체기, 그 이후 일제 시대 끝까지는 각성기로 보아, 조선 시대를 하나의 시대로 구분하지 않고 세 개의 시대로 나눈 것이다. 여기서 그는 왕조를 단위로 한 시대 구분을 벗어나려 하였다는 점이 주목된다. 그러기에 그가 손진태의 시대 구분이 결과적으로 왕조 중심적이었음을 비판하고, "국사가 우리 나라의 왕조사로 그치어서는 아니 될 것"이라고 강조하였던 것이다.[89]

이렇게 이인영은 자신의 민족주의적 역사관이 손진태의 영향을 받았으면서도 그것과는 다름을 강조한 다음, 우리 역사의 보편성과 특수성에 관한 논의를 전개하기 위해 봉건 제도 문제를 거론하였다. 그는 신라의 삼국 통일 이후 우리 역사상에 지방 분권적 경향이 대체로 세 번 정도 있었다고 보았다. 즉 신라 말 후삼국 시대가 그 첫 번째이며, 고려 중기의 무인 집권 시대가 두 번째이며, 고려 말 이성계가 대두하던 시대가 세 번째라는 것이다. 이 세 번의 시기에는 "어떤 것이나 다 실력을 지닌 무인에 의하여 나라가 움직이어졌으며 또 지방 할거적 분권적 경향을 내포"하였기 때문에, 이 시대는 봉건제적 요소가 비교적 강했던 때로 볼 수 있다고 지적하였다. 그러나 그는 이것으로 우리

---

89) 이인영이 손진태의 시대 구분을 비판하고 자신의 대안을 제안한 것은 『국사요론』, pp. 221~222를 참조할 것. 또한 이기백의 논문 「신민족주의사관과 식민주의사관」(『한국사학의 방향』, pp. 112~113)을 보면 이인영의 시대 구분의 특징과 문제점은 물론이거니와 손진태의 시대 구분과의 차이점에 대하여 잘 설명되어 있다.

나라에 봉건 제도가 있었다고 보아서는 안 되며, "전형적 분권적 봉건 제도"가 우리 나라에서는 발생하지 않았다고 단언하였다.[90] 그리고 그는 "여러 번 분권적 요소를 내포하면서도 결국 분권적 봉건 제도의 성립을 보지 못한 원인의 하나는 대륙 세력의 영향, 외세력外勢力의 압력이 있었던 때문"[91]이라고 해석하였던 것이다.[92]

이인영의 한국사관이 손진태의 영향을 받았으며, 또 이기백의 주장대로 이인영이 식민주의사관의 영향에서 완전히 벗어나지 못하였다는 점을 인정한다 하여도『국사요론』의 조선 전기 부분을 보면 그가 이 시기의 역사를 새롭게 해석하기 위해 얼마나 노력하였는지 잘 알 수 있다. 일제 시대 때부터 발간된 개설서 가운데 조선 전기 부분을 보면 거의 모든 학자들이 조선의 사화나 당쟁을 매우 부정적으로 해석하고, 그러한 요인을 지니고 있는 조선 500년의 역사를 모두 부정적으로 평가하고 있었다. 손진태의『국사대요』총설에 나타난 사관과 조선 시대에 관한 구체적인 역사 서술 사이에는 큰 괴리가 있었다. 그는 조선의 주자학, 사화, 당쟁 그 모든 것을 해석하는 수준이 일제의 식민주의 사학자들을 넘어서지 못하였다. 어떤 의미에서 그의 의식은 이미 식민주의사학을 훨씬 넘어섰으면서도, 조선 시대의 역사 해석만큼은 아직도 그런 수준에 머물러 있었던 것이다. 이것은 그의 잘못만은 아니다. 오히려 조선 시대에 대한 역사 연구가 아직도 그런 수준에 머물러 있던 때문이며, 또 그의 전문 분야가 고대사에 더 가

---

90) 이상 봉건 제도에 대한 문제는 이인영,『국사요론』, pp. 225~226 참조.
91) 앞의 책, p. 227.
92) 이 점에 있어서도 이인영은 손진태와 비슷한 주장을 하였다. 이미 살펴본 것처럼 손진태도 우리 역사에서 발견되는 몇 가지 현상이 "비록 봉건적이었으나 봉건 국가는 아니었으며, 우리 나라에 봉건 제도가 성립하지 못한 것은, "좁은 지역에서는 중앙 집권이 실질적으로 용이하게 행해질 수 있고, 또 외민족의 위협이 있으면 분산적인 정치 행동과 군사 행동보다는 굳센 통일적인 그것이 요청"되었기 때문이라 하였던 것이다(『국사대요』, p. 31).

깎기 때문에 상대적으로 조선 시대의 연구에 어두웠기 때문이었을 것이다.

그러나 이인영은 그 자신의 주된 관심 분야가 조선 시대였다는 점에서 누구보다도 이 시대의 역사 해석에 대하여 깊은 이해를 하고 있었을 것이다. 그래서인지 이기백의 비판대로 그의 한국사관에 식민주의사관의 영향이 남았다[93]는 문제가 있었다 할지라도 조선 시대사에 대한 구체적 역사 서술에 있어서는 누구보다도 식민주의사관의 폐해를 극복하기 위하여 노력하였던 것이다.

이인영은 먼저 조선의 사대주의 망국론을 극복하기 위한 노력을 하였다. 그는 조선 건국과 더불어 추진된 사대교린 관계가 당사국간의 양해를 바탕으로 이루어졌지만, 당사국 서로가 목표하는 바는 서로 달랐다고 지적하면서 다음과 같이 썼다.

> 사대 관계에 있어서는 먼저 조선은 중국의 일 왕후국王侯國으로서 책봉을 받고 중국의 연호를 사용하며 때때로 중국의 반조사頒詔使를 영접하는 한편 성절사聖節使·천추사千秋使·정조사正朝使(하정사賀正使)·동지사冬至使 각종의 사은사謝恩使·주청사奏請使 기타 경사에 대한 사절을 중국에 파견하여 조선은 형식적 정치적 종속 관계에 서게 되는 바 이 점은 중국의 희망이요, 목표하는 바이며 조선의 사신이 반드시 조공을 가지고 가는 데 대하여 중국도 반드시 상사를 내리는데 이 상사야말로 바로 조선이 목표하는 그것이다. 조공과 상사賞賜 이것이 일종의 관무역官貿易인 것은 현대 역사학의 상식이다. 무역 이외에 사신이 내왕할 때마다 북경에는 회동관會同館의 사무역私貿易이 있고 서울에는 태평관太平館의 사무역이 행하여졌으니 이 역시 조선이 희망하는 바로서 중국은 조선의 성심 순종順從으로써 만족하고 조선은 중국의 국제적 승인과 문화와 물자의 수입으로써 만족하였던 것이다. …… 원래 우리 나라는 중원의 대국, 중국의 국제적 승인을 받

---

93) 이인영 사관에 대한 이기백의 주장에 대해서는 이 글의 각주 87)을 참조할 것.

으며 그 선진 문화를 수입하여야만 하였으니 중국을 지배하는 강대한 통일 국가에 대한 조공은 문화 수입상으로 없지 못할 조건의 하나이었던 것이다.[94]

이처럼 사대교린 정책이 양국간에 가져다 줄 이해 관계의 조정에서 비롯된 것이, 소위 말하는 '사대주의'와는 상관이 없는 것임을 분명히 하였던 것이다.

또한 사화의 원인에 대한 종래의 견해들을 비판하면서, "신구新舊의 대립은 정도의 차이는 있을지언정 어떤 시대를 막론하고 볼 수 있는 현상으로 다만 이 신구의 대립 투쟁을 단순한 학문적 학파적 대립이나 지방적 편당偏黨적 대립이라고만 볼 수 없으며 또한 이러한 신구 대립을 단지 학문 장려와 어떤 제도 설정의 결과라고 만 속단할 수 없는 것이다"[95]라고 하였다. 그러므로 사화는, "이씨 왕조의 사회와 정치가 고정 상태로 들어감에 따라 사회적 경제적 모순을 개혁하여 새로운 기운을 조성하려는 요구에서 우러난 현상이라고 볼 수 있을 것이다. 그들 신진新進 사류士類가 대간臺諫 홍문관弘文館에 자리를 차지하자 기성 세력에 대한 공격이 시작되었다. 그들은 현실을 비판하며 탐관 오리를 배격하며 주자학의 이론으로써 현실을 개혁"[96]하려 하였기 때문에 발생하였다고 새로운 해석을 제기하였다.

그리고 조선 시대의 당쟁도 초기와 후기에 따라 그 성격이 달랐음을 암시하면서, 당쟁의 시작을 흔히 심의겸과 김효원의 대립과 갈등에서 찾는 것은 잘못임을 먼저 지적하였다. 그는, "물론 심[의겸]·김[효원]의 반목이 동서東西 분당分黨의 도화선의 하나가 된 것은 사실이나 당론의 역사적 토대는 아니다"라고 분명하게 지적하고 나서, "사

94) 이인영,『국사요론』, pp. 123~125.
95) 앞의 책, p. 141.
96) 앞의 책, p. 143.

화와 초기 당론은 신구 대립이라는 점과 사회적 경제적 모순을 토대로 하는 점에 있어서 전혀 그 성격을 같이 하는 것"이라고 주장하였다.[97] 그러나 후기의 당쟁은 초기의 당쟁과는 다르다는 점을 지적하고 나서 그는 "사화 시대에 있어서는 주자학적 이론의 이상주의적 실천 운동이 주가 되었으나 당쟁 시대에 들어서부터는 당파성만이 주가 되고 뚜렷한 주의 주장의 이론적 전개는 거의 찾아 볼 수 없는 것이다. 당쟁과 더불어 사회적 모순은 성장할 뿐이었으니 사화 시대의 혁신 사상으로서의 주자학의 이론은 벌써 현실을 떠난 공리 공론이 되었던 것"[98]이라고 서술하였다.

사대주의, 사화, 당쟁, 이 세 가지 주제는 일제 시대 때부터 조선 시대사를 단죄하는 기본적인 항목들이었으며, 이 때까지 누구도 거기에서 벗어난 사람이 없었다. 물론 그도 "이씨 왕조의 정치와 문화는 성종 일대를 난숙기爛熟期로 하여 이후 쇠퇴기"[99]로 접어들게 되었다고 보았다는 점에서 그 한계가 없지는 않지만, 이인영은 이러한 그릇된 상식에서 벗어나기 위하여 많은 노력을 하였으며, 그런 의미에서 조선의 건국과 그 역사를 재인식하게 한 역사가였다.

(6) 해방 공간의 역사학

일제의 식민 지배에서 해방된 1945년 8월 이후 한국전쟁이 발발한 1950년 6월까지의 5년간의 한국사는 대체로 부정적으로 해석되었다. 이 시기에 좌우의 이념 대립은 해방된 민족을 적대적인 두 진영으로 분단시켰으며, 끝내 양자는 수백만 명의 목숨을 앗아가는 우리 역사상 가장 참혹한 전쟁을 치르면서 거의 영구적인 적대 국가로 갈라서

---

97) 앞의 책, p. 149.
98) 앞의 책, p. 150.
99) 앞의 책, p. 139.

게 하였다. 그러므로 이 5년간의 역사는 오직 분단의 원인을 제공하였을 뿐만 아니라, 스스로의 이견을 좁힐 수 있는 역량을 발휘하지 못했다는 수치심을 우리 모두의 마음에 아프게 각인시킨 것으로 해석되었다. 그처럼 기대하던 해방을 우리의 무력함과 분열만을 조장시킨 계기로 해석하는 이러한 역사 인식은 그 나름대로 타당한 이유가 있다고도 생각한다. 그러나 이 시기의 한국사 개설서들을 검토하면서 적어도 우리의 사학사에서 이 시기는 결코 분열의 시대도, 부끄럽고 아픈 시대도 아니라는 점을 발견할 수 있었다.

이 시기에 한국사학계에서는 매우 다양한 개설서들이 동시에 출판되었다. 전석담으로 대표되는 유물사관에 입각한 개설서도 나왔으며, 손진태와 이인영은 좌파 역사가들의 도전에 대응하면서 우리 역사를 세계사의 보편성에 맞추어 해석하려는 시도를 하였다. 그리고 사관의 체계화에는 무심하였지만, 이병도의 『조선사대관』 같은 개설서도 그 공간 속에서 같이 호흡을 나눌 수가 있었다. 오랜 식민 통치를 겪으면서 황폐해진 역사학계에서 이처럼 다양한 역사 서술이 해방과 더불어 쏟아져 나올 수 있었다는 것은 당시의 역사학계가 뜨거운 열의에 함께, 지성적으로 열려 있었음을 잘 보여 주고 있다.

한국전쟁을 계기로 남북 분단이 적대적으로 고착되자 우리 나라에서도 냉전적 사고가 학계 전반을 지배하게 되었다. 특히 반공 이념이 절대적이던 그 시기에 이 땅에 유물사관이 자리할 공간은 없었다. 그러나 해방 공간에서 우리의 학계는 서로 경쟁적이긴 하였지만 좌, 우 어느 이념에 기초하든지 다양한 역사 해석이 자연스럽고도 평화롭게 공존하였다. 그런 자유로운 사상적인 분위기 속에서 한국사는 마음껏 발전할 수 있는 기회를 맞았던 것이다. 그런 점에서 현대의 한국사학사에서 이 해방 공간은 혼란과 무질서의 시대가 아니라 다양한 역사 해석이 서로 경쟁하며 공존하였던 희망의 시대였다. 이 모든 희망은 전쟁으로 산산조각 나고 말았지만, 다양한 역사 해석이 공존하는 시대를 맞이한 오늘날 한국사학계의 현실에서 본다면, 해방 공간의 사학사는 새롭게 평가되어야 할 가치가 충분하다.

5. 국사 교육 확대에 따라 출판된 교과서류의 개설서들이 남긴 것

한국전쟁이 끝난 후 한국사학계는 또 다른 의미에서 새로운 출발을 해야 했다. 전쟁으로 다시 황폐화된 나라에서도 역사 교육은 당시의 역사학자들이 당면한 매우 중요한 문제의 하나였다. 아직 개별적인 연구 성과도 지극이 미미한 상태에서 역사학자들은 우선 개설서를 써야만 하는 현실에 직면하였다. 그런 의미에서 이 때에 만들어진 개설서들을 주의해서 검토해 볼 필요가 있다.

한우근韓㳓劤·김철준金哲俊이 함께 쓴 『국사개론國史槪論』(明學社, 1954)은 그 서론에서 '민족·문화·역사'와 '한국사의 역사적 성격과 시대 구분'의 문제를 먼저 제기하였다. 여기에서 저자들은 "역사학은 과거에 있어서의 어떠한 개별적인 특수한 사실을 설명하는 것으로서만 그 목적으로 삼을 수는 없다"고 전제하고, 고증 위주의 역사 서술, 아마도 실증사학의 한계를 넘어서는 새로운 역사 서술을 하겠다는 의지를 밝혔다. 그들이 지향하는 역사 서술은 "어떠한 사적 기념물이 보존되어지기 위한 것"이 아니며, "새로운 사실事實의 선택選擇으로 인하여 역사적인 존재의 현대적 구조가 천명闡明됨으로써 하나의 새로운 해석"을 추구하는 것이 될 것임을 암시하였다.[100]

---

[100] 한우근·김철준, 『국사개론』, 서론, p. 5.

이런 의식을 가지고 이들 저자들은 먼저 '한국사의 제약 조건들'을 검토하였다. 왜냐하면 "한국의 역사가 서양 제족西洋諸族의 그것에 비하여 이른바 동양적인 정체성停滯性을 벗어나지 못하였던 것을 이해" 할 수 있기 때문이었다.[101] 그리고 이처럼 한국이 동양적인 정체성을 벗어나지 못하였던 것은 "한국의 지리적 조건을 기반으로 한 사회적, 대외적, 문화적 제 조건諸條件 내지 성격" 때문에 빚어진 것이라고 주장하면서, 그 이유를 다음의 네 가지로 지적하였다.

> 첫째로 지리적 조건은 인간 생활에 절대적인 제약을 주는 것이다. …… (반도半島라는 조건) …… 이 같은 지리적 조건은 내적으로는 산업, 정치 등 사회 구조를 제약하고 외적으로는 대외 관계를 제약한다.
> 둘째로는 이 같은 기후, 풍토 등 지리적 조건에서 말미암은 사회적 성격을 들어야 할 것이다. …… 그 협소한 지역으로 인하여 일단 집권 국가의 형성을 보아서는 지방 분권화의 경향을 보지 못하고 관료 집권적인 형태로 성장하여 왔던 것이다. 자급 자족적인 소규모 농업 사회는 필연 고립 봉쇄적이고 보수 소극적인 생활을 자아내어 진취 발전적인 계기를 얻기 어려웠으며, 가부장적인 통제로 인한 상공업의 부진은 사회 발전을 저지시키는 것이었다.
> 셋째로 한국의 지리적 위치에서 오는 대외적인 제약을 고려하여야 할 것이다. 이 같은 외족外族과의 교섭은 한편으로 한국의 역사적인 자기 성장을 저해하는 계기가 되었다.
> 넷째로 위와 같은 제 조건 위에 이룩된 한국의 민족 문화는 그 민족 고유의 생활감과 정서와 더불어 자라왔다.[102]

위의 인용문을 보면 『국사개론』의 저자들은 한국사가 동양적 정체성을 벗어나지 못하는 제일 중요한 이유는 지리적으로 반도이기 때문이라고 주장하고 있음을 알 수 있다. 때문에 사회적으로도 지방 분

---

101) 앞의 책, p. 9.
102) 이상은 앞의 책, pp. 9~11.

권화를 이루지 못하여 "진취 발전적인 계기"를 찾을 수 없었으며, 대
외적인 제약을 벗어나지 못하였다는 것이다. 이러한 견해는 일제 시
대의 식민주의 사학자들, 특히 이 논문의 앞에서 이미 살펴본 미시나
쇼에이의 『조선사개설』에 체계화되었던 반도적 성격론과 동일하다
는 것을 쉽게 알 수 있다. 즉 한국이 지리적으로 반도였다는 것 때문
에 중국 대륙과 해양의 일본의 영향을 받을 수밖에 없었으며, 그런
환경에서 사대주의적인 역사가 이루어지게 되며, 이것이 결국 한국
사회의 정체성을 이루게 되었다는 것이다. 이것은 미시나 쇼에이로
대표되는 일제 식민주의사관의 골격이었다. 그러므로 한우근 · 김철
준의 『국사개론』에서 추구하는 역사학의 이상이 여전히 식민주의사
관의 테두리 안에 있었다는 것은 이 책의 치명적인 한계라고 말할 수
있다.

　이 책에서는 고려와 조선을 모두 봉건 국가 시대로 설정하고 이것
을 다만 1부와 2부로 구분하였다. 고려와 조선의 차이점을 나타내기
위해 『국사개론』에서는 '집권적 봉건 국가 시대 제2부 조선 유교
적 · 관료 집권적 봉건 국가'라는 소제목을 다시 추가하였다.[103] 그러
므로 이 책의 시대 구분은 종래 고대—중세—근세라는 식의 삼분법
과는 무척 다른 것처럼 보이지만, 유물사관에 입각한 개설서들이 위
로는 삼국 시대로부터 아래로는 조선 시대까지를 모두 봉건 사회로
구분한 것과도 비슷하며,[104] 부족 연맹 단계를 별도로 설치한 것을
보면 손진태의 시대 구분을 일부 따른 것 같기도 하다[105]. 이런 점은
이 책의 저자들은 새로운 시대 구분을 시도하였지만, 결국은 이것저

---

103) 한우근 · 김철준, 『국사개론』에서 어떤 이유에서 고려와 조선을 집권적 봉건 국
　　가 시대라고 하였는지에 대하여는 설명이 없다.
104) 전석담은 『조선사교정』에서 우리 나라의 봉건제를 '관료적 집권 봉건제'라고
　　규정하고 이의 완성 시대를 조선 시대로 보았다.
105) 손진태, 『국사대요』의 제1편은 '씨족 사회 및 부족 국가 시대'로 되어 있다.

것을 혼합한 수준에 머물고 말았다.

이 책에서는 고려 사회가 '귀족적이고 불교적'이었던 데 비하여 조
선 사회는 '관료적이고 유교적'이었다고 하면서, 조선 사회는 "유교
를 기반으로 한 관료군에 의하여 지배되어 갔다"고 해석하였다. 더
나아가 『국사개론』에서는 조선의 관료는 고려의 그것에 비하여 "보
다 더 지주적인 성격이 농후하였고, 또 그러한 가운데 여러 가지 모
순이 들어 있었다"고 보았다. 그러면서도 "이조 사회가 집권적 봉건
체제로 재편되어 가는 중에도 그것이 어디까지나 유교적인 관료 체
제로 확립 완성되어 간 점에서 [고]려대 사회와 구별되며 또한 사회의
역사적 진전을 의미하는 것"임을 강조하였다.106) 이 밖에 조선 전기
의 서술에서 좀더 많은 내용이 포함되기는 하였지만, 다른 개설서와
구별될 만한 체제가 이루어지지는 않았다.107)

한편 1958년 이홍직李弘稷·한우근韓沽劢·신석호申奭鎬·조좌호曺
佐鎬가 함께 참여한 『국사신강國史新講』(一潮閣)에서는 고대사를 이홍
직이, 고려사를 한우근이 집필하였으며, 조선 시대사 신석호, 대원군
이후는 조좌호가 집필했다고 밝혀 두었다.108) 그러나 이 책의 조선
시대 부분은 1954년 명학사에서 출판한 한우근·김철준의 『국사개
론』과 본문이 완전히 일치하므로, 여기서 특별히 언급할 필요는 없다
고 생각한다.

이상에서 해방 이후 1950년대 말 사이에 출판된 개설서 몇 종을 살
펴보았다. 1950년대는 참혹한 한국전쟁을 치러야 했으며, 한국사에
대한 참신한 개설서가 나오지 못한 때였다. 한국전쟁이 일어난 이후

---

106) 한우근·김철준, 『국사개론』, p. 256.
107) 사화에 대한 설명 중, 성종대 신구의 대립 과정에서 훈구파, 사림파, 절의파, 청
    담파의 발생 등에 관한 부분은 이병도의 『조선사대관』의 내용과 대동소이하다.
108) 이홍직·한우근·신석호·조좌호, 『국사신강』, 서, p. 3.

는 1948년에 나온 이병도의 『조선사대관』이 『국사대관』이란 이름으로 다소의 수정을 거쳐 판을 거듭하였다는 점에서 그 영향이 컸다고 생각한다. 물론 1958년에 이인영의 『국사요론』이 다시 인쇄되어 나왔으나, 이병도의 『국사대관』처럼 널리 읽히지는 않았던 것 같다.

해방 직후에서 한국전쟁이 벌어지기 전에는 다양한 개설서들이 많이 나왔다는 점을 깊이 유념해야 한다. 이병도, 손진태, 이인영의 개설서들은 물론이거니와 전석담의 『조선사교정』과 같은 유물사관에 입각한 개설서들도 나왔다. 해방 직후 사회 분위기도 아직 어수선하며 학문적 분위기가 정착되지 않았던 때에 이처럼 다양하면서도 저자 나름대로의 깊은 철학적 성찰에 바탕을 둔 개설서들이 많이 나왔다는 것은 매우 중요한 의미가 있다고 생각한다. 한국전쟁 이후에는 우선 우리 나라에서 유물사관에 입각한 개설서는 오랫동안 나올 수 없었으며, 전쟁 이후의 좌절은 해방 직후의 열정을 다 앗아가 버렸다. 개별적인 연구는 더욱 진전되어 갔지만 개설서 서술에 필수적인 종합적이며 체계적인 역사 철학적 사색은 결여되어 있었다.

특히 조선 시대사는 일제 시대 때부터 주로 부정적으로만 해석되었다. 건국 직후부터 추진되어 온 사대 정책은 사대주의로, 사화와 당쟁은 망국적 당파심으로 해석되기 일쑤였다. 그리고 이 모든 것은 조선 선기부터 시작된 것이었기에 조선의 역사는 초기부터 왜곡되어 왔던 것이다. 이 시기에 나온 개설서들은 조선 역사에 대한 이러한 그릇된 편견에서 벗어나지 못하고 있었다. 비록 개설서를 쓰는 역사가의 사론을 밝힌 부분에서는 식민주의사관의 한계를 상당히 벗어난 경우가 있었다. 그렇다 할지라도 조선 시대의 역사를 서술하는 경우에 그 서술에서 역사가는 자신의 의식만큼 진전을 이룩하지 못하였다. 그것은 단지 아직까지 조선 전기의 연구가 부족하였기 때문만은 아니었다. 그만큼 식민주의사관의 해독이 우리들의 의식 속에 깊이 남아 있었기 때문이었다.

진단학회震檀學會에서 펴낸 『한국사 근세 조선 전기편』(乙酉文化社, 1962)은 현재까지도 조선 전기만을 다룬 유일한 시대사이며, 당시까지 알려진 조선 전기 역사에 대한 사실을 종합하였다는 의미를 지니고 있다. 그러나 오랜 동안 조선 건국의 역사를 연구해 왔던 저자 이상백도 이 책을 쓰면서 여러 가지로 고심한 흔적이 역력하다. 그는 특히 시대 구분의 문제에 대하여 많은 생각을 하였다. 진단학회가 기획한 『한국사』 중에서 자신이 맡은 이 조선 전기 역사가 한국사 전체에서 어떠한 위치를 차지하고 있는가는 사실상 이 책의 성격을 결정지을 수 있는 중요한 문제였다. 그러기에 그는 이 문제에 대하여 먼저 이렇게 말하였다.

> 또 역사의 시대 구분은 주제에 따라서 다를 것이니, 예例하면 정치사나 사회사나 문화사에는 시간적인 구분과는 서로 차이가 있을 것이 명백하고, 정치상에 대변동이 있어도 문화상의 활동에는 동일한 상태가 계속하기도 하고, 정치상의 정세가 같아도 사회 조직이 변화한 것도 있다. 그러므로 일반적인 국민사나 민족사의 시대 구분을 무엇을 표준으로 할 것인가 하는 것은 어려운 문제다. 어떠한 때는 정치상의 형세에 따라서, 어떠한 때는 사회 조직의 변화에 따라서, 또 어떠한 때에는 문화의 상태로서 구분하게 된다면, 그것이 이미 시대 구분의 무의미한 것을 표시하는 것이 아닌가, 이 책에도 그러한 모순을 피하지 못한 점이 없지 않다.109)

그는 역사를 서술하는 기준을 어떻게 세우느냐에 따라 다양한 시대 구분이 있을 수 있지만, 하나의 서술에서 여러 기준이 편의적으로 적용된다면 "그것은 이미 시대 구분의 무의미한 것"임을 동시에 깊이 인식하고 있었다.

---

109) 진단학회 편, 『한국사 근세 조선 전기편』(을유문화사, 1962), 서문, p. 2.

[표 5] 이상백의 조선 시대사 구분[110)

시기	성격
제1기 태조 초(1392)~ 성종 말(1494)	조선 왕조의 창업·수성守成
제2기 연산 초(1495)~ 선조 말(1608)	문화의 난숙과 퇴폐의 경향 발생 / 임진왜란
제3기 광해 초(1609)~ 영조 말(1776)	호란 / 왜·호 양란 여파로 초기의 제도 변모 시작
제4기 정조 초(1777)~ 고종13년(1876)	서구 문화의 전래와 조선 왕조의 반작용
제5기 고종13년(1776)~ 융희4년(1910)	개국 이후 사회의 급변 / 식민지화

그는 한국사를 서술할 때 흔히 적용되던 "고대·중세·근세 같은 시대 구분은 원래 구주인歐洲人이 구주歐洲의 역사를 다루기 위하여 생각해 낸 것"이므로, "우리의 역사를 동일한 시대 구분으로 구획區劃하려는 것은 무의미한 일이 아닐 수 없다"고 지적하였다. 그러므로 조선 시대를 근세사라고 명명한 것은 현재 "세계적으로 공인되고 있는 근세·근대라는 말과는 전연 맞지 않는 것"이며, 이 책에서도 제목에 근세라는 말이 있기는 해도 근대화에 관한 문제는 일체 다룰 수가 없었다고 고백하였다. 그는 조선 시대를 "근세사라기보다는 조선 왕조 시대사라고 하는 것이 타당"하다고 제안하였다.[111) 이상백이 왕조 중심의 시대 구분을 유일한 대안으로 생각했다기보다, 다른 유용한 시대 구분의 명확한 기준이 마련되지 않았다면 우리의 현실에 맞지도 않는 시양식의 시대 구분을 하기보다는 차라리 왕조 중심으로 따르는 것이 무난하다는 점을 말하려는 것이었다.

그렇다면 조선 시대사는 다시 어떻게 시대 구분이 이루어져야 하는가? 이 문제에 대하여 그는 조선 시대를 다음과 같이 다섯 단계로 나누어 볼 것을 제안하였다.

앞의 [표 5]를 보면 이상백은 이 책에서 선조 말, 임진왜란이 끝날

---

110) 앞의 책, pp. 19~24를 참조할 것.
111) 이상의 시대 구분에 관해서는 앞의 책, pp. 2~3 참조.

때까지를 다루고 있다. 그러므로 조선 전기란 임진왜란이 종결되기 전을 의미하며, 그 이후는 조선 후기로 간주하였다. 그리고 조선 건국 후에 왕조의 체제가 확립되고 제대로 유지되던 때를 조선 전기로 구분하였다고 보아도 좋다.

그는 조선 전기, 나아가서는 조선 시대의 역사와 문화를 이해하는 데 있어 매우 적극적인 태도를 취하고 있었다는 점을 지적하고자 한다. 그는 이 책의 총론總論에서 조선 시대의 역사와 문화를 개관한 다음, 이 문제에 대하여 다음과 같이 썼다.

> 흔히 사람들은 간단히 조선 왕조 시대의 문화는 타락墮落하였다기도 하고 위축萎縮했다기도 한다. 그러나 그것은 모르는 말이 아니면, 종전에 일본인들이 우리 문화를 멸시·말살하려던 의식적인 사관에 동조하는 태도다. 조선의 문화는 신라나 고려의 문화와는 그 기초나 성질이 다르기는 하지만 그대로 독자적인 업적이 있는 것이다. 조선 왕조가 명·청이라는 세계적 대제국에 인접하여 막중한 그 정치적·문화적 압력을 받고, 또 한편으로는 무시로 출몰하는 외구의 침략을 받으면서, 그 중에서 독립·자주를 유지하여 온 연면부절連綿不絶의 문화를 막연히 피상적으로 사대주의라 하고, 모방적이라 하고, 위축 고루하다고만 하는 것은 그 내용을 아직 충분히 미득味得하지 못한 천견淺見이다.112)

그는 조선 왕조의 문화만이 지니고 있는 독특한 측면을 발견하였으며, 또 명·청이라는 주변의 대제국의 압력에도 불구하고 그 독자성을 유지해 온 조선 시대의 역사적 의의를 높이 평가하였다. 그러므로 그는 조선 전기의 역사를 쓰면서 이 때를 사대주의론, 당파성론, 문화적 타율성론으로 왜곡시켰던 식민주의사관을 정면에서 비판하고

---

112) 앞의 책, pp. 18~19.

이것에서 벗어날 수 있게 되었다.

그러므로 이상백은 조선과 명의 관계를 설명하는 대목에서는 전적으로 이인영의 설명을 따랐으며113) 훈구─사림의 대립 및 사화·당쟁에 대해서도 매우 체계적인 해석을 가하고 있다.

> 사화 전후로부터의 정쟁政爭은 종래의 그것과 성격이 다른 면도 적지 않으니, 우선 그것이 항속恒續적인 파당派黨을 기초로 하였다는 점을 들 수 있을 것이다. 그것도 어떤 당면한 목표를 위해서 형성되는 파당이 아니라, 성리학이라는 사상을 토대로 하여 중앙과 지방에 걸쳐 뿌리를 박고 정치상의 현상에 따라 부침을 거듭하면서도 존속되어간 '사림'이라는 조직 내지 세력이, 정치의 표면에 나서서 그때그때의 대립 세력과 충돌하여 수화受禍한 것이다. 다만 사림의 대립 세력인 훈구·외척·궁정 측근 등의 세력은 이 같은 조직적인 파당이 아니었기 때문에 그 탄압은 소인수少人數의 음모로 시작되었지만, 탄압을 받는 사림의 조직적 세력은 관료 및 준관료라 할 유생까지도 동원이 되어, 다인수多人數로써 정권 담당자에 대한 항의를 포함하는 공공연한 논의를 투쟁의 수단으로 삼았던 것이라 할 것이다. 따라서 후일 선조 초에 일어났다고 하는 '붕당' 및 '당쟁'은 비록 그 내용에 있어 차이가 있다 하나 실은 이미 사화 전후로부터 시작되었다고 할 것이며, 또 다수의 사류士類가 일시에 수화受禍하는 '사화'는 후기 당쟁 당시에도 있었던 것으로서, 말하자면 '당쟁'은 권력 쟁탈의 정쟁이 진행되는 상태요, '사화'는 그 정쟁에서 패자敗者가 당하는 보복報復이요 당옥黨獄이라고도 할 수 있을 것이다.114)

그는 초기 사화의 발생 원인을 훈구─사림의 두 세력 간의 대립으로 보았으며, 당시의 파당이 성리학을 토대로 한 것임을 분명하게 하

---

113) 앞의 책, pp. 110~111에 나온 사대 정책에 대한 설명은 이인영, 『국사요론』, pp. 123~125의 내용과 매우 비슷하다(이 글의 각주 90)을 참조).

114) 진단학회 편, 『한국사 근세 조선 전기편』, pp. 563~564.

였다. 동시에 사화와 당쟁은 매우 일체적인 관계에 있음도 체계적으로 설명하였다. 즉 당쟁은 "이미 정국의 주도권을 잡은 사림 내부에서의 신구 대립으로서, 모두 중앙과 지방에 걸쳐 인적·물적인 지반 地盤을 가진 세력끼리의 쟁투爭鬪이었던 것"115)이라고 해석하였다.

그러므로 이상백의 『한국사 근세 조선 전기편』은 시대 구분상 조선 전기의 성격을 분명하게 하지는 못하였으며, 나아가 전체적으로 왕조 중심의 사관에 머물러 있다는 아쉬움이 남는다. 하지만 이 책을 통하여 조선 전기의 역사가 당시로서 종합될 수 있는 계기가 되었다. 그리고 이 시대의 역사 해석에 있어서 소위 식민주의사관이 자리할 여지는 없었던 것이다. 나아가 이상백 자신이 그 대안을 제시하지는 못하였지만, 조선 시대를 어떻게 구분해야 하는가 라는 문제를 좀더 심각하게 사색해야 할 필요성을 제시했다는 것도 우리 모두 주목해야 할 사실이다.

한우근의 『한국통사』(乙酉文化社, 1970)는 기본적으로 고대·중세·근세라는 삼분법을 따라 조선 시대를 '근세'라 하였다. 그는 조선 시대를 중세인 고려 시대의 '귀족 국가'와는 구별하여 '양반 관료 국가'라 하였다. 그리하여 조선 전기를 '양반 관료 국가의 성립과 발전' '양반 관료 국가의 사회 구조' '16·17세기에 있어서의 양반 관료 체제의 해이解弛' '조선 왕조 전기의 문화'로 나누어 서술하였다.

그는 짤막한 서문에서 "한국사에 대한 새로운 체계를 마련해야 한다는 요구는 근래에 와서 거의 일반화된 여론"임을 지적한 다음, "종래의 정치사 중심의 또는 왕조사 중심의 서술을 지양止揚함은 물론, 일제 시대의 어용학자들에 의해서 왜곡된 것을 시정할 뿐만 아니라, 객관적이면서도 확호確乎한 주체성을 지닌 한민족의 역사를 누구나

---

115) 앞의 책, pp. 565~566.

요구한다. 실제로 한국사는 종래의 구태舊態를 벗어나 새로 구상되어
야 하며 새로이 해석되어야 할 문제가 하나둘이 아니다"116)라고 자신
의 생각을 밝혔다. 이에 따라 그는 자신의 개설에서는 특히 "사회 구
조를 파악하기에 노력하고 또한 근세 이후 부분에 역점을 두었다"117)
고 하였다.

사실 한우근은 『한국통사』를 쓰면서 그 시대 구분의 문제에 있어
서 특별히 새로운 시도는 하지 않았다. 이미 이기백의 『한국사신론』
에서 왕조 중심의 시대 구분을 극복하였으며, 이상백의 『한국사 근세
조선 전기편』에서 서양사에 적용된 고대·중세·근세의 삼분법이
한국사의 경우에는 맞지 않는다는 비판을 제기했음에도 불구하고
『한국통사』는 그런 문제를 심각하게 고려하지 않은 것 같다. 그러나
그의 말대로 이 책의 조선 전기 부분은 특히 양반 사회의 성격에 대
한 서술이 이전의 어떤 개설서보다 자세하며, 바로 여기에 이 책의
중요한 특색이 있다고 하겠다.

그는 조선 왕조의 신분 계급은 "양반·중인·상민·천민으로 대
별"할 수 있다고 하면서 당시의 신분 제도에 대하여 다음과 같이 서
술하였다.

종래에 있어서도 혈연·직업·거주지 및 토지 소유 관계 등에 의
하여 계속적으로 특정한 사회적 지위를 보유하는 동권적同權的 십단
集團(신분)이 있었다. 이러한 신분 체제가 려말에 있어서는 크게 문란
紊亂·혼효混淆되어 있었다. 조선 왕조의 지배 계층은 그들이 새로 유
교적이고 집권적인 관료 조직을 확립해 나가는 과정에서 지배 계급
으로서의 그들 자신의 사회적 지위를 확보해 나갔던 것이다. 그것은
상대적으로 다른 사회 계층에 대한 신분적인 한계를 명확히 규제하

---

116) 한우근, 『한국통사』, 서문, p. 1.
117) 앞의 책, p. 1.

게 되었음을 의미하는 것이다.[118]

 그리고 조선의 지배 세력인 양반 관료에 대해서도 다음과 같이 설
명하였다.

> 소정 단계의 교육 기관을 통하여 치자治者로서의 교양敎養과 지식
> 知識을 쌓고, 과거科擧를 통해서 관리로 등장할 수 있게 마련이었다.
> 그들이 관리가 되어 각기 그 직분을 다할 수 있는 교양과 지식을 쌓
> 는다는 것이 그들의 이상이어야 했다. …… 그리하여 이들 양반 관
> 료에 의해서 부지되는 왕정의 안정은 이들 치자 계급인 양반들의 세
> 력 균형 위에서라야만 기할 수 있는 것이었다. 따라서 과거 시험의
> 공정한 시행에 의하여 양반이면 누구나 자격이 있는 자에게는 관리
> 가 될 수 있는 기회를 균등하게 주어진다는 것이 양반 관료 체제를
> 제대로 유지하는 필수적인 조건이었다.[119]

 여기서 그는 특히 조선 왕조가 "양반들의 세력 균형 위에서라야만"
안전을 기할 수 있다는 점을 강조하였으며, 그 양반들에게 관료가 될
수 있는 기회를 균등하게 부여한다는 것이 필수적인 조건이라고 강
조하였다.
 그는 또한 당시의 가족 제도에 대해서도 다음과 같이 언급하였다.

> 조선 왕조 시대에 있어서 사회 구성의 주요한 기본 단위는 역시
> 가족이었다. 가족이라 함은 경제를 공동으로 영위하고 부부·부자와
> 그들을 둘러싼 가까운 혈연을 중심으로 한 혈족 집단을 의미한다. 이
> 와 같은 가족 집단의 장(家長)은 호적 제도나 그 밖의 공적 관계에 있
> 어서는 호주로서 일컬어지며, 가족 공동체의 지휘 통솔자이다. 그리

---

118) 이상 조선 왕조의 신분 제도에 대하여는 앞의 책, p. 266 참조.
119) 앞의 책, p. 268.

하여 가족 집단의 질서는 가부장제적인 권위에 의해서 유지되었다. …… 가족 내에 있어서의 가장과 다른 가족 성원의 관계는 부자 관계를 주축으로 하는 유교적인 윤리(孝)가 그 근간이 되어 부자간의 지배 관계를 절대시하고 이와 같은 관계를 주축으로 삼은 오륜이 모든 사회 결합의 기준이 되게 마련이었다.[120]

한우근은 『한국통사』를 통해 양반 사회의 성격과 그런 양반 사회의 기반 위에 서 있는 조선 왕조 지배 체제의 특징을 설명하는 방식을 택하였다. 이런 해석과 설명은 조선 시대 역사를 이해하는 데 또 다른 측면의 중요성을 일깨우는 것이었다.

『한국통사』는 1987년에 개정판이 나왔다. 개정판에서 한우근은 전체적인 체제에는 거의 손을 대지 않았다. 그러므로 초판에서 시도되었던 시대 구분은 그대로 유지되었으며, 세부적인 서술 체제도 동일하였다. 그러나 초판 이후 15년 동안 이루어진 한국사의 연구 성과를 반영하여 부분적으로는 적지 않은 수정을 가하였다. 예를 들어 '양반 관료 체제'를 설명하면서 초판에서는 그 제도적인 설명만을 가하였을 뿐, 조선의 양반 관료 체제의 성격을 해석하는 서술은 없었다. 그러나 개정판에서는 다음의 인용에서 보듯이 이에 대한 서술은 크게 달라져 그 나름의 종합적인 해석을 시도하였다.

정치는 국왕과 관료간의 조화 속에서만 원활하게 이루어질 수 있었다. 국왕과 관료의 관계는 명분상으로는 부자 또는 부부 관계와 같은 주종 관계로서, 관료는 국왕에게 절대 충성을 다해야 하는 '신료臣僚'로서 '가신'적인 성격을 지녔으나, 한편으로는 '고용 관료雇傭官僚'적인 성격을 지녀서 국왕은 이른바 '절대 군주'적인 존재일 수가 없었고, 관료는 그들대로 사회·경제적인 조건도 곁들여서 근대적인

관료의 성격을 지닐 수도 없는, 양면성을 지닌 존재였다.[121]

그는 조선의 양반 관료는 가신적인 성격과 고용 관료적인 성격을
아울러 지니고 있었기 때문에 국왕은 실제로 절대 군주적인 존재가
될 수 없었다고 하였다. 그러면서도 근대적인 관료라고 할 수는 없다
고 설명하였다. 이처럼 그는 새로운 연구 성과를 반영하면서도 자신
이 사용하고 있는 개념을 좀더 명료하게 설명하려고 곳곳에서 노력
하였다는 점에서 개정판은 초판과는 아주 달랐다.[122] 그러나『한국통
사』초판에서 형성된 저자의 개설서 체제나 조선 전기의 역사상이
달라지진 않았다.

1970년대 초에서 1980년대 중반까지 한국사는 전국 대학에서 교양
필수 과목이라는 특별한 대우를 받았다. 그러므로 자연히 이 기간에
출판된 개설서들도 매우 많았다. 1967년에 출판된 이기백의『한국사
신론』은 1976년에 개정판이 나오면서 판을 거듭하였으며, 한우근의
『한국통사』초판이 나온 것도 1970년이었고 그 개정판은 1987년에
나왔던 것이다. 그리고 이병도의『조선사대관』이 수정 증보를 거치
면서『국사대관』으로 나왔다가 1983년에는『한국사대관』으로 새로
운 모습으로 다시 나왔으며, 조좌호,『한국사통론』(博英社)은 1975년
에, 그리고 김석희金錫禧·박용숙朴容淑,『한국사개설』(藝文社)은 1976
년, 유창형柳昌馨·이존희李存熙,『한국사개설』(東文社)은 1978년, 하현
강河炫綱,『한국의 역사』(新丘文化社)는 1979년에 출판되었다. 그리고

121) 한우근,『한국통사 개정판』(을유문화사, 1987), p. 238.
122) 예를 들면, 조선의 대명 관계에서 보이는 사대 정책을 설명한 대목(개정판, pp.
225~226), 양반 사회의 성격을 설명한 대목(개정판, p. 257), 조선 시대 가부장
제적인 권위와 지배권의 성격을 설명한 대목(개정판, p.263), 사화의 성격을 설
명한 대목(개정판, p. 276) 등은 초판에 비하여 훨씬 체계적으로 서술되고 있음
을 알 수 있다.

이현종李鉉宗, 『한국의 역사』(大旺社), 지명관池明觀, 『한국문화사』(三民社)는 각기 1982년과 1985년에 출판되었다. 1986년에 나온 변태섭邊太燮, 『한국사통론』(三英社)은 1989년에 제2판이, 그리고 1992년에는 삼정판三訂版으로 계속 이어졌다. 이 밖에도 이 시기에는 전국 각지에서 많은 개설서가 나왔으며, 심지어는 저자가 누구인지도 명시되지 않은 채 출판된 개설서들도 적지 않았다. 그러나 다른 개설서와는 확연히 구분될 수 있는 시대 구분을 위해서나, 다른 저자들과는 다른 자신만의 독특한 사관을 바탕으로 한국사를 체계화하려는 남다른 노력이 배어 있는 개설서는 그리 많지 않았다.

1970년대 초부터 1980년대 말까지 약 20년 동안은 한국사 교육에 있어서 매우 특별한 때였다. 유신 체제를 선포한 박정희 정권에서는 그의 개인 지배 체제를 굳히면서 나아가 국적 있는 교육을 해야 한다는 이름하에 전국의 대학에서 한국사를 교양 필수 과목으로 정하도록 지시하였다. 대학에 입학하는 한국의 젊은이들은 재학 중 반드시 한국사 개설을 의무적으로 수강해야 했다. 그러므로 한국사 개설서에 대한 수요가 갑자기 급증하였으며, 이 상태가 20여 년 이상 지속되었다. 이러한 분위기에 따라 수많은 개설서들이 출판되었다. 여기에서 이것들을 일일이 열거할 수는 없다. 필자는 국립중앙도서관에서 제작 배포한 CD-Rom 『한국문헌목록정보』 1999년 가을판에 의거해서 한국사 개설서에 대한 목록을 작성해 보았다. 번거롭기 때문에 그 목록은 모두 이 책의 뒤에 [부록 II]로 제시하였다. 이 목록에는 1952년에서 1996년까지 출판된 교과서류의 개설서 86종이 열거되어 있다.

그러나 1952년 서울대학교 국사연구회에서 펴낸 『국사개설』(홍문서관)이 출판된 이래 1960대 말까지 모두 7종이 있을 뿐인 데 비하여, 대부분의 개설서들이 국사 교육이 필수화된 70년대 이후에 출판된 것들이다. 1970년대에는 모두 18종이 출판되었으며, 1980년대에는 무려 40권이 출판되었다. 그리고 1990년에서 1996년 사이에도 21종이 출판되었다. 사실 이 시기에 한국사의 연구에 괄목할 만한 발전이 있었다는 것을 감안하더라도 이처럼 많은 개설서가 출판되었다는 것은 자연스럽지 못하다.

저자 이름을 중심으로 이 목록을 살펴보면 이 시기의 개설서 서술과 출판에 많은 문제가 있다는 것을 알 수 있다. 우선 개설서의 저자 이름이 명시되지 않은 경우가 매우 많다는 점 때문이다. 86종의 개설서 가운데 32종이 저자가 밝혀지지 않은 경우에 속한다. 이 경우 저자의 구체적인 이름 대신 '국사교재연구회'라든가 '국사교재편찬위원회' 혹은 '국사교재연구회' 등의 명칭이 사용되었다. 이처럼 한국사 개설서의 저자가 애매하게 되어 있는 경우는 대학의 출판부에서 나온 것들에서도 쉽게 찾을 수 있다. 대학에 따라서 명칭에 차이가 없는 것은 아니지만, '국사교재편찬위원회' '교육대학한국사연구회' '국사개설교재편찬위원회' 심지어는 '학과교수실'과 같은 이름으로 출판된 것도 있다. 물론 개설서도 여러 학자들의 공동 작업으로 서술될 수 있다는 점을 인정한다. 그러나 그런 경우는 한국사의 종합적 해석에 임하는 저자들의 공통된 입장이 표명되어야 한다. 그러므로 저자가 명시되지 않은 경우는 아무도 그 내용에 대해 책임지지 않겠다는 것으로 해석될 여지가 크다. 아무런 책임이 수반되지 않는 그러한 역사 서술이라면 그것이 무슨 가치가 있겠는가?

물론 이들 개설서 대부분은 당시 당면한 교양 필수 과목에 사용할 적절한 교재가 없었기 때문에 급하게 출판된 것임을 이해할 수는 있다. 그러나 거의 30년 가까운 시간을 보내면서도 이런 경향이 줄어들지 않는 것은 변명의 여지가 없다고 생각한다. 더욱이 이처럼 많은 개설서들은 그 제목에 있어서도 너무도 개성이 엿보이지 않았다. 부록에 있는 목록을 제목 중심으로 보면 『국사』 혹은 『한국사』라 한 것이 수십 종이나 될 정도이다.

아직 학계에서 이러한 개설서들에 대해 관심을 기울인 적은 없기 때문에 모두를 묶어 뭐라 단정하기는 이르지만, 지난 30여 년 가까이 이처럼 많은 개설서가 쏟아져 나왔어도, 독자들에게 많이 읽히는 책도 없으며, 그 개설서에서 시도된 시대 구분이나 독특한 사관, 그 어느 것도 학계에 적극적인 기여를 했다는 평가도 없다. 이러한 개설서를 가지고 우리는 대학에 입학한 이 땅의 청년들에게 우리 역사를 교육했던 것이다. 모든 대학생들이 의무적으로 한국사를 수강해야 했던 이 시기를 우리의 역사학자들은 잘 활용하지 못했다는 비판을 면할 길이 없다. 학교마다 개설서를 가져야 한다는 법은 어느 나라에도 없다. 그리고 저자의 성격이 뚜렷이 드러나지 않는 개설서가 책임 있는 저술이 되기는 더욱 어려울 것이 틀림없다.

1970년대에서 1990년대에 이르는 시기에 한국사의 거의 모든 영역에 걸쳐 연구의 양과 질이 그처럼 발전하였음에도 불구하고, 새로운 문제 의식이 담긴 개설서들이 나오지 못한 점은 우리 학계가 깊이 반성해야 할 점이라고 믿는다. 더욱이 무책임한 개설서가 이처럼 양산될 뿐 아니라, 이러한 책을 가지고 우리의 다음 세대들을 교육하였다는 사실에 대하여 우리 모두는 스스로에게 심각한 자책을 가하지 않을 수 없다. 결국 역사 연구가 개별적인 영역에서 세아무리 발전할지라도 그것들을 종합할 수 있는 사관이 없다면 어떠한 현상이 빚어지는지를 이러한 체험을 통해 깊이 성찰해야 할 것이다. 그런 점에서 필자는 이기백의 『한국사신론』에 대하여 특별한 관심을 기울여야 할 필요가 있다고 믿는다.

6. 이기백,『한국사신론』
─민족주의와 내재적 발전론의 조화

앞서 언급한 바와 같이 1970년대 이후 국사 교육이 전 대학의 교양 필수 과목이 되면서 많은 개설서들이 나왔지만, 대개는 당장 필요한 교재를 만들기에 급급한 것이어서 학문적으로 성숙한 개설서라고 보기는 어렵다. 그러나 이기백은 1961년『국사신론』(泰成社)을 출판한 이후, 1967년에는 그 전과는 전혀 다른 개설서인『한국사신론』(一潮閣)을, 1976년에는『개정판 한국사신론』을 잇달아 출간하였다. 그리고 1990년에는 다시『신수판 한국사신론』을 출간함으로써 이 책은 실로 오랜 세월 동안 우리 나라의 가장 대표적인 개설서라고 인정되어 왔다. 그러므로 이제는 이기백의 개설서들을 검토하는 것이 올바른 순서일 것이다.

이기백의『국사신론』은 먼저 두 가지 점에서 매우 중요한 특징을 지니고 있다. 그는 이 책의 '서론緖論'에서 식민주의적 한국사관에 대한 종합적이면서도 체계적인 비판을 제기하였다. 앞장에서 필자가 지적하였듯이 50년대를 마칠 때까지 일제의 식민주의적 한국사관의 영향이 여전히 강하였다. 이것은 식민주의적 한국사관에 대한 이론적이며 체계적인 비판이 이루어지지 못하고 있었다는 명백한 증거였다. 그러므로 이기백은 자신의 개설서를 쓰기 전에 바로 이 식민주의사관에 대한 이론적 비판이 이루어져야 한다고 믿었던 것이라고 생각한다. 그는 미시나 쇼에이를 위시한 식민주의사관의 이론적 배경이 되는 역사관을 체계적으로 검토한 다음, 이것을 '반도적 성격론' '사대주의론' '당파성론' '문화적 독창성의 문제' '정체성 이론'의 여섯 가지로 나누어 체계적인 비판을 가하였다.

특히 그는 한국이 "대륙大陸의 한 끝에 붙어 있는 조그마한 반도였다는 지리적 조건은 한국사를 지배한 어떤 법칙을 발견하려고 노력하여 온 많은 사람들에 의하여 주목"123)되어 왔음을 깊이 인식하였다. 이러한 인식은 일제의 식민주의 사학자들만이 아니라 해방 후 많은 우리 나라 사람들의 의식에도 깊은 흔적을 남겨 놓았다. 그러므로 소위 '반도적 성격론'은 "한국의 역사를 위하여 행운이었다기보다도 숙명적인 불행의 굴레를 씌운 것으로 생각되어 왔다." 그리고 "일제의 지배 밑에서 조장된 민족적인 열등감은 쉽사리 이러한 숙명론에 동조하게" 만들었던 것이다.124)

이러한 지적은 이기백만이 제기한 것은 아니다. 하지만 한국사의 반도적 성격론이 이후 사대주의론으로, 다시 당파성론으로, 그리고 또다시 문화적 타율성과 정체성 이론으로 계속 연결된다는 것을 그만큼 명료하게 지적한 사람은 없었다. 그러므로 이기백의 『국사신론』이 나오던 1961년 당시까지 식민주의사관의 허구성을 이처럼 명료하게 파악한 사람은 없었다고 해도 과언이 아니다. 그런 점에서 『국사신론』은 그 구체적 내용 못지않게 이 '서론'이 매우 중요한 역할을 하였다.125) 식민주의적 한국사관을 이처럼 명료하고 체계적으로 비판한 다음, 그는 역사가로서의 희망과 기대를 '서론'의 마지막에서 이렇게 말하였다.

우리는 한국사의 올바른 인식에 장애가 되는 그릇된 모든 선입관과 이론을 속히 청산해야 하겠다. 불필요한 열등 의식의 산물인 경우에 그러한 것과 마찬가지로 허황한 자만심의 소치인 경우에도 물론 그러

123) 이기백, 『국사신론』, 서론, p. 1.
124) 앞의 책, p. 1.
125) 『국사신론』의 '서론'은 이기백의 또 다른 주요 저서인 『민족과 역사』(일조각, 1971)에 「식민주의적 한국사관 비판」이란 제목으로 실려 있다. 그리고 『민족과 역사』는 1992년에 중판이 나왔으며, 1994년에는 신판으로 다시 인쇄되어 나와 쉽게 구해 볼 수 있게 되었다.

하다. 한국 민족의 운명에 대한 따뜻한 관심 속에서 이루어진, 그리고 인류 사회의 발전에 대한 투철한 인식을 토대로 한 정당한 비판적 정신 속에서 이루어진 학문적 성과를 통하여서만 한국사의 올바른 인식은 가능할 것이다. 그리고 이러한 과거에 대한 올바른 인식이 나아가서 현재와 장래를 위한 올바른 지침이 될 수 있을 것이다.126)

『국사신론』을 쓰던 1961년 당시 한국사의 체계적인 이해를 위해 저자 이기백이 가장 심각하게 해결해야 할 문제로 인식했던 것은 다름 아닌 식민주의사관의 청산 문제였다. 그리고 그는 그것을 청산해야 한다고 주장하던 사람들의 그릇된 자만심을 경계해야 한다고 생각하였다. 사실 이 두 가지, 곧 열등감과 우월감이 실은 한 뿌리에서 나온 것과 마찬가지의 관계에 있음을 꿰뚫은 것이다. 또한 그런 의미에서 민족에 대한 허황된 자만심도 실은 식민주의사관이라는 뿌리에서 나온 것임을 지적한 것이다. 그러므로 그는 한국사에 대한 따뜻한 관심을 갖되, "인류 사회의 발전에 대한 투철한 인식을 토대로 한 정당한 비판적 정신 속에서 이루어진 학문적 성과를 통하여" 이루어진 새로운 역사 서술을 바랐던 것이다.

『국사신론』은 왕조 중심의 시대 구분을 철저하게 지켰다. 이 점에 있어서 저자는 "개설에 있어서 시대 구분은 생명과도 같은 것이겠으나 저자의 지금의 견식見識이나 국사학의 오늘의 수준이 사회와 문화의 발전 과정에 입각한 시대 구분을 불가능"하게 하기 때문에 "잠시 편의적인 구분에 따를 수밖에 없었다"고 고백하였다.127) 왕조 중심의 시대 구분을 편의상 따른 것은 어쩔 수 없는 한계 때문임을 밝히고 준비가 된다면 미래에 자신만의 독자적인 시대 구분을 시도한 새로운 개설서를 낼 것이라고 다짐하였다. 그럼에도 불구하고 『국사신론』

---

126) 이기백, 『국사신론』, 서론, pp. 9~10.
127) 앞의 책, 예언, p. 2.

의 시대 구분은 종래에 우리 역사를 고대─중세─근세라는 삼분법에 따라 형식적으로 구분하면서, 실지 그 내용에서는 사실 왕조 중심으로 되어 있는 관행 같은 시대 구분을 과감하게 버렸다는 점에서 일관성을 유지할 수는 있었다.

또한 저자는 『국사신론』에서 "각절各節의 끄트머리마다에 최신의 성과를 주로 한 참고문헌"을 실었으며, '권말卷末의 부록'에는 단행본의 목록을 체계적으로 제시하였다. 이 일은 결코 쉬운 일이 아니었다. 『국사신론』의 '후기後記'를 보면 그는 이 책을 쓰는 처음부터 "이왕에 나온 개설들뿐 아니라 논문 저서들까지도 일단 통독한 뒤에 그 성과를 충분히 반영"시키자는 뜻을 가지고 있었으며, "그 논문이나 저서들을 참고란에 실어서 국사를 공부하려는 사람들에게 길잡이의 역할을 해보자는" 뜻을 지니고 있었음을 잘 알 수 있다. 그러나 당시 "우리 나라에는 충분한 서목書目이나 논문 목록이 갖추어져 있지 않기 때문에 우선 어떤 저서나 논문이 있는지조차 조사할 수 없는 경우가 많았다."128) 이러한 어려움 속에서 상세한 참고문헌을 매 단락별로 제시하고, 책의 끝 부분에는 '참고서목'을 분류별로 달 수가 있었던 것이다. 이것은 저자 자신이 이 개설서를 쓰기 위해 당시 한국사학계가 거둔 연구 성과를 최대한 반영하기 위하여 매우 힘든 노력을 하였다는 것을 말해 준다. 『국사신론』을 기억해야 할 또 하나의 의미를 여기서도 찾을 수가 있다.

조선 건국 이후의 역사에 대한 『국사신론』의 서술은 여전히 과거의 영향에서 완전히 벗어난 것은 아닐지라도 개별적인 역사적 사실을 상호간의 관련성을 고려하여 종합적인 해석에 이르도록 노력하였다. 이성계에 대해서도 "긴 역사를 가진 명문名門 출신"은 아니었지

---

128) 앞의 책, 후기, p. 413.

만, "비단 명장名將일 뿐 아니라 동시에 유능한 정치가였다. 그는 계획을 실천하되 억지를 삼가는 조심성이 있었다. 왕위에 오르기까지의 기나긴 과정이 그러하였고 즉위한 뒤의 여러 시책이 또한 그러하였다"129)고 평가하면서도, 건국 초 조선의 사대 정책에 대해서는 비판을 아끼지 않았다.

『국사신론』에서도 사대 정책 문제를 매우 심각하게 취급하였다. 건국 초 조선의 사대 정책은 항상 망국적인 사대주의와 연결되어 해석되어 왔다는 점을 잘 알기 때문이었을 것이다. 그러므로 다음의 인용문을 읽어 보면 이기백 자신도 이 문제를 어떻게 해석해야 할지를 두고 고심하였음을 잘 알 수 있다.

　　태조는 명明에 대한 사대를 하나의 국시國是로서 내세웠다. 고려의 구귀족과의 투쟁 과정에서 이성계가 내세웠던 명에 대한 사대는 이제는 이씨 왕조의 권위의 보증으로 필요하게 된 것이다. 태조의 명에 대한 사대의 특징은 그것이 대의에 속하는 문제, 의리에 속하는 문제로 생각한 데에 있다. 민족사의 오랜 과정 속에서 혹은 군사적인 의미에서 혹은 경제적인 문화적인 의미에서 각종 형태로 취해져 오던 사대적 경향은 국내적인 파벌 대립과 연결되어서 복잡한 양상을 띠어 왔다. 그러나 그것을 대의명분으로 생각해서 스스로의 입장을 망각하는 일은 없었다. 그것이 이제 관념적인 고질로 화한 것이다.

　　그 원인은 무엇보다도 이씨 왕권이 약체 정권이었기 때문이었다. 즉 정치적 지반이 견고하지 못했던 탓이었다. 태조는 무혈 혁명으로 왕위에 오른 요행아이기도 했다. 그러나 보잘것없는 가문 출신인 그는 그에게 섬기기를 깨끗이 생각하지 않는 많은 귀족들의 질시 속에서 그를 뒷받침해 주는 권위를 필요로 했다. 그 권위로서 태조는 명을 내세웠던 것이다. 그 때문에 비굴할 정도로 명에 대한 충성을 바치게 된 것이다. 130)

129) 앞의 책, pp. 197~198.

그는 사대 정책을 국내 정세와 결부시켜 해석하려고 노력하였다. 즉 새 왕조의 왕권이 약체이기에 대외적인 권위를 필요로 했다는 것이다. 그러면서도 그는 이성계가 "비굴할 정도로 명에 대한 충성"을 바치게 되었다고 비하하였다. 새로운 해석을 시도하는 저자 자신의 내부에서는 조선 건국 초기의 사대 정책이 비굴하게 보였던 것이다.

혼히 조선의 건국을 사상적으로는 불교에서 유교로의 전환이라고 해석해 왔다. 그러면서도 조선 시대의 유교는 사대주의 혹은 당쟁과 직접 연결되었기에 부정적으로 해석되기 일쑤였다. 이 점에 대해서 이기백은, "새로운 왕조의 건설은 사상적으로는 불교의 패배요 유교의 승리를 의미하는 것이었다. 고려가 불교 국가였는 데 대하여 조선이 유교 국가였다는 데에 새 왕조가 가지는 새로운 성격이 표시되어 있다. 조선 왕조는 이 유교에 의하여 안정된 정신적 기반을 마련한 셈이다"[131]라고 하여 유교가 조선 왕조 체제의 안정에 기여하였음을 강조하였다.

『국사신론』에서는 또한 사화와 당쟁을 해석하는 부분에서도 매우 고심한 흔적이 뚜렷하였다. 조선 당쟁의 문제가 한국사 전체의 당파성론으로 그릇되게 확대 해석되었던 식민주의사관의 폐해를 인식하지 않을 수 없었기 때문이었다. 그러기에 그는 사화와 당쟁에 대한 서술에 앞서 다음과 같이 문제를 제기하였다.

> 사화와 당쟁이 일어나게 된 원인은 무엇이었는가. 어떤 사람은 당파 싸움을 한국 민족의 선천적인 성격에 말미암은 것이라고 생각한다. 그러나 단지 이조사李朝史만이 아니라 보다 장구한 민족사 전체에서 살펴볼 때에는 그것을 한국 민족의 선천적인 성격의 산물이라고 해야 할 아무런 이유도 없는 것이다. …… 따라서 우리는 그 원인을

---

130) 앞의 책, pp. 198~199.
131) 앞의 책, p. 199.

당시의 역사적 사회적 조건에서 찾아보아야 할 것이다.[132]

그는 조선의 사화와 당쟁이 한국 민족이 지닌 선천적 성격에 의한
것이 아님을 먼저 분명하게 하였다. 일제의 식민주의사관에 입각한
종래의 해석이 "아무런 이유가 없는 것"임을 강조한 다음, 그는 당쟁
의 원인을 당시(조선 시대)의 역사적, 사회적 조건 속에서 찾아야 한다
고 주장한 것이다.

그는 당시의 양반은 "모두 중앙의 수도에 집중하고" 있었으며, "비
록 지방에 근거를 가지고 있다고 하더라도 중앙에 진출하여 관리가
되는 것을 인생 최고의 목표로 삼고 있던 사회"였음을 먼저 지적하였
다. 그리고 "이러한 사회에서는 지방 분권적인 사회에서와 같이 지방
대 지방의 항쟁이 아니라 중앙의 정계를 무대로 한 권력 대립이 나타
나게 될 것은 당연한 이치"라고 하여 당쟁의 근본 원인을 설명하였
다.[133] 또한 "시대가 내려가면 내려갈수록 양반의 수는 증가"하여 갔
으나, "관직의 수는 대략 일정"하였기에, 양반들 사이에 싸움이 벌어
질 수밖에 없었으며, "이러한 데에 사화나 당쟁이 벌어지는 근본적인
원인이 있었던 것이다"라고 주장하였다.[134] 여기서 거론된 양반 사회
의 성격에 관해서는 이미 알려진 바이지만, 이기백은 이런 사실을 당
쟁과 구조적으로 연결시켜 당쟁의 원인을 그의 표현대로 "역사적 사
회적 조건 속에서" 발견할 수 있었던 것이다.

사화에 대해서도 그는 "옛날과 같이 궁정 안의 소수인 음모에 의한
것이 아니었다. 그것은 당파를 가진 다수인의 공공연한 논쟁을 수반
하는 투쟁이었다"고 전제하고, 아래의 인용문에 나온 것처럼 사화가
당쟁으로 확대되어 가는 과정을 역사적으로 설명하였다.

---

132) 앞의 책, p. 217.
133) 앞의 책, p. 217.
134) 앞의 책, p. 218.

하지만 네 번 사화는 모두 일정한 두 당파 사이의 대립과 투쟁에
서 생겨난 것은 아니었다. 한 파가 승리하면 이에 대해서 새로운 반
대파가 생겨서 그것이 또 사화를 빚어내곤 하였다. 이렇게 되풀이되
는 사화 속에서 점점 움직이지 않는 당인黨人을 가진 붕당이 발생하
기에 이르렀다. 일시적인 사화가 아니라 항구적인 당파의 시기로 접
어든 것이다.[135]

이처럼 이기백은 1961년의 『국사신론』에서 이론적으로 식민주의
사관을 체계적으로 비판하여 이것이 아무런 근거 없음을 밝히고, 나
아가 당시까지 한국사학계가 거둔 연구 성과를 종합하였으며, 이를
바탕으로 조선 시대의 서술 내용도 크게 바꿨다. 그러나 『국사신론』
은 왕조 중심의 시대 구분에 머물렀던 점 등 몇 가지 문제에서 만족
스럽지는 않았으며, 이러한 사실은 저자 자신이 깊이 인식하고 있는
문제이기도 하였다.

1967년에 출간된 이기백의 『한국사신론』(一潮閣)은 『국사신론』에서
미완의 과제로 남았던 문제들을 해결하고, 또 그 이후에 크게 진전된
학계의 새로운 연구 성과를 적극 활용하여 집필된 또 하나의 전혀 다
른 개설서였다. 앞서 인용한 바도 있는 『국사신론』의 '예언例言' 두
번째 항목에서 그는 『국사신론』에서는 "사회와 문화의 발전 과정에
입각한" 시대 구분이 불가능하였으므로 "잠시 편의적인 구분에" 따르
겠다고 말하였다.[136] 그러므로 그는 때가 오면 『국사신론』을 넘어서
는 또 다른 개설서를 쓰려는 의도를 가지고 있었으며, 이러한 그의
희망은 1967년 『한국사신론』에서 결실을 보게 되었다.

이기백은 『한국사신론』의 '서문序文'에서 『국사신론』이 나왔던
1961년 이후 6년 사이에 "단순한 개별적인 사실事實의 해명뿐만 아니

---

135) 앞의 책, p. 223.
136) 앞의 책, p. 1.

라, 한국사의 전체적인 이해를 위한 노력이 꾸준하게" 이루어질 정도
로 "한국사의 연구는 크게 발전"하였기 때문에『국사신론』을 수정해
야 할 필요가 허다하게 나타났음을 실토하였다. 거기에 더하여 그 자
신의 노력 끝에『국사신론』에서 "아무런 의견도 제시하지 못하였던
시대 구분에 대하여도 이제 희미하나마 체계적인 서술을 꾀하여 볼
시기에 도달한 느낌을 갖게 되었다."137) 그러므로『한국사신론』은 그
만의 독자적인 시대 구분에 의해 쓰여진 새로운 개설서였다.

이 책의 서장 '한국사의 새로운 이해'는 이 책을 쓰는 저자의 입장
을 좀더 명확하게 밝히고 있다. 여기에서 그는『국사신론』의 '서론緖
論'에 있던 식민주의사관에 대한 비판을 더욱 체계화하였다.『국사신
론』의 서론에서는 '반도적 성격론' '사대주의론' '당파성의 문제' '문
화적 독창성의 문제' '정체성의 이론' 등 여섯 개의 내용으로 열거하
였다. 그러나『한국사신론』의 서문 '한국사의 새로운 이해'에서는 다
음의 [표 6]와 같이 체계화하였다.

이상에서 보면 과거 식민주의사관에 대한 비판과 그 내용이 거의
같아 보이지만, 실은 그것을 훨씬 체계화했음을 알 수 있다. 그는 식
민주의 사관의 내용을 크게 셋으로 구분하고, 거기에 '한국사의 주체
성' '민족성론民族性論의 문제점'을 더하여 논점을 명확하게 하였다.
이로써 그는 식민주의사관에 대한 비판을 논리적으로 더욱 체계화할
수 있었다. 그리고 그는 '한국사의 체계화'라는 항목을 두어, 단순한
식민주의사관의 비판에 머물지 않고 그것을 넘어서는 새로운 한국사
관의 정립과 그런 인식에 바탕을 둔 새로운 한국사의 서술을 모색하
려는 뜻을 밝혔다.

137) 이기백,『한국사신론』, 서문, p. 3.

[표 6] 『한국사신론』 서장의 체계

제1절 주체성의 인식	반도적 성격론 / 사대주의론 / 한국사의 주체성
제2절 한국사와 민족성	당파성의 문제 / 문화적 독창성의 이론 / 민족성론의 문제점
제3절 한국사의 체계화	정체성의 이론 / 한국사의 체계화

그는 '한국사의 체계화'라는 부분에서 식민주의사관이 근본적으로 잘못된 것이라면 한국사는 "어떻게 발전하여 왔는가"라는 질문을 던졌다. 그리고 이 문제는 "결국 한국사의 시대 구분을 어떻게 해야 하는가 하는 문제이며, 따라서 한국사를 어떻게 체계화해야 하는가 하는 문제"와 동일하다는 것을 깊이 인식하였다.[138] 그리고 한국사의 시대 구분에서는 두 가지를 극복하겠다는 뜻을 명확하게 밝혔다. 첫째 그는 왕조 중심의 사관을 하루빨리 청산해야 한다고 주장하였다. 한국의 왕조들의 운명이 비교적 오래 지속되었다는 점을 들어 한국사의 정체성을 증명하려는 의도가 아직도 존재하기 때문이었다. 둘째, 그는 유물사관의 이론에 따른 한국사의 체계화를 비판하였다. 그것은 "역사적 사실의 새로운 해석보다는 이론의 일방적인 적용에 더 관심을 가지는 경우에는 자연히 허다한 과오가 따르게 마련"이기 때문이었다.[139] 그러므로 그는 "과거의 어떤 이론에도 구애되지 않는 자유로운 태도"[140]를 견지하면서 "한국사의 발전 과정을 살펴보는 노력"을 하려고 하였다. 물론 그 경우에도 "구시대의 붕괴보다는 다음 시대의 새 요소를 중요시하는 입장을"[141] 취할 것임을 명백히 밝혔다.

한국사의 발전 과정을 토대로 새로운 한국사를 체계화하려는 이기

---

138) 앞의 책, 서장, p. 11.
139) 앞의 책, 서장, p. 12.
140) 앞의 책, 서장, pp. 11~12.
141) 앞의 책, 서장, p. 12.

백의 시도는 1976년에 출판된 『한국사신론 개정판』(一潮閣)에서 더욱 진전되었다. 개정판의 특징은 서장 '한국사의 새로운 이해'를 완전히 새롭게 썼으며, 책의 마지막에는 종장終章 '한국사의 발전과 지배 세력'이라는 내용을 추가한 것이었다. 그러므로 이 책은 마치 서론, 본론, 결론으로 이어지는 논리적 체계를 따라 쓰여진 연구서와 같은 형식을 지녔며, 그만큼 저자의 의도가 더욱 명백하게 천명된 것이었다.

『국사신론』의 '서론'에서 식민주의사관에 대한 비판을 제기했던 이기백은 『한국사신론』의 서장에서 '한국사의 새로운 이해'라는 제목으로 식민주의사관에 대한 비판을 더욱 체계화하고 나아가 『한국사신론』을 쓰는 저자의 학문적 입장을 밝혔다. 그러나 『한국사신론 개정판』의 '서장'에서 그는 식민주의사관에 대한 비판이라는 틀에서 완전히 벗어났다. 그는 식민주의사관을 비판한다는 것은 중요한 일이기는 하였으나 이미 그가 계속해 왔던 일이었으며, 동시에 1976년 현재의 상황에서 여전히 그런 문제에만 매달린다는 것은 과거에 집착하느라 미래에 대한 모색을 중단하는 일임을 느꼈던 것이다.[142] 그러므로 개정판에서 그는 식민주의사관을 비판하는 대신에 근대 한국사학의 성립과 발전이라는 사학사적인 고찰을 시도하였다. 그리하여 "일제의 식민 통치라는 악조건 밑에서도 한국의 사학자들은 올바른 한국사학을 키우기 위하여 피나는 노력을 계속"해 왔음을 발견하였으며, 그 노력으로 인하여 민족주의사학·사회경제사학·실증사학의 세 흐름이 한국사학 내부에서 발생·성장하여 왔음을 규명하였다.[143] 그는 "우리 자신이 이루어 놓은 학문적 전통 속에서 오늘의 한국사학은 성장 발전"[144]한 것임을 깊이 자각하고 있었다.

---

142) 이기백, 『한국사신론 개정판』, 서장, p. 3을 참조할 것.
143) 앞의 책, p. 1.
144) 앞의 책, p. 2.

　이러한 사학사적 성찰을 바탕으로 그는 "사회적 지배 세력의 변천 과정에 기준을 두고 한국사의 큰 흐름을 파악해 보려고" 시도하였다. 그러므로 『한국사신론 개정판』에 이르러 그의 한국사론은 훨씬 체계화되었다. 이것으로써 그는 식민주의사학의 굴레에서 완전히 벗어날 수 있었다. 그리고 『한국사신론』을 개정판까지 이끌고 오면서 형성된 자신의 입장을 개정판의 종장 '한국사의 발전과 지배 세력'에서 더욱 이론화하여 제시하였다. 그는 여기서 멈추지 않고 1990년에 『한국사신론 신수판』을, 그리고 1999년에는 『한글판 한국사신론』을 출간하였다.

　그러면 『한국사신론』에서는 조선 전기의 역사가 어떻게 서술되었는가? 그 구체적인 서술을 일일이 제기하기보다는 『한국사신론』과 그 개정판, 신수판의 목차를 조선 전기를 중심으로 검토해 보는 것이 더 효과적일 것 같아 이 세 책의 목차를 조선 전기 부분이 잘 드러나도록 다음의 [표 7]으로 만들었다.

　이를 보면 『한국사신론』의 제8장 사대부의 등장, 제9장 양반 사회의 성립, 제10장 양반 사회의 발전 등이 소위 조선 전기 역사에 해당된다고 하겠다. 이런 체제는 개정판에서도 그대로 유지되지만, 제10장을 '사림 세력의 성장'으로 바꾸었음을 알 수 있다. 그리고 『한국사신론』에서는 제10장 양반 사회의 발전을 '사림파의 대두' '사화와 당쟁의 발생' '왜倭와의 항쟁' '양반 문화의 융성' 등 4개의 절로 나누었는데, 개정판에서는 '훈구 세력 지배하의 사회적 변화' '사림 세력의 등장' '왜·호와의 항쟁' '사림의 문화' 등으로 나누어 그 절의 제목이 많이 변했다. 개정판에서는 사림이 성장하기 시작하던 15세기 말에서 호란이 일어났던 17세기 전반까지를 하나의 시기로 묶고 있음을 알 수 있으며, 이 시기에 성장했던 사림 세력을 중심으로 구분한 것임을 알 수 있다. 그러므로 그는 조선 왕조 지배층을 전 시기적으로 총칭하

[표 7] 『한국사신론』『한국사신론 개정판』『한국사신론 신수판』의 목차 비교

『한국사신론』(1967)	『한국사신론 개정판』(1976)	『한국사신론 신수판』(1990)
서장 한국사의 새로운 이해	서장 한국사의 새로운 이해	서장 한국사의 새로운 이해
1장 씨족 사회와 부족 국가	1장 원시 공동체의 사회	1장 원시 공동체의 사회
2장 부족 연맹의 시대	2장 성읍 국가와 연맹 왕국	2장 성읍 국가와 연맹 왕국
3장 고대 국가의 성장	3장 왕족 중심의 귀족 사회	3장 중앙 집권적 귀족 국가의 발전
4장 고대 전제 국가	4장 전제 왕권의 성립	4장 전제 왕권의 성립
5장 호족의 시대	5장 호족의 시대	5장 호족의 시대
6장 귀족 정치의 융성	6장 문벌 귀족의 사회	6장 문벌 귀족의 사회
7장 무인 정권	7장 무인 정권	7장 무인 정권
8장 사대부의 등장 1. 고려 왕실과 원 2. 사대부 세력의 성장 농장의 발달 / 사대부의 진출 / 공민왕의 개혁 3. 조선 왕조의 성립 왜구의 격퇴 / 위화도 회군 / 사전 개혁 /조선 왕조의 성립 4. 사대부의 문화	8장 사대부의 등장 1. 친원 정책과 권문 세족 2. 사대부 세력의 성장 사대부의 진출 / 공민왕의 개혁 3. 조선 왕조의 성립 이성계의 집권 / 사전 개혁 / 조 선 왕조의 성립 4. 신흥 사대부의 문화	8장 신흥 사대부의 등장 1. 친원 정책과 권문 세족 2. 신흥 사대부 세력의 성장 신흥 사대부의 진출 / 공민왕의 개혁 3. 조선 왕조의 성립 이성계의 집권 / 전제 개혁 / 조 선 왕조의 성립 4. 신흥 사대부의 문화
9장 양반 사회의 성립 1. 조선 양반 사회의 성립 사대부와 왕권 / 양반 사회 2. 조선 왕조의 통치 기구 정치 기구 / 군사 조직 / 과거 제도 / 교육 기관 3. 조선 사회의 경제적 구조 토지 제도 / 농민의 생활 / 수 공업과 상업 4. 조선 초의 대외 정책 대명 외교 / 대왜 정책 / 북방 개척과 야인 5. 양반 관료의 문화 한글의 창제 / 실용적 학문 / 과학과 기술 / 미술 / 문학과 음악 / 불교의 쇠퇴	9장 양반 사회의 성립 1. 조선 양반 사회의 성립 사대부와 왕권 / 양반 사회 2. 양반 관료 국가의 통치 기구 정치 기구 / 군사 조직 / 과거와 교육 3. 양반 관료 국가의 사회 경제적 구조 양반의 토지 소유 형태 / 농민의 생활 / 수공업과 공장 / 상업과 화폐 / 천민의 상태 4. 조선 초의 대외 정책 대명 외교 / 북방 개척과 야 인 / 대왜 정책 5. 양반 관료의 문화 한글의 창제 / 실용적 학문 / 과 학과 기술 / 미술 / 문학과 음악 / 불교의 쇠퇴	9장 양반 사회의 성립 1. 조선 양반 사회의 성립 사대부와 왕권 / 양반 사회 2. 양반 관료 국가의 통치 기구 정치 기구 / 군사 조직 / 과거와 교육 3. 양반 관료 국가의 사회 경제적 구조 양반의 토지 소유 형태 / 농민 의 생활 / 수공업과 공장 / 상업 과 화폐 / 천민의 상태 4. 조선 초의 대외 정책 대명 외교 / 북방 개척과 야 인 / 대왜 정책 5. 양반 관료의 문화 한글의 창제 / 실용적 학문 / 과 학과 기술 / 미술 / 문학과 음악 / 불교의 쇠퇴
10장 양반 사회의 발전 1. 사림파의 대두 농장의 확대와 공부의 증가 / 사림의 진출 2. 사화와 당쟁의 발생 사화 / 당쟁의 발생 3. 왜와의 항쟁	10장 사림 세력의 성장 1. 훈구 세력 지배하의 사회적 변화 훈구 세력의 지배 / 농장의 확대와 공부의 증가 2. 사림 세력의 등장 사림의 진출 / 서원과 향약 / 당 쟁의 발생	10장 사림 세력의 성장 1. 훈구 세력 지배하의 사회적 변화 훈구 세력의 지배 / 농장의 확대와 공부의 증가 2. 사림 세력의 등장 사림의 진출 / 서원과 향약 / 사 림 정치 / 붕당의 발생

『한국사신론』(1967)	『한국사신론 개정판』(1976)	『한국사신론 신수판』(1990)
임진왜란 / 왜병과의 항쟁 / 정유재란 4. 양반 문화의 융성 주자학의 융성 / 서원과 향약 / 가사와 시조	3. 왜·호와의 항쟁 임진왜란 / 왜군의 격퇴와 난의 영향 / 병자호란 4. 사림의 문화 성리학의 융성 / 보학과 예학 / 가사와 시조	3. 왜·호와의 항쟁 임진왜란 / 병자호란 4. 사림의 문화 성리학의 융성 / 보학과 예학 / 가사와 시조
11장 농촌의 분화와 상업 자본의 발달 1. 당쟁과 탕평 사색 당파의 싸움 / 족보와 예학 / 탕평책 12장 양반 신분 체제의 변화와 농민의 반란 13장 국제 무대에의 등장과 개화 세력의 성장 14장 농민 전쟁과 근대적 개혁 15장 제국주의 침략과 민족 국가의 태동 16장 일본의 문단 정치와 민족주의의 성장 17장 민족주의의 발전 18장 민주주의의 성장	11장 광작 농민과 도고 상인의 성장 12장 양반 신분 체제의 동요와 농민의 반란 13장 개화 세력의 성장 14장 민족 국가의 태동과 제국주의의 침략 15장 민족 운동의 발전 16장 민주주의의 성장 종장 한국사의 발전과 지배 세력	11장 광작 농민과 도고 상인의 성장 12장 중인층의 대두와 농민의 반란 13장 개화 세력의 성장 14장 민족 국가의 태동과 제국주의의 침략 15장 민족운동의 발전 16장 민주주의의 성장 종장 한국사의 발전과 지배 세력

는 양반 사회의 발전이라는 제목으로는 만족할 수가 없었던 것이다.

사실『한국사신론』전체의 시대 구분은 이 표에서 보는 바와 같이, 그리고 이기백 자신이 표명했던 바와 같이 왕조 중심의 시대 구분을 완전히 벗어났다. 그러므로 조선 전기의 역사는 조선의 건국부터 시작되는 것은 아니다. 조선 건국의 주인공들이 성장하는 역사를 밝혀야 하기 때문에 자연 고려 후기의 어느 시기부터 신흥 사대부들이 성장해 가는 시점을 기점으로 하여 조선이 건국되던 때까지를 하나의 시기로 묶었다. 그리고 새로운 국가가 건국되어서 새로운 지배 체제를 마련해 가는 과정과 그런 체제의 성격이 완성되는 시대를 또 하나의 시대로 구분하였다. 이렇게 하여『한국사신론』에서는 조선 전기의 역사를 세 시기로 구분하였다.

그러므로 이기백의 『한국사신론』은 조선 전기의 역사를 다른 어떤 시대와도 다른 독특한 성격을 지닌 독자적인 시대로 재인식하게끔 하였다. 그 전에는 편의상 시기적으로 나누었을 뿐 조선의 각 시대가 어떻게 성격이 다른 것인지에 대해서 알 수가 없었다. 그러나 『한국사신론』은 달랐다. 1960년대 이후 고려 후기 향리층鄕吏層의 성장과 조선의 건국을 연결해 볼 수 있는 가능성을 모색하는 연구들이 이루어지기 시작하였는데[145], 이기백은 이러한 연구를 자신의 개설서에서 체계화함으로써 고려 말에서 조선의 건국 시기를 전혀 새롭게 이해할 수 있는 발판을 만들었다. 그리고 이러한 『한국사신론』의 출현은 이 방면의 연구에 더욱 자극을 주고, 또 어떤 의미에서는 개별적인 학자들의 연구의 목적과 지향성을 뚜렷하게 자극하였다.

앞서 지적한 바와 같이 1976년의 개정판에서 제10장을 사림 세력의 성장이라고 제목을 바꾸고 그 내용의 구성을 전면적으로 바꿀 수 있었던 것은 1970년대 초부터 사림파에 대한 연구가 본격적으로 시작되면서 사화에 대한 전혀 새로운 해석이 가능하게 되었기 때문이었다[146]. 이기백은 개정판을 내면서 이 학설들을 적극 활용해 이 시대를 사림 세력이 성장하는 또 하나의 새로운 시대로 자리매김을 할 수가 있었다. 그리고 이 경우에도 『한국사신론 개정판』에서 사림 시대의 구체적인 윤곽이 그려지자 이 방면에 대한 연구가 더욱 활성화되었던 것이 아닐까 한다. 이것은 모두 그가 개설서를 쓰면서 학계의 연구 동향에 얼마나 세심한 관심을 기울이고 있었던가를 말해 준다.

---

145) 예를 들면 이우성, 「고려조의 '이吏'에 대하여」는 고려 말 신흥 사대부의 향리 기원설을 주장한 첫 논문이었는데, 이 논문은 1964년에 발표된 것이다(『역사학보』 23).

146) 예를 들어 사림파 연구에 새로운 방향을 제시한 것은 이태진, 「사림파의 유향소留鄕所 복립 운동復立運動」이라 할 수 있는데, 이 논문은 1972년과 1973년에 걸쳐 『진단학보』 34집과 35집에 게재되었다.

　사실 식민주의사관을 이해하고 바로잡는 데 있어서 조선 전기의 역사는 매우 특별한 위치를 차지하고 있다. 조선은 바로 일제에 의해 멸망하였으며, 한 국가의 멸망은 우리 민족 모두를 그대로 가혹한 식민지 상황 속으로 떨어지게 하였다. 그런 이유로 조선 시대의 역사는 그 시작부터 조직적으로 왜곡되기 시작하였다. 사대주의적 민족성론民族性論, 망국적 당파성론, 문화적 타율성론, 정체성론 그 모두가 마치 조선 시대의 역사에 그대로 꼭 들어맞는 것처럼 해석되었다. 그리고 이 모든 것은 조선 전기에 그 특성이 모두 이루어졌다고 보았다. 그 동안 많은 역사가들이 식민주의사관을 극복하기 위해 노력하였지만 정작 조선 시대, 특히 조선 전기의 역사를 새롭게 해석하는 데 실패하였다.

　그러나『한국사신론』에서 이기백은 조선 전기의 역사를 완전히 새롭게 해석하는 데 성공하였다. 왕조 중심의 시대 구분을 벗어나면서, 고려 말 사대부의 성장으로 조선의 건국이 가능했으며, 이들이 중심이 되어 조선의 기본 통치 체제가 완성되고 새로운 유교 문화가 발전하였다. 그러나 16세기에 이르러 다시 사림 세력이 등장하여 조선의 역사는 새로운 단계로 발전하였으며, 이들이 중심이 되어 조선의 성리학은 꽃을 피우게 되었다. 이렇게 조선 전기의 역사가 체계화되자 더 이상 식민주의사학을 말할 필요조차 없어졌다. 이기백은 개별적인 역사가들의 연구에 자극을 받기도 하였지만, 오히려 그는 조선 전기를 한국사상 독자적인 가치와 의미를 지닌 시대로 재발견한 역사가였다. 이제 조선 전기 역사를, 500년 역사를 지닌 조선 시대를 편의상 전후반으로 나눈다는 뜻에서가 아니라 진정으로 역사상 독자적인 의미를 가진 시대로 인식하게 되었으며, 이것은 오늘날 학계의 상식처럼 되어 버릴 정도였다. 그런 의미에서『한국사신론』은 한국사학사 전체에서 또한 조선 전기의 사학사에서도 특별한 의미가 있는 개설서라고 하겠다.

사실 이기백의 『한국사신론』은 손진태와 이인영의 개설서에서 제기되었으나 한국전쟁과 분단으로 단절되었던 민족주의의 새로운 지평을 다시 이어 나가고자 천명한 개설서였다. 이것은 편협한 민족지상주의가 아니고 세계사의 보편성 속에서 창조적 자리를 마련할 수 있는 '신민족주의'였다는 것은 그 자신의 천명을 통해서도 알 수가 있다. 그리고 해방 이후 한국사학계가 일제 식민주의 사학자들이 만들어 놓은 정체성론을 극복하기 위해 노력하였던 한국 사회의 내재적 발전론을 새로운 민족주의와 결합하는 데 성공한 이기백의 『한국사신론』은 차라리 사관 부재의 시대였다고까지 부를 수도 있는 이 시대에 특별한 가치를 지닌 개설서였다. 그리고 『한국사신론』은 각자의 분야에서 개별적인 연구에 몰두하고 있는 수많은 역사학자들의 연구 성과와 그에 담긴 소망을 집약하여 하나의 체계로 정리해 냄으로써 해방 이후 한국사학계가 거둔 모든 성과를 대변하는 저서가 되었다고까지 말할 수 있다. 문제가 있다면 『한국사신론』이 나온 지 30년이 지나도록 이에 견줄 수 있으면서도 또 다른 관점으로 정리한 새로운 개설서가 아직 나오지 않았다는 것이다. 그러므로 『한국사신론』은 여전히 앞으로도 한국사학계가 넘어야 할 큰 봉우리로 남아 있다.

7. 1980년대 이후 유물사관에 입각한 개설서들의 재등장

1980년대 중반 이후의 한국사학계에는 오랫동안 금기시되었던 유물사관에 바탕을 둔 좌파적 역사책이 다시 등장하는 새로운 변화에 직면하였다. 해방 공간에서 더불어 공존하였던 좌우 역사관이 다시금 공존의 시대로 접어드는 것을 의미하는 이러한 경향은 우리의 지적

풍토에 깊은 영향을 주었다. 학문의 세계에서 금기가 사라지고, 누구나 자기가 지향하는 방향으로 지적 탐색을 시도할 수 있는 새로운 자유의 시대가 온 것이다.

한국민중사연구회가 펴낸 『한국민중사』(풀빛, 1986), 구로역사연구소의 『바로 보는 우리 역사』(거름, 1990), 한국역사연구회의 『한국역사』(역사비평사, 1992) 등은 모두 1980년대 중반 이후 1990년대 초반에 나온 개설서들이다. 이들 개설서들은 한국전쟁 이후 우리 사회에서는 금기시되어 왔던 마르크스의 유물사관에 따라 서술된 역사책이라는 점에서 공통점을 가지고 있다. 1945년 이후 한국전쟁이 일어나기 전까지 이러한 경향에 따르는 몇 권의 개설서가 출판되었지만, 1953년 한국전쟁 휴전 이후 남북한의 분단과 상호 대립이 날카로워지면서 우리 사회에서 이런 경향의 역사책이 제대로 출판될 수는 없었다. 그런 점에서 1980년대 중반 이후 이들 개설서들이 출판되었다는 사실은 우리 사회가 민주화, 다원화의 방향으로 나아가고 있다는 징조로 받아들여 좋을 것이다.

『한국민중사』의 집필자들은 이 책을 내는 자신들의 목적을 다음과 같이 밝히고 있다.

> 우리는 오직 '대중적 요구에 답한다'는 최소한의 시도를 한 것일 뿐 애초부터 우리 역사에 대한 새롭고 '학술적' 가치가 있는 체계화를 시도한 것은 결코 아니다. 우리는 우리 역사에 대한 현재적 요구를 가늠하여 그것에 부합된다고 생각하는 기존의 사학계의 성과를 반영하고 정리하고자 하였을 뿐이다.[147]

이들 집필자들은 자신의 개설서가 "새롭고 학술적 가치가 있는" 것

---

147) 한국민중사연구회, 『한국민중사』(I), 이 책을 읽는 이들에게, p. 4.

은 아니라고 하면서도, '오직 대중적 요구'에 부합하기 위해 이 책을 쓴다고 선언하였다.

그리고 『바로 보는 우리 역사』의 집필자들은 자신들의 목적을 이렇게 밝혔다.

> 우리는 일 년 전 '구로역사연구소'를 열면서, 우리 민족의 역사를 민중 주체의 입장에서 연구하고 그 성과를 대중에게 전달하는 것을 목표로 삼았다. 이 취지에 따라 연구소에서는 먼저 청년 학생은 물론 일반 대중이 쉽게 읽을 수 있는 '제대로 된 우리 역사', 곧 '바로 보는 우리 역사'를 기획하고 집필에 들어갔다. …… 우리는 이러한 현실의 요구에 답하기 위하여 지배 계급의 역사를 비판하고 '민중 주체의 우리 민족사'를 체계화하여 '바로 보는 우리 역사'라는 이름으로 세상에 내어놓는다.148)

이들은 '역사를 민중 주체의 입장'에서 연구하고, 그 결과를 전달하는 것을 목표로 한다고 밝히고, '민중 주체'의 민족사를 체계화한 결과로 이 책을 세상에 내어놓는다고 하였다. 이 점에서 이들은 '오직 대중적 요구에 답'하기 위해 책을 낸다는 『한국민중사』의 경우보다 훨씬 강하게 민중 중심의 역사관에 따른 것임을 밝혔던 것이다.

그리고 이들 두 책보다는 훨씬 학술적 체계를 갖춘 것으로 보이는 『한국역사』에서는 그 취지를 이렇게 밝혔다.

> 한국역사연구회는 올바른 세계관에 입각한 과학적 실천적 역사학의 수립을 통해 우리 사회의 진정한 민주화와 자주화에 기여하는 것을 목적으로 1988년 가을에 창립되었다. 그 동안의 과학적 역사 인식과 방법론의 모색, 그리고 그것에 의한 연구 성과를 바탕으로 이 책의 편찬을 계획한 것은 1990년 7월이었다. 그해 9월에는 통사편찬위

---

148) 구로역사연구소, 『바로 보는 우리 역사』, 책을 내면서, p. 5~6.

원회를 설치하여 이미 간행된 통사들을 분석 검토하였다. 그 통사들
은 역사의 발전을 지배 세력의 변천 과정에 기준을 두고 파악하고
있거나, 종합사로서 문화사의 발전으로 이해하면서도 지배층의 문화
가 곧 전체 문화라는 인식을 전제로 하고 있다. …… 또한 진보적인
역사관을 내세우더라도 실제적인 내용 서술에서는 그간의 진전된 연
구 성과를 제대로 소화해 내지 못한 측면이 많았다.[149]

이들은 자신들이 추구하는 학문 세계를 '과학적 실천적 역사학의
수립'이라고 밝히고, 그에 따라 새로운 개설서를 낸다고 하였다. 특히
그들은 명시적으로 그런 표현을 하지는 않았지만, 그 동안의 개설서
들이 '지배 세력'을 중심으로 쓰여졌다고 비판함으로써, 이 책을 지배
세력이 아닌, 말하자면 민중 중심의 역사관을 바탕으로 쓰겠다는 의
도를 분명히 하였으며, 아마도 이러한 입장을 '진보적인 역사관'이라
고 표현하지 않았나 싶다.

일찍이 전석담은 '조선사 연구의 실천적 의의'라는 부제를 지닌
『조선사교정』의 서문에서 다음과 같이 말하였다.

우리가 역사를 알고자 하는 목적은, 과거의 종점終點인 동시에 미
래의 시발점인 현재를 운동에 있어서 파악하는 데 있다. 그러므로 우
리가 이제 조선 역사를 알려고 애쓰는 것은, 조선에 관한 여러 가지
옛 이야기를 취미 삼아 알자는 것이 아니라 조선의 미래를 우리 손
으로 건설해 나가자면 반드시 알아야 할 역사적 궤도를 찾아내자는
목적에서이다.
이러한 의미에서 역사 과학은 처음부터 끝까지 실천적 의의를 지
닌 것이며 따라서 실천을 떠난 역사 과학은 학문이 아니라 고담古
談 · 한화閑話에 지나지 않는다.[150]

---

149) 한국역사연구회, 『한국역사』, 책을 내면서, pp. 3~4.
150) 전석담, 『민중조선사』, p. 11.

즉 전석담은, 역사학의 목적을 "미래의 시발점인 현재를 운동에 있어서 파악"하는 것이며, "역사 과학은 처음부터 끝까지 실천적 의의"를 지닌 것이라고 명료하게 말하였다. 그는 마르크스『자본론』의 명제를 인용하면서, "우리 사회는 아직도 반半봉건적 상태에 있으니 만큼 우리 사회에서 모든 봉건적 요소를 청산하는 부르주아 혁명이 당면한 역사적 과제로 되어 있다"[151]고 단정하였다. 그리고 나서 그는 역사의 원동력, 혹은 주체에 대하여 다음과 같이 말하였다.

> 아는 바와 같이 조선의 부르주아 민주주의 혁명은 노동자・농민・진보적 소시민에 의하여 추진되고 있고, 근로 대중의 이러한 결집은 곧 새로운 혁명의 원동력이 되는 것이다.[152]

그는 노동자・농민・진보적 소시민을 '근로 대중'으로 파악하였으며, 이들이 곧 새로운 혁명의 원동력이었다. 그리고 그에게 있어서 새로운 혁명은 새로운 역사를 의미하는 것이었다. 동시에 그는 "역사의 수레바퀴는 끊임없이 돌아가고 있다. 그러나 이것을 앞으로 전진시키기 위해서는 인민의 힘이 필요하다. 인간은 역사의 피조물인 동시에 역사의 창조자이다"[153]라고 함으로써 앞에서 말한 '근로 대중'은 '인민'이라는 말과 동일한 의미임을 확실히 하였다.[154] 이렇게 보면 여기서 언급한 세 개설서에 나타난 집필자들의 저술 목표는 기본적인

---

151) 앞의 책, pp. 13~14.
152) 앞의 책, p. 14.
153) 앞의 책, p. 17.
154) 이 논문에서 전석담의『조선사교정』을 검토할 때는 범우사에서 1989년에 범우문고판으로 다시 출판한『민중조선사』를 대본으로 하겠다고 이미 밝혔다. 이『민중조선사』가 1989년에 출판되었다는 것도 흥미롭지만,『조선사교정』이라는 원제목을『민중조선사』라고 바꾼 것도 흥미롭다. 요즘 한국사 연구에서 흔히 쓰이는 '민중'이라는 말이 전석담이 사용했던 '근로 대중' '인민' 등의 말과 같은 의미로 보아도 좋다는 일반적 인식의 반영이 아닌가 한다.

면에서 전석담과 매우 유사하다는 것을 알 수 있다. 그러므로 필자는 1980년대 중반 이후에 출판된 세 개설서들을 전석담을 위시한 우리 나라 자체의 유물사관을 따르는 역사학의 전통 속에서 이해해 볼 필 요도 있다고 생각한다. 그런 목적을 위해 이 세 개설서와 이청원, 문 석준, 전석담의 저서에 시도된 시대 구분의 내용을 비교해 보려고 한 다. 다음의 [표 8]은 그런 목적을 위해 만든 것이다.

　다음의 표를 보면 먼저 1937년 이청원,『조선력사독본』에서는 삼국 시대에서 고려 말까지를 노예 사회로, 조선 건국부터 개항 이전까지를 모두 봉건 사회로, 그리고 개화기를 자본주의의 침입, 일제 시대를 이 식 자본주의 시대로 구분하였다. 그리고 문석준의『조선역사』에서는 고조선까지를 원시 공산주의 사회로, 삼국 시대에서 고려 건국 이전 까지를 고대 정복 국가로, 고려 건국 이후 한일 합방 때까지를 봉건 국가 시대로 보았다. 여기에서 문석준은 고려 시대를 봉건 국가의 성 립과 발전의 시기로, 그리고 조선 시대를 봉건 국가의 성숙과 쇠퇴의 시대로 다시 구분하였다. 전석담의『조선사교정』에서는 고조선에서 삼국 시대까지를 고대 아시아적 국가의 성립과 발전의 시대로, 그리 고 통일 신라 이후 한일 합방 때까지를 관료적 집권 봉건 시대로 구 부하였다. 그는 특히 우리 나라의 봉건 시대를 관료적 집권 봉건제라 이름하고, 통일 신라에서 후삼국 말까지를 관료적 집권 봉건제의 성 립기, 고려 시대를 그 발전기, 조선 시대를 그 완성기로 보았으며, 동 학 이후를 봉건 조선의 몰락기로 구분하였다. 위의 세 책은 모두 1937년에서 1947년 사이에 출판된 유물사관에 충실한 개설서이다.

　다시 위의 표에서 1986년의『한국민중사』를 보면, 삼국 시대까지 를 원시·고대 사회로, 통일 신라에서 고려 말까지를 중세 I, 조선 시 대를 중세 II, 개항 이후 한일 합방까지를 근대 I, 일제 시대를 근대 II, 그리고 해방 이후를 현대로 구분하였다. 1990년의『바로 보는 우리

[표 8] 유물사관에 따른 개설서들의 시대 구분 비교

	조선역사독본 (1937)	조선역사 (1945.12)	조선사교정(1947)	조선통사 (1977)	한국민중사(1986)	바로 보는 우리 역사 (1990)	한국역사 (1992)
석기 시대	원시 사회	원시공산주의 사회	원시조선	원시 공동체적 사회		원시 공동체 사회	원시 사회
고조선			고대 아시아적 국가의 성립/발전	노예 소유자 사회	원시·고대 사회	고대 사회	고대 사회
삼국 시대	노예 사회	고대 정복 국가		봉건 사회의 발생			
통일 신라			관료적 집권봉건제 성립	봉건 관계의 발전	중세 I (남북국시대와 고려)	봉건 사회의 성립	봉건 사회의 성립
후삼국							
고려		봉건 국가의 성립 / 발전	관료적 집권봉건제 발전	봉건 제도의 정비		봉건 사회의 발전	봉건 사회의 발전
조선	봉건 사회	봉건 국가의 성숙 / 쇠퇴	관료적 집권봉건제 완성	봉건 체제의 재편성/위기	중세 II (조선 시대)	봉건 사회 재편성 / 봉건 사회 동요	봉건 사회 재편성 / 봉건 사회 해체
개항	자본주의 침입		(동학 이후)봉건 조선의 몰락	근대	근대I	근대	근대
일제 시대	이식자본주의				근대II		
해방 이후				현대	현대	현대	현대

역사』는 고조선에서 삼국 시대 말까지를 고대 사회로, 통일 신라 이후 개항 이전까지를 봉건 사회로 보았다. 그리고 통일 신라에서 후삼국 말까지를 봉건 사회의 성립기로, 고려 시대를 그 발전기로, 조선 전기를 그 재편성기로, 그리고 조선 후기를 그 동요기로 구분하였다. 1992년의『한국역사』는 고조선부터 삼국 시대 말까지를 고대 사회로, 통일 신라 이후 개항 이전까지를 봉건 사회로, 그리고 개항 이후 일제 말까지를 근대로, 해방 이후를 현대로 구분하였다. 이러한 구분은

1990년의『바로 보는 우리 역사』와 거의 일치한다. 다만 고대 사회 이전을『바로 보는 우리 역사』에서는 원시 공동체 사회를 원시 사회로 이름한 것이 다르며, 조선 후기를 전자에서 봉건 사회의 동요라 한 것을, 봉건 사회의 해체라 한 것만이 다를 뿐이다. 그러므로 이 두 책은 거의 같은 방식으로 시대를 구분하고 있다.

참고 삼아 우리 주변에서 흔히 볼 수 있는 북한의 개설서인『조선통사』1977년 판을 보면, 고조선를 노예 소유자 사회로, 삼국 시대를 봉건 사회의 발생기로, 통일 신라에서 후삼국 말까지를 봉건 관계의 발전기로, 고려를 봉건 제도의 정비기로, 조선 시대를 봉건제의 재편성과 위기의 시대로 구분하였다. 그리고 개항 이후 일제 말까지를 근대로 해방 이후를 현대로 구분하였다.

이렇게 볼 때 위의 표에 표시된 개설서들은 모두 고대—봉건—근대, 혹은 고대—중세—근대의 시대 구분법을 그대로 따르고 있음을 알 수 있다. 그리고 중세의 시작을 어느 때로 보느냐에 대하여 조금씩 차이는 있지만, 적어도 통일 신라 이후 개항 이전까지는 모두 봉건 사회로 구분하고 있다는 점에서도 공통된다. 특히 우리 역사 시대의 대부분을 봉건 시대로 보면서도, 그 봉건 시대 안에서도 성격의 차이를 부여하려고 하였는데, 그 차이는 모두 왕조 중심으로 나뉘어지고 있다는 점도 공통된다. 그럴 경우 고려 건국 이전은 봉건 사회의 성립기, 고려 시대는 그 발전기, 조선 시대 전기는 봉건 시대의 완성기 혹은 재편성기, 조선 후기는 위기, 동요, 혹은 해체기로 나누는 것이 일반적인 것임을 알 수 있다.

조선 전기와 관련해서 볼 때 1980년대 중반 이후에 나온 세 권의 개설서 가운데,『바로 보는 우리 역사』와『한국역사』는 이 때를 봉건 사회의 재편성기로 보았다. 이럴 경우 고려 시대에 발전했던 봉건 사회가 재편성되었다면 이것은 무엇을 의미하는 것일까? 이 세 권의 개설서 가운데 가장 체계가 잘 잡혀 있다고 생각되는 『한국역사』에서는 "조선의 지배 구조는 본질적으로 농민을 지배하기 위한 것"[155]이라고 단정하고, 조선 전기의 (봉건 사회) 지배 구조 재편 의의에 대하여 다음과 같이 쓰고 있다.

> 조선의 지배 구조는 고려 후기 이래 농업 생산력의 발전 위에서 이루어진 사회 변동의 결과였다. …… 농민에 대한 국가의 통제가 중첩적으로 강화되었으나, 농민의 유동성이 커져 토지에 얽매이는 정도가 잦아졌다. …… 이렇게 조선 초에는 농업 발전에 따라 사회 관계가 바뀌고 신분제와 지배 기구가 재편되었다. 이러한 변화는 훈민정음의 창제에 상징적으로 나타났다. 백성인 농민도 이제는 제 뜻을 펼 수 있는 권리를 가진 것으로 인정되었으며, 나라를 다스리는 왕에게는 농민이 그렇게 할 수 있도록 가르쳐야 할 도덕적 책임이 있는 것으로 인식되었던 것이다.[156]

말하자면 지속적인 농업 생산력의 발전으로 조선 초기에는 농민의 사회 경제적, 정치적 지위가 향상되었으며, 이를 기초로 조선 초기에는 봉건 사회가 재편성되었음을 의미한다고 이해할 수 있다.

아무튼 이들 개설서는 그들이 표방하는 이념에 따라 민중 혹은 농민에 대하여 더 많은 관심을 표명하였으며, 이런 점에서 적어도 한국전쟁 이후의 한국사학계에서는 보기 어려운 새로운 관점을 제시할 수가 있었다. 그러나 앞의 [표 8]에 제시된 바와 같이 1980년대 중반 이후의 새로운 시도들은 우리 사학사의 전통을 한국전쟁 이전의 시대까지 거슬러 올라가 보면, 또 다른 흐름과 연결되어 있음을 쉽게 발견할 수 있다. 전석담은 해방 직후에 『조선사교정』을 내면서 상당

---

155) 한국역사연구회, 『한국역사』, p. 124.
156) 앞의 책, pp. 125~126.

한 지적인 고뇌를 겪었다. 그의 책은 비록 얇고 그 내용이 충분하지는 않지만, 유물사관에 따른 한국사 개설서를 써야 하는 그의 지적인 탐색은 매우 진지해서 오히려 내용은 많으나 역사가의 사색이 결핍된 두꺼운 개설서들보다 더 돋보이는 점이 있다. 전석담은 유물사관의 세계적, 보편적인 추세와 한국사의 구체적인 역사적 현실 사이에 존재하는 엄청난 괴리 현상에 대하여 많은 고민을 하였다. 오늘날 그의 책에 담긴 내용이 정확해서가 아니라, 그리고 그 책에 표명된 그의 사관을 누구나 마음놓고 따를 수 있기 때문이 아니라, 바로 그의 지적인 사색 그 자체 때문에 『조선사교정』은 우리 사학사에서 다시 한번 검토해 볼 필요가 생겼다고 생각한다.

1980년대 중반 이후 나타나기 시작한 이런 개설서들은 왜 마르크스의 유물사관에 근거한 시대 구분을 모두 따라야 하는지, 왜 조선 전기가 봉건 사회의 재편성기인지, 한국사에 있어서 봉건 사회가 왜 그렇게 길어야 하는지 등에 대하여 심각하게 논의하고 그 과정과 결과를 제시해 주어야 한다고 믿는다.

그런 의미에서 10여 년 전 이기동 교수가 제기한 민중사학의 문제점은 오늘날에도 경청할 만한 가치가 있다고 생각한다. 그는 「민중사학론」이라는 논문에서 민중사학의 문제점을 '민중론과 계급 투쟁론의 문제' '현재성과 실천성의 문제' '민중·민족 주체의 근대화론의 문제' '정치사적 파악의 몰각' 등의 네 가지로 제기한 바 있다.[157) 필자는 모처럼 한국사학계에 나타난 역사학의 다원적 발전이 진정으로 한국사학의 질적인 발전에 기여하기 위해서는, 한국의 유물사관론자들이 이 교수가 제기한 문제점들을 진지하게 검토해야 한다고 생각

---

157) 이기동, 「민중사학론」(『현대 한국사학과 사관』, 한림과학원총서 1, 일조각, 1991. 8 ;『전환기의 한국사학』, 일조각, 1999. 8)에서는 1980년대 이후 민중사학론의 대두와 그 형성 과정 및 문제점 등을 체계적으로 분석하고 있다.

한다.

오늘날 우리의 지적인 풍토에서는 자신의 입장에 정면으로 맞서 비판하는 견해를 적대적인 태도로 받아들이기 쉽다. 그러나 진지한 학자의 비평에 정당한 답변을 제기하는 과정에서 민중사학, 아니 어떤 의미에서는 반세기만에 학계의 전면에 다시 등장한 유물사관적 역사관의 효용성이 더 증대될 수 있을 것이라 믿는다. 그리고 마르크시즘도 전석담이 살았던 1947년 당시와는 달리 해석되고, 달리 의미가 부여되고 있는 세계적인 현실을 고려할 때, 오늘날 한국사학계에서는 그런 세계적 조류와 어떤 관계에 있는지에 대하여도 집중적인 연구와 검토가 요청된다. 또한 근본적으로는 마르크스의 원전이거나, 아니면 그에 대한 고전적인 해석에 대해서도 깊은 소양을 쌓아야 할 것이다.

이제 우리 사회는 훨씬 다원화되고 있으며, 그에 따라 역사를 해석하는 입장도 더욱 다양해질 전망이다. 그리고 이런 다원화는 우리 역사를 훨씬 다양하고 풍성하게 만들 것이 확실하다. 그러나 어느 입장을 취하든지 역사가는 역사 해석에 임하는 자신의 태도를 정교하게 갈고 닦는 일을 게을리 해서는 안 된다. 더 중요한 문제는 이러한 새로운 경향의 개설서들이 지나치게 획일화된 역사관에 빠져 있다는 것이다. 한 가지의 불변적 사관에 역사적 현실을 대입해 나가기에 역사 현상은 너무 복잡할 뿐 아니라, 현재 우리가 살고 있는 이 세상의 변화 속도와 폭도 엄청나게 빠르고 크다는 점을 깊이 인식해야 한다. 이러한 상황에서는 역사가들의 관점도 그만큼 상대성이 확대되기 때문에, 고정된 사관이 설 여지는 더 좁아질 것이 분명하다.

그러므로 반공 이념의 굳은 껍데기를 깬다는 이유만으로 그 존재가 가능했던 초기의 자세를 빨리 버리고 진정 유물사관이 아직도 이 나라의 역사 서술에 기여할 바가 무엇인지를 깊이 사색해야만 하겠다. 그렇지 않으면 역사학이 어느 특정한 이념에 종속되어 버리는 잘못을 범할 위험성이 너무도 크기 때문이다. 그리고 어느 하나의 이념에 종속된 역사학은 이미 특정한 이익 집단의 선전 도구로 전락할 뿐임을 깊이 인식해야 한다.

8. 요약과 전망

(1) 요약

지금까지 조선 전기의 역사 서술을 중심으로 많은 개설서들을 검토하였다. 조선은 500여 년을 지속하였기 때문에 그 역사를 연구하거나 기술하는 데 여러 가지 문제점이 제기되었다. 어느 주제를 택하더라도 그 주제의 500년 역사를 정리하는 작업은 쉽지 않은 일이다. 이런 어려움은 조선 시대사에 관한 사료史料가 너무나 많기 때문에 더욱 커졌다. 여기에 더하여 조선의 운명이 일제의 침략으로 종결되었기 때문에 이 시대의 역사는 전혀 다른 관점에서 왜곡되기에 이르렀다. 침략자들은 한 국가의 몰락을 민족사 전체의 피할 수 없는 운명으로 과장하였다. 그리고 우리 나라 사람들의 상당수도 조선 시대를 20세기 비극의 원인을 제공한 시대로 보았다는 점에서 일제의 식민주의사관에 동조한 꼴이 되고 말았다. 이러한 여러 요인들이 겹쳐 500년 넘게 지속된 조선 시대사에 대하여 바르게 이해하기는 매우 힘들었다.

그런 관점에서 볼 때 조선 시대는 일제의 어용학자들이 주장했던 대로 사대주의가 절정에 달했으며, 망국적 당쟁은 끝없이 확대되었고, 그 문화에도 독창성이 없는 시대로 인식되었다. 그리고 그 모든 것은 조선 시대의 전반부에서부터 시작되었다고 여겨졌다. 그러므로 조선 전기는 세종—세조—성종대에 그 국력이 발전하고 볼 만한 치적이 많기도 하였지만, 건국 당시부터 사대주의는 나라의 국기가 되다시피 하였으며, 따라서 종국적으로는 문화의 독창성도 없는 것처럼 폄하되었다. 조선 왕조가 건국 때부터 유교를 거의 유일한 국가적 이념으로 받아들였다는 사실이 그 증거라고 하였다. 그렇기 때문에 창조적인 정치가 아니라 오직 권력만을 추구하는 당쟁은 피할 수 없는 일이라고 하였다. 그들은 사화와 당쟁이 발생했던 조선 전기의 정치사를 이렇게 서슴지 않고 왜곡하였다. 일제 때 안확과 같은 극히 소수의 학자를 제외하면 대부분의 개설서들에 서술된 조선 전기의 역사상은 일제의 어용학자들의 주장을 그대로 반영하고 있었다.

한국사 전체의 흐름에서 조선 전기가 차지하는 위치와 성격이 규정되지 않는다면 조선 시대는 물론 한국사 전체를 제대로 이해하기 어렵다. 그리고 이런 문제는 한국사 개설서를 집필했던 학자들에 의해 먼저 심각하게 검토되기 시작하였다. 해방 이후 당장 국민 교육적인 차원에서도 통시대적인 개설서가 나와야 할 필요성은 시급하였으며, 개설서의 성격상 한국사 전체의 흐름을 체계적으로 서술해야만 하였다. 그리고 해방된 나라에서 한국 학자의 손으로 쓰여질 한국사 개설서는 일제의 식민주의사관의 영향에서 벗어나야 한다는 과제가 가장 시급했다. 그럴 경우 사대주의론, 망국적 당파성론, 문화적 타율성론, 정체성론으로 일관된 역사였다고 낙인찍힌 조선 시대의 역사를 새롭게 인식하지 않는다면 소기의 목적을 달성하기는 어려울 것이 확실하였다.

이런 점에서 해방 후 손진태와 이인영의 노력이 매우 돋보였다. 손진태는 일제의 식민주의사관의 허구성을 감정적으로 비판하는 태도를 지양하고 진정한 의미에서 새로운 민족주의적 한국사관을 확립하기 위한 이성적 사색을 깊이 추구하였다. 그는 일제의 식민주의사관

뿐 아니라 그에 대한 비학문적인 감정적 대응에 쉽게 빠져들어 대안
을 구하려는 우리 나라의 지적인 풍토를 바꾸고자 노력하였다. 특히
해방 이후 마르크스의 유물사관을 보편적 세계사의 올바른 흐름으로
인식하고, 한국사도 그런 보편적 흐름에서 벗어나지 않았다는 것을
강조하려는 학자들도 적지 않았다. 그는 국내의 유물론적 역사학자들
의 노력이 한국사를 세계사의 정당한 한 부분으로 인식함으로써 또
다른 의미에서 식민주의사관의 영향을 극복하려는 몸짓임을 인정하
면서도, 여전히 민족이 계급보다 중요하다는 점을 잊지 않았다. 그는
해방 이후 한국 사회 내부에 존재하는 계급적 갈등을 인정하면서도
그것을 넘어서는 새로운 민족사의 서술을 위해 노력하였다. 1949년에
출간된 『국사대요』는 이런 노력의 결과였다. 그러나 『국사대요』의
조선 전기 부분까지는 그의 신민족주의사관에 입각해 새롭게 해석되
지 않았다.

1950년 이인영은 손진태의 영향을 이어 받아 『국사요론』을 집필하
였다. 그는 역사의 보편성만을 강조하는 유물사관의 입장을 비판하면
서 동시에 "관념적 민족성의 우수 또는 졸열"에 만사를 귀결시키는
편협하고 잘못된 민족주의적 태도를 비판하였다. 그리고 그는 자신이
추구하는 역사관을 "민족적 세계관에 입각한 세계사적 국사의 새로
운 인식"이라 규정하고 이러한 역사관이 앞으로는 크게 보급될 것이
라고 예견하였다. 이런 점에서 그는 손진태의 신민족주의적 태도에
상당히 공명하고 있었다. 물론 그도 손진태의 역사관과 역사 해석을
그대로 따르려 하지는 않았으며, 여러 가지 면에서 손진태와 다른 차
별성을 갖고자 노력하였다. 그러나 한국사 전체를 민족의 성장과 발
전, 쇠퇴와 침체라는 관점에서 해석하려고 했다는 점에서 손진태의
영향에서 완전히 벗어나지는 못했다.

그러나 조선 전기 부분의 역사를 서술하면서 이인영은 손진태의

영향을 전혀 받지 않았다. 오히려 그만의 독자적인 해석을 시도하였다. 이인영은 먼저 조선의 사대교린 정책이 한·중 양국 간에 가져다줄 이해 관계의 조정에서 비롯된 것이므로, 소위 말하는 '사대주의'와는 상관이 없는 것임을 분명히 하였다. 이어서 그는 사화도 조선 시대의 사회와 정치가 고정 상태로 들어감에 따라 사회적 경제적 모순을 개혁하여 새로운 기운을 조성하려는 요구에서 우러난 현상이라고 해석하였다. 그리고 조선 시대의 당쟁도 초기와 후기에 따라 그 성격이 달랐음을 암시하면서, 사화 시대에는 주자학적 이론의 이상주의적 실천 운동이 주主가 되었으나 당쟁 시대에 들어서부터는 당파성만이 주가 되고 뚜렷한 주의 주장을 중심으로 한 이론적 전개는 거의 찾아볼 수 없다고 주장하였다.

사대주의, 사화, 당쟁, 이 세 가지 주제는 일제 시대부터 조선 시대사를 단죄하는 기본적인 항목들이었으며, 당시까지만 해도 아무도 거기에서 벗어나지 못했다. 물론 그도 "이씨 왕조의 정치와 문화는 성종 일대를 난숙기爛熟期로 하여 이후 쇠퇴기"로 들어가게 되었다고 보았다는 점에서 그 한계가 없지는 않지만 이인영은 이러한 그릇된 상식에서 벗어나기 위하여 많은 노력을 하였다. 그런 의미에서 조선의 건국과 그 역사를 재인식하게 만든 역사가였다.

해방 이후 그 짧고 혼란스럽던 시절에 한국사 인식과 조선 전기 역사 해석에 있어서 괄목할 만한 발전을 이룩할 수 있었던 손진태와 이인영의 업적은 한국사학사에서 기억해야 할 만한 일이다. 그러나 이들의 업적이 진전될 수 있었던 것은 조선의 건국사를 새롭게 해석하려는 이상백의 노력을 위시하여, 1948년 이병도의 『조선사대관』과 같은 종합적인 개설서의 영향을 배제할 수는 없다. 그리고 이미 언급한 바와 같은 유물사관에 따른 역사 해석이 던진 학문적인 과제는 손진태와 이인영의 역사적 성찰을 더욱 깊게 만드는 데 큰 기여를 하였다. 말하자면 일제 시대는 말할 것도 없거니와 해방 이후 그처럼 어려운 상황 속에서도 한국사를 연구하고 체계화하려는 여러 갈래의 노력이 다양하게 이루어졌다는 사실을 잊어서는 안 될 것이다.

그러나 이러한 움직임은 한국전쟁과 더불어 큰 좌절을 겪게 되었다. 우선 손진태와 이인영은 전쟁으로 인해 그들의 역사관을 더욱 발전시켜 나갈 수 있는 기회를 영원히 상실하였다. 그리고 손진태와 이인영이 민족주의적 역사관을 더욱 깊이 다듬어 갈 수 있도록 자극을 주었던 유물사관에 따른 역사 해석이 한국사의 발전에 기여할 수 있는 길도 끊기고 말았다. 이것은 조선 전기의 역사 연구뿐 아니라 한국사학계 전체에 있어서도 너무나 큰 손실이었다.

한국전쟁을 겪으면서도 이병도의 『조선사대관』은 『국사대관』으로 서명을 바꾸면서 판을 거듭하였다. 『조선사대관』은 중요한 대목마다 관계되는 사료를 제시하거나 혹은 사건의 배경이 되는 기초적 사실들을 많이 열거하였다. 당시 개별적인 연구가 매우 미진하였던 상황 속에서도 개설서에서는 어떤 종합적 해석을 시도해야 하는데, 이병도는 그 사이에 존재하는 간격을 이런 식으로나마 좁히고자 하였다. 특히 조선 전기에 있어서는 훈구파, 사림파, 절의파, 청담파 등의 학문적, 정치적, 사상적인 태도가 다른 세력들을 체계적으로 분류하려고 시도하였으며, 이것은 뒷날 훈구파와 사림파를 이해하는 데 큰 영향을 미쳤다. 그러나 전체적으로 그의 개설서에는 한국사 전체를 체계화하는 데 필수적인 사관이 드러나 있지 않았다. 이 책이 처음 나왔던 해방 직후에서 1980년대 초까지 수십 년 동안 여러 번 판을 거듭하였음에도 불구하고 단 한 번도 의미 있는 개정이 이루어지지 못하고 저자의 주관이 극도로 배제된 개설서를 그대로 유지하였다. 안타깝게도 이 시기 저자가 한국사학계에서 누렸던 위치의 중요성에 비추어 볼 때 너무도 큰 아쉬움이었음을 지적하지 않을 수 없다.

그러나 해방 이후 손진태와 이인영에 의해 시도되었으나 한국전쟁으로 단절되었던 새로운 민족주의적 역사 해석은 이기백에 의해 다시금 발전적으로 시도되었다. 그는 1961년의 『국사신론』을 통하여 먼저 식민주의사관의 극복을 위한 본격적 노력을 기울였다. 손진태와 이인영의 노력에도 불구하고 이 문제를 이론적으로 정면에서 문제삼은 역사가는 아직 드물었다. 그런 의미에서 이기백은 식민주의사관의 극복에 심혈을 기울였다. 그리고 그는 이 문제에서 그치지 않고 그 동안 이룩된 한국사 전 분야에 걸친 개별적인 연구 성과를 성실하게 읽고 정리하는 데 많은 노력을 기울였다. 『국사신론』을 집필하는 데 참고한 연구 논문과 단행본을 일일이 제시하고 또 전체적인 목록을 제시한 것은 매우 의미 있는 일이었다.

그러나 이기백은 여기서 멈추지 않고 1967년에는 『한국사신론』을 집필하였다. 그는 참다운 개설서의 생명은 그 저자만의 사관이 바탕이 되는 독창적인 시대 구분에 있다고 믿었다. 그리고 식민주의사관은 그에 대한 비판만으로 극복되지 않을 뿐만 아니라 새로운 해석으로 체계화된 개설서를 통해 구체적인 대안이 제시되어야 한다고 확신하였다. 『한국사신론』은 그러한 노력의 결실이었다.

그는 여기에서 왕조 중심의 시대 구분에서 완전히 벗어날 수 있었다. 물론 일찍부터 유물사관에 입각한 역사가들은 한국사에 등장했던 대부분의 왕조를 봉건 사회로 규정함으로써 왕조 중심의 시대 구분에서 벗어나려 하였다. 그러나 그 내용을 보면 여전히 왕조가 기준이 되고 있을 뿐 아니라, 그런 식의 시대 구분에서는 한국사의 특수성이 완전히 무시될 수가 있었다. 한국사의 발전 과정에 대한 이기백 자신의 독창적인 역사관에 토대를 둔 『한국사신론』은 한국사를 타율적, 정체적으로 해석하였던 식민주의사관에 대한 구체적 대안이었다. 이기백의 대안은 공상적인 것이 아니라 수많은 연구 성과를 저자 자신만의 독특한 사관으로 체계화하는 과정을 통해 이루어진 것이었다.

그러나 1970년대 이후 유신 체제를 정당화하려는 군사 정권은 민주
주의를 억압하는 것에 대한 비판에서 벗어나기 위해 민족주의를 유난
히 강조하였다. 이러한 분위기는 우리 역사를 너무나 특수하게 해석하
여 그릇된 신화적 역사로 타락시킬 위험을 지니고 있었다. 1976년에
나온 이기백의 『개정판 한국사신론』은 1967년의 『한국사신론』의 부족
한 점을 보완하는 것 외에도 우리 역사를 해석하는 데 특수성을 드러
내더라도 그것은 어디까지나 인류 역사의 보편성이라는 큰 틀에서 벗
어나서는 안 된다는 점을 강조하려는 노력이었다. 그리고 자신의 역사
해석이 자기만의 독특한 사관에 따랐지만, 그것이 따지고 보면 인류의
보편적 가치 속에서 읽혀질 수 있는 것임을 강조하였다. 그리고 이기
백은 『한국사신론』의 역사 해석이 그만의 것이긴 하지만, 그것조차도
한국사학사의 전통 속에서 자라온 것임을 잊지 않았다. 그래서 그는
『개정판 한국사신론』에서는 식민주의사관에 대한 비판 내용 대신에
한국 근대의 사학사적 전통을 정리하고 그 속에서 세운 자신의 역사
해석의 독창적인 의미를 찾으려 하였다.

식민주의사관을 극복하고 또 왕조 중심의 시대 구분을 완전히 벗
어날 수 있었던 『한국사신론』에서는 자연히 조선 시대사에 대한 해
석 자체도 달라질 수밖에 없었다. 그는 고려 말에 새롭게 성장한 신
진 사대부들의 노력으로 조선의 건국이 가능하였으며, 성종대 이후에
는 사림파의 성장으로 왕조는 동일하지만 사회는 또 다른 단계로 발
전해 간 것으로 당시의 역사를 체계화하였다. 물론 이것은 그가 이우
성李佑成이나 이태진李泰鎭 등 이 분야를 연구하는 학자들의 성과에
크게 의존한 탓이지만, 그가 평소에 조선 전기의 역사를 체계적으로
정리하려는 생각을 멈추지 않았기 때문에 그런 연구 성과를 바탕으
로 그렇게 해석할 수가 있었다. 그리고 『한국사신론』에서 신진 사대

부의 등장과 사림 세력의 성장이라는 두 축을 중심으로 시도한 조선 전기 역사의 체계화는 이후 이 분야의 연구에 큰 영향을 미치게 되었다. 그리고 『한국사신론』으로 인하여 조선 전기가 500년의 조선 역사를 편의상 구분하기 위한 것이 아니라, 한국 역사상 매우 독특한 의미를 지닌 독자적인 시대로 자리를 잡게 되었다. 그럼으로써 사대주의, 망국적 당파성론, 무기력한 정체성론으로 얼룩진 조선의 역사가 그 시초부터 전혀 다른 맥락으로 해석되기에 이르렀다. 그리고 이기백의 식민주의사관 비판은 선언적인 의미만 있는 것이 아니라 역사 서술과 해석에서 구체적인 대안을 제시함으로써 더 이상 논할 필요가 없게 되었던 것이다.

이러한 이기백의 『한국사신론』은 해방 후 한국사학계에서 심혈을 기울여 온 한국 사회의 내재적 발전론과 민족주의사관을 절묘하게 결합하는 데 성공함으로써, 한국의 역사학자들 개개인의 여망을 한 권의 책으로 묶어 낼 수가 있었다. 그런 의미에서 이 한 권의 책은 한국사학사에서 길이 남을 업적으로 기억될 것이 확실하다. 더욱이 1970년대 이후 각 대학에서, 혹은 여러 출판사에서 대학에서의 한국사 교육에 쓰일 교과서들을 만든다는 명분으로 많은 개설서를 출판하였다. 그러나 이렇게 출판된 대부분의 개설서들은 학문적 기여를 할 수 없었다. 개설서는 수십 종이 나왔으나, 개설서를 통해서 드러날 수 있는 저자의 독특한 사관은 전혀 드러나지 않는 기현상이 지배하던 지난 30여 년을 되돌아보면, 이기백의 『한국사신론』의 가치는 더욱 돋보인다.

1980년대 중반 이후 한국 사회의 민주화가 대폭 촉진되면서 역사 연구에 있어서도 새로운 경향이 나타났다. 소위 과학적 실천적 역사학을 표방하거나, 민중 중심의 역사를 강조하는 이런 경향은 한국전쟁 이후 금기시 되어 온 마르크스 유물사관에 따른 역사 해석을 시도

하였다. 그리고 그러한 입장에서 쓰여진 개설서도 여러 종이 나오게 되었으며, 학계는 물론 이거니와 일반 독서계에도 상당한 자극과 영향을 미치게 되었다.

그러나 이런 경향의 개설서들은 한결같이 한국사를 마르크스의 이론에 따라 시대를 구분하였다. 한국 역사 시대의 대부분이 중세 혹은 봉건 사회라는 시대 구분은 그 자체로서 서구적인 봉건 사회의 모습과는 크게 달랐다. 그러므로 마르크스의 이론을 한국사에 적용할 경우에도 역시 한국사의 구체적 현실에 그대로 맞지 않는다는 것을 의미한다. 그렇다고 볼 때, 그런 시대 구분을 한국사에 일률적으로 적용해야 할 필요성에 대하여, 그리고 그런 시대 구분이 서구와는 다른 양태로 적용되어야 하는 이유 등에 대하여 좀더 깊이 있는 연구와 해명이 반드시 필요하다. 봉건 사회가 한국사에서는 1,000여 년 이상 계속되었다면, 삼국 시대와 조선 전기가 크게 다를 것이 없다는 의미가 되기 때문이다. 물론 이런 문제를 해결하기 위해 봉건 사회의 발생기, 발전기, 재편성기 등의 단계를 다시 설정하기도 하지만 봉건 사회라는 점은 동일하다. 그렇다면 이것은 한국사의 발전으로가 아니라 한국사의 정체적 성격을 강조하는 결과가 될 수도 있다.

그렇기 때문에 마르크스의 역사 발전 단계설을 자신의 역사 연구와 서술에 적용하려 한나면 그 이론의 원천에 해당되는 원전에 대한 깊이 있는 독서가 선행되어야 한다. 또한 마르크스의 이론에 대한 세계적인 연구 경향에 대해서도 상당한 지식을 갖추려고 노력해야 한다. 그리고 그런 노력은 한국사학사의 전통 속에서 자신들과 유사한 입장에서 역사 해석을 시도하였던 학자들의 노력을 성실하게 검토하는 일부터 시작되어야 할 것이다.

그러나 이들의 재등장은 우리의 사학사에 중요한 이정표를 제시하였다는 점을 무시해서는 안 된다. 이러한 좌파적 역사서들은 반세기간의 단절을 넘어서 한국사학계에서 더 이상 유물사관이 터부시될 수 없는 시대가 다시 찾아왔음을 알려 주고 있다. 더불어 이들 역사 서들은, 해방 공간에서 잠시 호흡하였던 학문의 자유의 소중함을 다시 한번 깨닫게 만들어 주고 있다. 그러므로 앞으로의 한국사학계는 더욱 다양한 사관이 함께 공존하고 경쟁하면서 발전해 나가야 한다는 커다란 명제를 확인하게 되었다. 이런 과정에서 다양성을 혼란으로 생각하거나, 자기와 다른 관점에서 학문 연구에 임하는 역사학자들을 배척하는 편협한 지배 욕구에 빠지지 않도록 각별한 노력을 기울여야 한다.

(2) 전망

최근 학계의 연구 성과는 한두 사람이 정리하기에는 도저히 불가능할 정도로 엄청난 양의 연구 성과가 쌓여가고 있다. 그에 따라 매우 많은 학회가 만들어지고 있는 실정이다. 이것은 한국사 연구가 더 세분화되고 전문화되어 간다는 뜻이기도 하다. 그러나 이러한 전문화는 반드시 전체적으로 종합되는 기회를 가질 때 본래의 의미를 찾을 수가 있다. 그러나 연구의 성과가 많으면 많을수록, 전문화의 정도가 깊어지면 깊어질수록 체계적인 종합화는 더욱 어려운 과정을 겪지 않을 수 없다. 그래서인지 최근에는 새롭게 출간된 좋은 개설서를 보기가 어렵다. 이것은 우리 학계의 연구 성과가 양적으로 크게 늘어났지만, 안타깝게도 그 전체를 종합하려는 철학적 사색은 상대적으로 적다는 의미일 수도 있겠다.

한때는 부정적으로 인식되던 조선 전기의 역사 연구도 상당한 수준에 올라 있다. 그러나 이 시기가 한국사에서 어떤 위치를 차지하고 있는지에 대해서는 충분한 논의가 이루어지고 있지는 않다. 우리는 자신의 연구 결과를 시간적 전후 관계와 결부시키려는 부단한 노력

이 매우 필요한 시점에 와 있다. 그리고 좋은 개설서를 쓰거나, 좋은
연구 성과를 얻는 일은 자신과 해석을 달리하는 학자들의 연구 성과
조차도 성실하게 읽는 태도에서 시작된다는 것을 한시도 잊어서는
안 될 것이다. 더 나아가서 역사가들은 자신이 하는 일이 무엇이든지
자신만의 종합적인 역사 인식에 도달하려는 또 다른 노력을 한시도
멈추어서는 안 된다고 확신한다. 이처럼 사회의 변화가 가속화되는
오늘날에 있어서는 역사적 지식의 상대성이 그만큼 확대될 수밖에
없다. 그러므로 우리는 자신이 옳다고 믿는 역사적 해석에 대해서도
부단히 회의하고 다듬는 역사가의 자기 성찰이 어느 때보다도 필요
한 시점에 있다. 그리고 이러한 자기 성찰은 오늘날 누구도 정면에서
문제 제기를 하지 않을 정도로 확고한 기틀을 갖춘 민족주의적인 내
재적 발전론 그 자체까지도 회의하는 수준으로 깊어져야 한다고 믿
는다.

　사실 지난 수십 년 간 한국의 역사학은 민족주의와 내재적 발전론
이라는 두 기둥을 세우기 위해 모든 노력을 기울여 왔다고 말할 수
있다. 일제의 식민 지배자들은 한국사의 정체성과 타율성을 특별히
강조하였다. 한국인 스스로는 근대적 사회로 발전할 수 없다는 논리
는 그들의 한국 지배를 정당화하려는 속셈이었다. 그리고 일제의 식
민주의 역사학자들은 이러한 한국사의 정체성과 타율성은 모두 한국
의 민족성에서 비롯된 것이라고 강조하였다. 이러한 식민주의사관의
영향은 우리 사회에 매우 뿌리 깊게 남아 있었다. 해방 후 한국사학
계가 유난히도 민족주의와 내재적 발전론을 강조했던 경향은 이러한
부정적 역사 인식으로부터 벗어나기 위한 노력이었다. 한국의 역사적
전통 속에 근대화를 이룰 수 있는 모든 요인이 내재되어 있음을 밝히
는 일은 한국인 스스로의 미래에 대한 가능성을 확인하는 과업이기
도 하였다.

그러나 오늘날 한국의 경제가 급속한 발전을 이루고, 또 전통적인 사회 구조가 해체되며, 거대한 도시가 형성된 한국 사회를 두고 정체된 사회라고 말할 수는 없게 되었다. 이러한 경제의 발전과 급속한 도시화는 한국 사회를 훨씬 다원적인 사회로 분화시켰다. 그러나 한국사의 서술에 있어서 민족주의적 내재적 발전론은 여전히 깊은 뿌리를 내리고 있다. 사실 1980년대 한국 역사학계에 유물론적 역사관이 새롭게 대두했다 하더라도, 그들의 역사 서술을 보면 기본적으로 민족주의적이며 내재적인 발전론을 깊이 신봉하는 태도가 전면을 장식하고 있음을 쉽게 알 수 있다. 이는 한국 사회가 매우 빠르게 변화하고 다원화의 길을 걷는 것과는 대조적으로 한국의 역사학은 지나치다 싶을 정도로 여전히 하나의 역사 해석에 집착하고 있다는 것을 의미한다. 그러나 민족주의적 내재적 발전론이 수십 년 전이나 다름없이 오늘날과 같은 시대에도 여전히 그처럼 중요해야 할 이유는 어디에 있을까?

시간의 흐름에 따라 역사 현상이 변화해 가듯이 역사가의 역사 해석도 변하기 마련이다. 오늘날처럼 우리를 둘러싼 세계가 빠르게 변하는 시대에서는 모든 가치가 예전에 비해 훨씬 상대화되게 마련인 것처럼, 그런 시대에 사는 역사가들의 역사 해석에도 상대성은 더욱 증대될 것이 확실하다. 그렇다면 이런 변화하는 세계에서 역사가들은 어떻게 자기의 현실과 자신의 역사 해석을 일치시키려 할 것인가? 우리의 역사학계는 이런 근본적인 문제에 대해 좀더 진지하게 고민해야 한다고 믿는다. 사회 변화와 역사 해석은 결국 같은 방향을 가는 두 개의 궤도와 같은 것이므로, 우리 역사가들은 다원화된 시대에 어울리는 역사 해석이 필요한 시점에 도달해 있다고 말할 수 있다.

예컨대, 한국사에서 최초에 내재적 발전론을 주장하던 때는 17, 8세기 한국 사회 경제의 발전을 '자본주의적 맹아'라는 관점에서 이해

하고자 하였다. 매우 조심스럽게 한국 자본주의의 내재적 발전의 가
능성을 언급한 것이다. 그러나 최근에 이르러서는 이 시기의 한국 자
본주의 발전은 기정 사실로 서술되고 있는 실정이다. 물론 자본주의
라는 개념도 그 자체 안에 다원성을 지니고 있어서 한국적 자본주의
는 17, 8세기에 이미 성립되었다고 하면 그만일지도 모른다. 그러나
이미 자본주의란 용어는 매우 보편적으로 정의되고 사용되어 왔기
때문에 17, 8세기 한국 자본주의의 형성을 논하기 위해서는 그 시대
에 나타난 한국 사회의 세계사적인 특징이 뚜렷이 부각되어야 한다.
그러나 최근의 논의들을 보면 17, 8세기 한국과 자본주의가 형성되던
유럽의 사회가 지니는 몇 가지 유사성을 지나치게 강조하고 있는 반
면, 두 사회가 지니는 차별성에 대해서는 관심을 두지 않는 경우가
많다. 그러므로 17, 8세기 한국 자본주의 형성에 대한 주장은 국내 학
계를 벗어나기만 하면 인정받기가 어려운 실정이다. 그럼에도 불구하
고 이러한 사회 변동론을 자본주의 성립이라는 관점에서 본다는 것
은 한국적 특수성을 지나치게 강조하는 것이 아닐 수 없다. 그리고
이러한 한국적 특수성의 강조는 자칫 편협한 민족주의적 성향과 손
을 잡아 역사가들의 심성에 배타적이며 교조적인 이데올로기를 심어
놓을 위험성이 매우 크다. 그리고 일단 그런 상태에 빠지게 되면 역
사학은 이미 학문으로서 갖는 자기 정체성을 잃어버리게 되며, 그런
역사학은 교조적 신념의 자기 표현 수단에 지나지 않는다는 사실을
명심해야 한다. 그러므로 역사학은 그 어떠한 신념이나 이념, 말하자
면 우리 학계가 그처럼 공을 들여왔다고 할 수 있는 민족주의적이며
내재적 발전론 같은 역사 해석을 합리화시키는 수단이 되어서는 결
코 안 된다고 확신한다.
　아무리 뛰어난 역사 해석도 그 자체의 역사성을 완전히 초월할 수
는 없다. 왜냐하면 그런 역사 해석 자체도 부단히 변화해 가는 역사

적 현상의 하나일 수밖에 없기 때문이다. 그러므로 한국 사회 정체성
론의 짙은 먹구름을 헤쳐 가는 데 민족주의적인 내재적 발전론이 거
둔 큰 성과를 인정하면서도, 이제는 한국의 역사학계가 또 다른 도전
에 응하는 새로운 모험을 찾아 나서야 할 때가 되었다고 믿는다.

제2부
북한 역사학의 성격

북한 역사학의 체계

북한의 역사학 체계를 알아보기 위하여 필자는 북한에서 출판된 역사서 가운데 다음과 같은 책을 검토 대상으로 삼았다.

『조선통사(상)』(과학, 백과사전출판사, 1977)

『조선통사(상)』(사회과학출판사, 1991)

『조선통사(하)』(사회과학원 력사연구소, 1958)

『조선통사(하)』(사회과학출판사, 1987)

『현대조선력사』(사회과학원 력사연구소, 1983)

『조선전사』(전 16권, 과학, 백과사전출판사, 1979, 1980)

위의 역사서 가운데 『조선통사』는 북한에서 가장 널리 읽히는 한국사 개설서로 알려져 있다. 따라서 이 책을 중점적으로 분석하였다. 이 책의 상권은 선사 시대부터 19세기 개항 이전까지를 다루고 있으며, 하권은 개항 이후부터 현대까지를 다루고 있다. 그러므로 『조선통사』에는 북한 역사학의 체계가 종합적으로 반영되어 있다.[1]

---

1) 이 『조선통사』에 대해서는 이기동 교수의 서평이 많은 참고가 된다. 이 서평은 『북한 원전 및 이념 도서 서평집』 1·2(1989. 7~10)에 실렸으며, 동시에 그의 저

뿐만 아니라 북한에서는 다른 어느 분야보다도 현대사를 중요시한
다. 따라서 『현대조선력사』는 그 자체로서 분석해 볼 필요가 있다.
『현대조선력사』는 그 다루는 시기가 『조선통사(하)』와 일치한다. 그
러므로 이 양자 사이에 어떤 차이점과 공통점이 있는가를 살펴봄으
로써 북한의 현대사 체계를 좀더 깊이 이해할 수가 있다. 특히『현대
조선력사』는 1983년에 출판되었으며, 이 글의 대상이 된 『조선통사
(하)』는 1977년과 1987년에 각각 재차 출판되었기 때문에 시대의 변
화에 따라 북한의 현대사 서술 체계가 어떻게 변화해 갔는지를 확인
할 수 있다는 점에서도 검토해 볼 가치가 있다.

『조선전사』는 모두 16권으로 이루어져 있어서 개항 이전의 역사
연구의 체계를 확인하는 데 매우 중요한 위치를 차지한다. 그러므로
『조선전사』와 『조선통사(상)』을 비교해 보면 이들이 과거의 역사를
어떻게 체계화하려고 노력하였는가를 알 수가 있을 것이다.[2]

최근 북한에 대한 관심이 커지면서 학계에서도 북한의 역사학에
대하여 상당한 관심을 표명하였다. 그러나 아직도 북한 역사학의 실
체를 전체적으로 파악하는 데는 미흡한 점이 많은 실정이다. 이 장에
서는 먼저 '북한 역사학의 체계'가 어떻게 이루어져 있는가를 살펴보
고자 한다.[3]

서 『전환기의 한국사학』(일조각, 1999. 8)에도 재수록되어 있다.
[2] 북한 역사학의 시대 구분 문제에 대하여는 우리 학계에서도 논의된 바가 있다.
『역사비평』 1991년 봄호에서는 "남북한의 '우리 역사 시기 구분'을 둘러싼 쟁점"
이라는 제목으로 이 문제를 특집으로 다룬 적이 있는데, 여기에는 다음과 같은 네
편의 논문이 실려 있다.
  • 한창균, 「선사 시대의 존재 양태와 겨레의 기원 문제」
  • 하일식, 「노예제 사회는 존재하였나」
  • 전덕재, 「봉건제 사회의 기점을 언제로 볼 것인가」
  • 배항섭, 「왜 남북한 근현대 시기 구분, 큰 차이 있나」
이러한 논의를 통해서 남북한 역사학계의 시대 구분상의 문제점이 많이 드러났지
만, 북한 역사학의 전체적인 체계를 이해하려는 관점과는 다소 거리가 있다.

1. 개항 이전 역사의 시대 구분

(1) 원시 사회

1977년에 출판된 『조선통사(상)』의 제1편은 '원시 사회'로부터 시작되고 있다. 원시 사회는 구석기 시대, 신석기 시대, 청동기 시대로 구분하여 서술되는 것이 보통이지만, 여기서는 원시 무리에서 모계 씨족 사회로, 이어서 부계 씨족 사회의 세 단계로 나뉘어 있다. 이 책의 필자들은 1966년 평양시 상원군의 검은모루 유적에서 발견된 유물들을 분석하여 대체로 60~40만 년 전에는 북한 지역에 사람들이 살고 있었다고 추정하였으며, 이 유적지는 "구석기 시대의 유적으로서는 세계적으로 가장 오랜 유적의 하나"라고 단정하였다.[4] 이 때를 구석기 시대의 전기라 보고, 아직 그 사회의 발전 단계를 알 수가 없다는 점에서 이 시기의 사회를 '원시 무리'라 이름하였다.

이어서 1963년 북한에서 발견된 함경북도 웅기군 굴포리 유적의 제2기층이 구석기 시대의 후기층에 속하는 것으로 단정하였으며, 이 시기는 대략 3~4만 년 전이라고 추정하였다.[5] 그리고 이 때에 형성된

---

[3] 북한의 역사학을 이해하기 위한 노력은 다음과 같은 책들을 통하여도 시도된 바가 있다.
 • 김정배 편,『북한이 보는 우리 역사』(을유문화사, 1989).
 • 안병우 · 도진순 편,『북한의 한국사 인식』I, II(한길사, 1990).
 • 김정배 편,『북한의 우리 고대사 인식』I, II(대륙연구소 출판부, 1991).
이런 연구들을 통하여 북한의 역사학에 대하여 많은 지식을 얻을 수가 있으나, 이 연구들은 모두 북한에서의 한국사 연구들을 주제별로 다루고 있을 뿐 아니라, 연구자가 지향하는 이념적인 편향성이 너무나 강하게 작용한 것들도 적지 않다. 그러므로 이런 연구들을 통해 북한 역사학의 체계를 전체적으로 이해하기는 어려운 실정이다. 남한에서의 북한 역사학에 관한 연구의 현황에 대해서는 또 다른 기회에 검토할 예정이기 때문에, 여기서는 그 구체적인 내용에 대하여 언급하지 않으려 한다.
[4] 『조선통사(상)』(과학, 백과사전출판사, 1977) p. 3.
[5] 앞의 책, p. 14.

사회를 모계 씨족 사회로 규정하였다. 이 당시에는 여자의 역할이 남자보다 훨씬 컸으며, 군혼群婚이 지배하던 당시에는 혈연 관계도 모계로서만 따질 수 있었으며 같은 씨족 성원 사이의 혼인은 금지되어 있었던 만큼 아버지는 항상 다른 씨족에 속해 있었다고 하였다.

그리고 기원전 5,000년대에 우리 나라와 요하遼河 유역의 넓은 지역에서는 같은 갈래의 문화를 가진 신석기 시대의 여러 종족이 살았는데, 이들은 기원전 4,000∼3,000년대에는 발전한 신석기 시대의 사회로 발전하게 되었다고 단정하였다. 구석기 시대 후기에 발생하였던 모계 씨족 공동체 제도는 신석기 시대에 이르러 절정에 이를 정도로 발전하였다는 것이다.

기원전 2,000년대 전반기에는 청동기 시대가 시작되었으며 사회 경제는 그 이전 시대에 비하여 더욱 비약적으로 발전하였다. 특히 이 시대에는 농업이 발전하였으며 가축도 기르게 되었다고 한다. 이렇게 사회적 생산이 발전함에 따라 원시 공동체 안에서 일정한 사회적 부의 축적이 가능하게 되었는데, 여기서는 남성의 생산 활동이 결정적 역할을 하게 되었다. 이것은 씨족 내에서 남성의 사회적 지위를 높여 주었으며, 이에 따라서 가부장적 가족 제도가 출현하게 되었음을 지적하고 있다.

생산력의 발전은 청동기 사회에서 사유 재산 제도를 발전시켰으며, 이에 따라 같은 사회 구성원 사이에 빈부의 격차가 생기고, 지배와 피지배의 관계가 발생하게 되었다. 그리하여 원시 공동체는 무너지고 "사회는 얼마 안 되는 지배 계급과 그들에게 착취당하고 압박 받는 절대 다수의 인민 대중으로 이루어진 피지배 계급으로 갈라지게"[6] 되었다. 그 결과 "계급 투쟁의 역사가 시작되었으며 인류 역사는 계

---

6) 앞의 책, p. 40.

급 투쟁을 기본 내용으로 하는 새로운 사회적 관계의 역사"[7])로 전환
되었다고 주장하였다.

1979년에 출판된 『조선전사』의 제1권 원시편을 보면 '원시 무리
시기' '초기 모계 씨족 사회' '모계 씨족 사회의 발전' '부계 씨족 사
회'의 네 개의 장으로 되어 있다. 여기서는 모계 씨족 사회를 두 단계
로 나누어 서술하고 있으며, 모계 사회를 설명하기 위하여 다시 절을
나누어 노동 도구의 개선, 원시 농업 및 가축의 사육, 사냥과 물고기
잡이, 집의 짜임새, 원시적 수공업 생산과 원시 문화의 발전 등에 대
하여 설명하고 있다. 『조선전사』는 연표를 제외하고도 15권으로 되
어 있기 때문에, 그 제1권에서는 원시 사회만 다루고 있는데도, 당시
의 경제사만을 집중적으로 서술하고 있다.

또한 1991년 판 『조선통사(상)』을 보면 제1편을 '원시 사회'라 이
름하고 제1장을 '원시 공동체 사회'라 하였다. 그리고 이 원시 공동체
사회를 모두 '원시 무리' '모계 씨족 공동체' '부계 씨족 공동체' '원
시 공동체 사회의 붕괴'라는 네 개의 절로 나누었다. 그리고 2절의
'모계 씨족 공동체' 부분에서는 '모계 씨족 공동체의 발생' '생산 활
동과 원시 문화의 발전' '모계 씨족 제도의 발전'이라는 세 부분으로
나누어 목차를 설정하였으며, 3절의 '부계 씨족 공동체'에서는 '부계
씨족 공동체의 형성' '생산의 발전과 생활 풍습의 변화' '원시 예술과
신앙' 이렇게 세 부분으로 나누었다.

이상 세 종류의 책에서 보여 주는 원시 사회에 대한 시대 구분의
특성을 간략하게 살펴보았다. 하지만 여기서 우리는 1977년에서 1991
년에 이르기까지 기본적으로 시대 구분에는 아무런 변화가 없었다는
점을 확인할 수 있다. 1991년에 출판된 『조선통사』에 이르면 원시 사

---

7) 앞의 책, p. 40.

회의 서술이 목차상으로 더욱 체계적으로 되어 있는 것처럼 보이지만, 기본 골격은 1977년에 출판되었던 내용과 완전히 동일함을 알 수 있다. 같은 『조선통사』이기 때문에 그럴 수 있을지도 모르지만, 1979년의 『조선전사』 1권의 원시 사회 서술 체계도 이와 완전하게 일치하는 것을 보면 원시 사회의 시대 구분은 책의 출판 연대나 출판사, 그리고 저자가 달라도 하나도 변하지 않았음을 확인할 수 있다.

(2) 노예 소유자 사회

1977년 판 『조선통사(상)』의 제2편은 '노예 소유자 사회'로 이름하고, '우리 나라 노예 소유자 사회'라는 한 장을 두었다. 이것을 모두 다섯 절로 나누어 '고대 국가의 성립' '경제 제도' '사회 제도'에 대하여 서술하였으며, 다시 '고대 국가의 붕괴 및 노예 소유자 사회의 문화'에 대하여 설명하였다.

여기서 특히 주목할 점은 이들이 노예 소유자 사회 시대로 구분한 때를 고대 국가가 성립한 시기로 규정하고 있다는 점이다. 이것은 마르크스의 유물사관에 따라 고대에는 노예제 사회가 있었다는 점을 한국사에 그대로 적용한 것이다. 이 책에서도 역시 이 노예제 사회가 한국에서는 고대 국가들이 성립, 발전, 쇠퇴한 시기로 보았다. 한때 남한의 학계에서는 역사상 최초로 성립한 국가를 '고대 국가'라는 개념으로 설명하기도 하였다. 이러한 뜻을 지닌 '고대 국가'는 삼국의 원형이 되는 국가들이 본격적으로 발전하던 때의 국가를 의미하였으며, 심지어는 삼국까지도 고대 국가로 보기도 하였다. 그러나 북한에서 지칭하는 대표적인 고대 국가는 고조선과 부여였다. 이들은 한반도의 남쪽 지역에서 널리 퍼져 있던 삼한의 사회에 대해서는 거의 관심을 표명하지 않고 있다.

이들은 청동기 시대에 진행된 정복 전쟁의 결과로 발생하기 시작하였던 노예제가 점차 확대되어, "원시 공동체 사회의 말기에 이르러 이 종족들 안에서 발생한 노예 소유자적 경리 형태는 생산력이 더욱 발전되고 사회적 분업이 심화되는 데 따라 점차 공동체적인 경제 형태를 뒤로 밀면서 지배적인 경제 형태로 등장하였으며, 그에 토대하여 최초의 계급 국가인 노예 소유자 국가 고조선, 부여, 진국이 성립되었다"[8]고 하고 있다. 이처럼 이들은 철저하게 계급사관에 입각하여 역사를 서술하고 있다. 그런 관점에서 볼 때, 우리 나라의 최초 국가라 할 수 있는 고조선은 계급 국가인 '노예 소유자 국가'라는 것이다.

이들은 국가의 발생을 매우 부정적으로 해석하여, "수천 수만 년 동안 자연의 예속에서 벗어나기 위하여 투쟁하였으며, 이 투쟁에서 커다란 전진을 이룩하였던 인민들은 계급 사회에 들어오면서 다시 사회적 예속에 얽매이게 되었다"[9]고 서술하고 있다. 그러면서도 이들은 고조선이 "우리 나라에서 처음으로 형성된 국가"임을 유난히도 강조하면서, 고조선의 원래 국호는 '조선'인데 후세의 조선과 구별하기 위하여 고조선이라고 부를 뿐이라는 점을 잊지 않고 기록해 두었다.[10] 이것은 그들의 국호인 '조선'이 저 멀리 고조선 시대로부터 이어지는 역사를 지니고 있음을 강조하려는 의도라 하겠다.

그리고 이미 기원전 1,000년대 후반기에 이르러서는 철기를 사용하기 시작하여 기원전 3~2세기경에는 철기가 널리 보급되어 사회의 생산력 발전에 큰 영향을 주었다고 한다. 북한에서 철기가 사용되기 시작한 연대나 고조선의 성립 연대 등은 모두 남한에서 추정하는 시기보다 수백 년이나 앞서 있다. 북한에서는 가능한 한 역사의 연대를 올려 잡으려고 하지만, 그것을 입증할 수 있는 자료를 제시하는 일에

---

8) 앞의 책, p. 41.
9) 앞의 책, p. 43.
10) 앞의 책, p. 43.

는 상당히 소홀하다.

이들은 소위 고조선의 '8조의 법금'이 존재한다는 사실 그 자체가 바로 노예 소유자적 소유 형태가 지배적 지위를 차지하고 있었음을 증명한다고 주장한다. 8조의 법금 가운데 절도죄에 대한 조항과 변상을 제대로 하지 못한 절도자를 노예로 삼는다는 규정을 들어, 이것이야말로 "부자놈들이 저들에게 항거한 빈민들에게서 곡물을 빼앗아낸 것을 합리화하기 위한 것"이었으며, 이것은 "생산력 발전 수준이 낮았던 고대 사회의 역사적 조건에서는 빈민들의 생명을 위협하는 것이었으며 그들을 채무 노예로 전락시키는 방법의 하나였다"고 주장하고 있다. 그러므로 이러한 법금이 존재했던 고조선의 사회 경제 제도는 '노예 소유자적 소유 관계에 기초'하고 있었음을 의미한다는 것이다.[11]

사실 청동기 시대에 처음 등장하기 시작한 초기의 국가들에 노예가 존재하였다는 것은 이미 잘 알려진 사실이다. 하지만 이런 사회에서 이루어지는 모든 생산 활동이 노예에 의존하고 있었다는 것을 곧바로 의미하지는 않는다. 그러므로 북한에서 고조선의 성립 시기를 기원전 10세기경으로, 철기 시대의 시작을 기원전 3~2세기로 보는 것은 남한의 견해와는 너무나도 다르며, 동시에 고조선 사회를 고대 노예제 사회로 보는 것도 지나치게 노예의 존재 자체를 확대 해석한 결과일 수가 있다.

또한 북한에서는 고대 국가의 대표적인 예로 부여를 들고 있다. 이 부여는 기원전 5세기경에 성립하였으며, 이 사회 또한 노예제 사회였다고 주장한다. 부여의 사회 구조를 보면 노예와 하호下戶, 평민들이 있었지만, "노예들은 노예 소유자들의 완전 소유로 되어 가혹하게 착취당하였으며 집짐승처럼 매매되고 죽음을 당하는 말하자면 '말하는

---

11) 이상은 앞의 책, pp. 51~52 참조.

생산 도구'였다. …… 노예는 모든 인간적 권리와 재산상 권리를 빼앗기고 사회적 인간으로서의 자주성을 완전히 짓밟혔으며 죽을 때까지 그 처지를 면할 수 없었다"[12]고 주장하고 있다. 그러나 당시 노예의 일반적 상황을 말해 주는 사료는 거의 없다.

(3) 봉건 사회

1977년 판의 『조선통사(상)』의 제3편은 '봉건 사회'라는 제목으로 엮어졌다. 모두 열두 개의 장으로 나뉘어진 『조선통사(상)』에서는 이 봉건 사회를 다루는 데 열 개의 장을 할애하고 있다. 그러므로 북한의 역사학에서 봉건 시대가 차지하는 비중이 얼마나 큰지 짐작할 수가 있다.

이들은 봉건 사회를 "정권이 봉건 지주 계급의 손에 있고 주요 생산 수단인 토지에 대한 봉건적 소유 형태가 지배적인 지위를 차지하는 사회"라고 정의하였다.[13] 그러면서 우리 나라에서는 기원을 전후로 한 시기에 봉건 사회가 성립되었다고 주장하고 있다. 그리고 그들이 정의한 '고대 사회'에서 피지배 계급이었던 노예들이 '봉건 사회'에 이르러서는 예속적 봉건 농노가 되었으며, 이처럼 "피지배 계급 인민들이 노예로부터 농노적 존재로 전화한 것은 그들이 계급적 예속에서 벗어나기 위한 세기적인 투쟁에서 커다란 성공을 이룩하였다는 것"을 의미한다고 하였다.[14]

이렇게 봉건 사회를 정의한 이들은 우리 나라의 삼국 시대를 전형적인 봉건 사회가 출현한 시대로 보았다. 그리하여 봉건 사회가 처음 나타난 대목을 '우리 나라에서 봉건 사회의 발생, 세 나라에서의 봉

---

12) 앞의 책, p. 55.
13) 앞의 책, p. 81.
14) 앞의 책, p. 81.

건 관계의 발전'이라는 장으로 서술하였으며, 이때는 1세기에서 7세기에 이르는 시대였다고 주장하고 있다. 그리고 고구려와 백제가 멸망한 소위 신라의 삼국 통일기를 '8~9세기 봉건 관계의 발전'이라고 구분하였으며, 신라 말 후삼국이 출현하던 시대까지를 다루었다.

고려가 건국하여 후삼국을 통일한 때로부터 고려 중기 무인 정권이 들어서던 때까지를 '10~11세기 봉건 제도의 정비와 봉건적 예속의 강화'라고 나누었으며, 여기에 고려 전기의 역사를 서술하였다. 고려 중기 무인 정권이 들어서던 때는 전국적으로 농민과 노비의 반란이 크게 일어났던 시대였으며, 그 뒤를 이어 몽골의 침략이 계속되었다. 북한에서는 무인 정권 시대를 거의 다루지 않고, 오히려 이 시대를 '12세기 전국적 대농민 폭동, 13세기 몽골 침략군을 물리친 인민들의 투쟁'이라는 이름으로 구분하고 있다. 고려 후기에 해당되는 13세기 후반에서 14세기 말은 '고려 봉건 국가의 멸망과 리조 봉건 국가의 성립'이라 하였으며, 여기에서 조선의 건국까지를 간략하게 서술하였다.

1392년 조선의 건국 이후의 약 1세기 동안은 '15세기 봉건 체제의 재편성, 경제와 문화의 발전'이라 하였으며, 그 뒤를 이어 임진왜란이 종결되는 1598년까지를 '16세기 대토지 소유의 발전, 1592~1598년 임진조국전쟁'이라고 시대를 구분하였다. 이후의 시대도 모두 1세기를 단위로 나누면서, 17세기는 '17세기 상품 화폐 관계의 발전', 18세기는 '18세기 자본주의적 관계의 발생, 실학의 발전'이라 하였으며, 이후 개항할 때까지를 '19세기 초, 19세기 중엽 봉건 제도의 위기와 농민 폭동의 앙양'이라는 이름으로 서술하고 있다.

한편 『조선전사』는 제3권에서 12권까지를 '중세편'이라 구분하였는데, 이는 『조선통사』에서 봉건 사회로 나눈 시기와 일치한다. 그러므로 이들은 봉건 사회나 중세를 같은 시대로 보고 있는 것이며, 이것은 유물사관에서 말한 '중세 봉건 사회'라는 시대를 나누어 표현한 것임을 알 수 있다.

『조선전사』의 제3권에는 고구려사를 아홉 개의 장으로 나누어 서술하고 있는데, 여기서는 '중앙 집권과 국방력의 강화' '료동 회복, 령토의 확장' '고구려 국가의 강성' '수나라 침략자들을 반대한 고구려 인민들의 투쟁' '당나라 침략자들을 반대한 고구려 인민들의 투쟁' 등 고구려의 대외 항쟁에 대해서만 다섯 개의 장을 할애하였다. 특히 5장에서는 '평양으로의 수도 옮김과 수도 건설'이라 하여 평양으로 수도를 삼은 사실을 독립적으로 서술하고 있음도 주목된다. 『조선전사』의 제4권에서는 백제와 통일 이전의 신라사를 서술하였으며, 그 끝에 간략하게 가야사를 기술하고 있다.

『조선전사』의 제5권에서는 '발해 및 후기 신라사'라는 제목으로 먼저 발해의 역사를 여섯 개의 장으로 나누어 기술하고, 후반부를 소위 통일 신라에 해당되는 '후기 신라사'라는 제목으로 서술하였다. 이 시대에 대하여 북한에서는 특히 발해의 역사를 강조하고 있음이 여기에 잘 나타나 있다. 북한에서는 지방의 호족들이 크게 성장하였던 후삼국 시대를 독립적인 시대로 다루지 않고 있으며, 『조선전사』의 제6권에서 고려의 건국에서 13세기 초까지의 역사를, 그리고 『조선전사』의 제7권에서는 13세기 초부터 고려의 멸망까지를 기술하고 있다. 이처럼 고려 시대사를 두 권에 나누어 서술하였지만, 그 중심 내용은 거란, 여진, 몽골족, 홍건적, 왜구 등의 침략에 대한 항쟁사가 거의 절반 가량을 차지하고 있다.

『조선전사』의 제8권에서부터 12권까지는 조선 시대의 역사를 1세기별로 나누어 15세기에서 19세기 중반까지를 한 권씩 할애하여 서술하고 있다. 이러한 편제는 『조선통사(상)』의 시대 구분과 거의 그대로 일치하고 있다. 『조선통사(상)』의 제8장에서 12장까지는 『조선전사』

의 제8권에서 12권까지의 시대 구분과 같다. 예컨대 『조선통사(상)』의 제10장에서는 '17세기 상품 화폐 관계의 발전'이라는 제목으로 이 때의 사회 경제의 발전에 대하여 서술하고 있다. 여기에서는 '17세기 전반기 대내외 정세' '17세기 후반기 생산의 복구와 상업의 발전' '대동법의 실시와 금속 화폐의 전국적 류통의 시작' '17세기의 문화' 등 4절로 나누어 서술하고 있다. 『조선전사』의 제10권은 모두 일곱 개의 장으로 나뉘어져 있지만, 그 서술의 내용이 좀더 자세할 뿐 실제로는 『조선통사(상)』의 편제와 동일하다. 『조선전사』 제10권의 제1장과 제2장은 각각 '17세기 전반기의 국내외 정세'와 '외래 침략을 반대한 인민들의 투쟁'이라는 내용으로 되어 있다. 하지만 이것은 통사의 '17세기 전반기 대내외 정세'에 종합적으로 서술된 내용과 동일하다. 그리고 『조선전사』 제10권의 3장에서 6장까지의 내용은 모두 『조선통사(상)』의 제10장 2절과 3절의 내용과 그대로 일치하며, 『조선전사』의 제7장은 『조선통사(상)』의 4절과 마찬가지로 17세기의 문화에 대하여 서술하고 있다. 이처럼 어느 것을 비교하여 보아도 『조선통사』의 한 장을 『조선전사』에서는 책 한 권으로 확대 서술한 것일 뿐 시대 구분이나 서술의 기본 방향에서 하나도 다른 것이 없다.

　1977년 판 『조선통사(상)』은 선사 시대부터 개항 이전까지를 모두 열두 개의 장으로 나누었지만, 1991년 판에서는 이것을 열 개의 장으로 구분하였다. 1977년 판의 제5, 6, 7장은 고려의 후삼국 통일에서부터 고려의 멸망까지를 다룬 것인데, 1991년 판에서는 제6장의 내용 가운데 무인 정권 기간의 '농민 노비의 반란'을 앞으로 붙이고, 몽골과의 항쟁 부분을 뒤로 붙여 정리하였다. 그리고 1977년 판에서는 조선 왕조의 건국에서 임진왜란의 종결까지를 제8장과 제9장으로 나누었지만, 1991년 판에서는 이 둘을 하나로 묶었다. 이렇게 해서 1977년 판에서 열두 개의 장으로 되어 있던 것을 1991년 판에서는 열 개의 장으로 정리하였다. 그러나 그 핵심적인 내용은 그대로 유지되고 있다. 그럼에도 불구하고 이 두 가지 『조선통사』의 시대 구분에는 그 나름대로 차이점이 있다. 이것을 알아보기 위하여 두 판본의 『조선통사(상)』의 시대 구분을 정리하여 다음의 [표 9]로 정리하였다.

앞서 살펴본 것처럼, [표 9]를 보면 이 두 책은 1977년 판에서 열두 개의 장으로 나누었던 것을 1991년 판에서는 열 개의 장으로 정리한 것 이외에는 기본적으로 동일한 시대 구분을 적용하고 있음을 알 수 있다. 물론 각 장의 내용 구성도 거의 일치하고 있다. 이 두 책이 15년을 간격으로 편찬되었으면서도 거의 동일한 체제, 동일한 내용을 서술되었다는 점은 단지 1991년 판의 『조선통사(상)』이 1977년 판의 부분 개정판이었음을 의미하는 것은 아니다. 그것은 앞서 검토한 것처럼 1979~1980년에 나온 방대한 『조선전사』조차도 분량만 많을 뿐 그 체제나 기본적이 내용이 『조선통사』와 일치한다는 점을 보아도 알 수 있다. 그러면서도 [표 9]에서 살필 수 있듯이 두 책에 전혀 차이점이 없다고는 할 수 없다. 이 차이점은 나름대로 일정한 중요성을 지니고 있다. 이에 관하여는 이 장의 후반부에서 다시 논의하겠다.

2. 개항 이후 1945년까지의 역사 서술 체계

1958년에 출판된 『조선통사(하)』는 '근대 사회편'과 '현대편'의 두 부분으로 되어 있다. 『조선통사(상)』이 원시 사회, 노예 소유자 사회, 봉건 사회의 세 편으로 되어 있으니, 『조선통사』는 모두 5편으로 되어 있는 셈이다. 그리고 북한에서는 19세기 후반의 개항 이후 1945년 해방 때까지를 근대 사회로 보고 있다는 점도 흥미롭다.

1958년에 출판된 『조선통사(하)』는 모두 제13장에서 21장까지 모

[표 9] 1977년 판과 1991년 판의 『조선통사』의 시대 구분

1977년 판 『조선통사(상)』	1991년 판 『조선통사(상)』
제1편 원시 사회 　제1장 원시 공동체 사회 　　제1절 원시무리 　　제2절 모계씨족공동체 　　제3절 부계씨족공동체 　　제4절 원시 공동체 사회의 붕괴	제1편 원시 사회 　제1장 원시 공동체 사회 　　제1절 원시무리 　　제2절 모계씨족공동체 　　제3절 부계씨족공동체 　　제4절 원시 공동체 사회의 붕괴
제2편 노예 소유자 사회 　제2장 우리 나라 노예 소유자 사회 　　제1절 우리 나라 고대 국가들의 성립 　　제2절 우리 나라 고대 국가들의 경제 제도 　　제3절 우리 나라 고대 국가들의 사회 제도 　　제4절 우리 나라 고대 국가들의 붕괴 　　제5절 우리 나라 노예 소유자 사회의 문화	제2편 노예 소유자 사회 　제2장 고대 국가들의 성립과 사회 경제 제도 　　제1절 고대 국가들의 성립과 사회 경제 제도 　　제2절 고대 국가들의 경제 발전 　　제3절 고대 국가들에서의 소유 형태와 계 　　　　급 관계 　　제4절 고대 국가들의 통치 제도 　　제5절 고대 국가들의 붕괴 　　제6절 고대 국가들의 문화
제3편 봉건 사회 　제3장 우리 나라에서 봉건 사회의 발생 　　　　세 나라에서의 봉건 관계의 발전 　　제1절 봉건 제도의 성립 　　제2절 고구려를 비롯한 세 나라와 가야국 　　　　의 형성 　　제3절 봉건 관계의 발전, 1~7세기의 경제 　　　　제도와 사회 제도 　　제4절 고구려의 강성과 세 나라의 호상 관계 　　제5절 수, 당 침략자들을 반대한 고구려 　　　　인민들의 투쟁 　　제6절 1~7세기의 문화와 예술	제3편 봉건 사회 　제3장 첫 봉건 국가들의 형성, 봉건 관계의 　　　　발전 　　제1절 봉건 제도의 성립 　　제2절 고구려를 비롯한 봉건 국가들의 성립 　　제3절 4세기까지의 반침략 투쟁과 령토 확 　　　　장, 세 나라의 사회 경제 제도와 통 　　　　치 체제 　　제4절 고구려에 의한 국토 통일 정책의 추 　　　　진과 세 나라의 호상 관계 　　제5절 수, 당 침략자들을 반대한 고구려 인 　　　　민들의 투쟁 　　제6절 세 나라 시기의 문화
제4장 8~9세기 봉건 관계의 발전 　　제1절 신라에 의한 국토 남부의 통합과 발 　　　　해의 성립 　　제2절 신라, 발해의 경제 제도와 사회 제도 　　제3절 7세기 말~10세기 초의 문화 　　제4절 9세기 후반기 신라에서 농민 폭동 　　　　의 앙양과 후삼국의 출현	제4장 7세기 중말엽의 반침략 투쟁과 발해 　　　　의 성립, 발해와 후기 신라에서의 봉 　　　　건 관계의 발전 　　제1절 7세기 중말엽 신라 - 당 련합군의 침 　　　　공을 반대한 고구려, 백제 인민들의 　　　　투쟁, 발해의 성립 　　제2절 발해와 후기 신라에서의 봉건 관계 　　　　의 발전 　　제3절 7세기 말엽~10세기 초엽의 문화 　　제4절 9세기 후반기 신라에서의 농민 전쟁 　　　　<후삼국>에로의 분열

1977년 판 『조선통사(상)』	1991년 판 『조선통사(상)』
제5장 10~11세기 봉건 제도의 정비와 봉건적 예속의 강화 제1절 고려에 의한 후삼국의 통일 제2절 봉건적 중앙 집권적 체제의 강화 제3절 거란 침략군을 물리친 고려 인민들의 투쟁 제4절 전후 생산 및 대내외 상업의 발전 제5절 문화	제5장 고려에 의한 국토의 통일, 거란의 대규모적인 침입의 분쇄, 전국적 대농민 전쟁 제1절 통일 국가—고려의 출현, 봉건 제도의 재편성 제2절 고려 - 거란 전쟁 제3절 전후 봉건 경제의 발전과 대외 관계의 확대 제4절 12세기 후반기~13세기 초의 전국적인 대농민 전쟁 제5절 10~12세기 문화
제6장 12세기 전국적 대농민 폭동. 13세기 몽골 침략군을 물리친 고려 인민들의 투쟁 제1절 대토지 소유의 장성과 봉건적 착취의 강화, 9성전 제2절 1135~1136년 정변. 1170년 무신 관료배들의 정권 장악 제3절 12세기 말~13세기 초 전국적 대농민 폭동 제4절 봉건 관계의 발전 제5절 몽골 침략군을 물리친 고려 인민들의 투쟁	제6장 13~14세기초 외래 침략자들을 물리치기 위한 고려 인민의 투쟁, 고려 왕조의 종말 제1절 몽골군의 침입을 분쇄하기 위한 인민들의 투쟁 제2절 13세기 말엽~14세기의 국내 형편 제3절 14세기 후반기 국토 안정을 위한 투쟁 제4절 1388년 고려의 료동 출병, 고려 왕조의 종말 제5절 13~14세기의 문화
제7장 고려 봉건 국가의 멸망과 리조 봉건 국가의 성립 제1절 외래 침략자들을 쳐 물리친 인민들의 투쟁 제2절 대토지 소유의 팽창과 과전법의 제정, 리조 봉건 국가의 성립 제3절 13~14세기의 문화	
제8장 15세기 봉건 체제의 재편성, 경제와 문화의 발전 제1절 중앙 집권적인 봉건 체제의 재편성 제2절 쓰시마 공격과 4군 6진의 설치 제3절 경제의 발전 제4절 봉건적 착취의 강화. 1467년 함경도 농민 전쟁 제5절 15세기의 문화	제7장 15세기 봉건 통치 체제의 재편성 1592~1598년 임진 조국 전쟁 제1절 중앙 집권적 봉건 통치 체제의 재편성 제2절 15~16세기 경제의 발전 제3절 봉건적 착취와 억압의 강화 제4절 각지 농민들의 투쟁 제5절 일본 및 녀진의 침입을 쳐 물리친 인민들의 투쟁 제6절 1592~1598년 임진 조국 전쟁 제7절 15~16세기의 문화
제9장 16세기 대토지 소유의 발전, 1592~1598년 임진조국전쟁	

1977년 판 『조선통사(상)』	1991년 판 『조선통사(상)』
제1절 대토지 소유 발전에 따르는 봉건적 착취의 강화와 농민 폭동 제2절 지배 계급 내부 모순의 격화 제3절 1592~1598년 임진 조국 전쟁 제4절 16세기의 문화	
제10장 17세기 상품 화폐 관계의 발전 제1절 17세기 전반기 대내외 정세 제2절 17세기 후반기 생산의 복구와 상업의 발전 제3절 대동법의 실시와 금속 화폐의 전국적 류통의 시작 제4절 17세기의 문화	제8장 17세기 대내외 정세와 봉건적 착취 관계의 변화 제1절 17세기 중엽 국내 형편과 대외 관계의 격화 제2절 외래 침략자들을 반대한 인민들의 투쟁 제3절 17세기 이후 봉건 착취 관계에서의 변화, 농민 폭동의 앙양 제4절 17세기의 문화
제11장 18세기 자본주의적 관계의 발생. 실학의 발전 제1절 18세기 전반기의 사회 경제 형편과 계급적 모순의 장성 제2절 자본주의적 관계의 발생 제3절 18세기의 문화	제9장 상품 화폐 관계의 발전, 자본주의적 관계의 발생 제1절 농업과 수공업의 발전 제2절 상품 화폐 관계의 발전 제3절 자본주의적 관계의 발생 제4절 봉건적 억압과 착취를 반대한 인민들의 투쟁 제5절 18세기의 문화
제12장 19세기 초, 19세기 중엽 봉건 제도의 위기와 농민 폭동의 앙양 제1절 봉건적 제 모순의 장성 제2절 1811~1812년 평안도 농민 전쟁 제3절 봉건적 착취의 강화와 1862년 진주 농민 폭동 제4절 19세기 60년대 봉건 국가의 대내외 정책과 그 본질 제5절 19세기초, 19세기 중엽의 문화	제10장 19세기 초 봉건적 위기와 농민 폭동의 앙양 제1절 19세기 초의 정세 제2절 1811~1812년 평안도 농민 전쟁 제3절 봉건적 착취의 강화와 1862년 농민 폭동 제4절 구미 자본주의 침략선들의 연해 침입 제5절 19세기 전반기의 문화

두 아홉 개의 장으로 되어 있다. 제13장은 '외래 자본주의의 침입을 반대한 조선 인민의 투쟁, 강화도조약의 체결, 조선의 개항'이라는 제목 아래, 1960~70년대의 대원군의 개혁과 신미양요 및 병인양요, 그리고 강화도조약에 대하여 서술하고 있다. 이 책을 통하여 북한에서는 대원군의 개혁에 대하여 상당히 긍정적인 평가를 내리고 있다.

명치 유신 이후의 일본의 구라파식 개화를 좋아하지 않던 대원군
은 일본과의 국교와 통상을 거의 단절하다싶이 하고 이에 대비코저
동래성 일대의 방비를 강화하였다. 또 다른 편으로 1864년부터 시작
된 짜리[차르] 로씨야[러시아]의 수차에 걸친 국교 통상 요구도 역시 거
부하고 경흥 일대의 북방 경비를 또한 강화하였다. 대원군의 이같은
국방 강화 정책은 물론 제대로 실시되지 못하였고 또 그가 추구하던
기본 목적은 달랐으나 당시 외래 침략 세력을 반대하는 조선 인민의
애국적 투쟁과 합치되어 일정한 긍정적 역할을 수행하였다.[15]

물론 대원군의 개혁에 대한 위의 평가는 국방 강화 정책에 제한된
것이기는 하지만, 이들은 대원군의 쇄국 정책을 비롯한 대내외적 정
책들에 대해서도 비교적 긍정적으로 평가하고 있다.

그리고 1866년의 병인양요, 1871년의 신미양요로 잘 알려진 불란서
및 미국 함대의 침입을 물리친 사건에 대해서도 다음과 같이 특별히
강조하였다.

미국인들도 불란서인들과 같이 조선 인민을 용이하게 굴복시킬 수
없다는 것을 알게 되자 역시 40일간이나 조선에 와서 온갖 흉계를
다하다가 마침내 …… 다시 청국 치프[芝罘—청나라의 해군 기지]로 패
퇴하였다. …… 불미 자본주의의 무력 침공을 반대하는 가열한 투쟁
에서 조선 인민들은 오로지 그들의 고상한 애국심으로써 온갖 불리
한 조건을 극복하고 조국의 자주 독립과 영예를 고수하여 영웅적으
로 싸운 끝에 빛나는 승리를 얻었다.[16]

그러나 일본의 강압에 의한 강화도조약의 체결로 인하여 "봉건 통
치층들이 몽상하던 봉건 조선의 세계와의 고립도 드디어 무너지기
시작하였다. 이와 함께 조선 사회는 봉건 사회로부터 점차 반봉건반

15) 『조선통사(하)』(사회과학원 력사연구소, 1958), p. 16.
16) 앞의 책, p. 23.

식민지 사회로 전변되기 시작하였다"[17]고 보았다. 그러므로 이들은 약 1,500년 이상 계속되어 온 봉건 사회를 이제 자본주의적 근대 사회가 출현하는 대신에 반봉건반식민지 사회로 전환된 것으로 해석하였다. 이 반봉건반식민지 사회란 남한에서 흔히 '개화 시대'라고 부르는 때이다.

이어지는 제14장 '개항 직후 조선의 사회 경제적 형편, 임오군변과 갑신정변'에서는 개항 이후 가장 적극적인 개화 운동이었던 갑신정변을 주로 다루고 있다. 북한에서 개화기를 반봉건반식민지 사회로 규정한 까닭은 1884년에 발생하였던 갑신정변에 대한 평가 속에 잘 나타나 있다. 북한에서는 갑신정변이 실패하였던 첫째 원인을 "당시 조선의 낙후한 사회 경제적 조건에서 이 개혁 운동을 능히 승리로 이끌 수 있는 새로운 사회 혁명 역량이 극히 미약"하였기 때문으로 진단하였다. 실패의 둘째 원인은 "이 개혁 운동을 진행함에 있어서 아래로부터 인민 대중의 혁명 역량에 의거하려고" 하지 않았던 데 있다고 보았다. 실패의 셋째 원인은 "개화파의 계급적 제한성으로 말미암아 급속하게 변천하는 현실에 대한 올바른 인식"이 결여되어 있었으며, "또 조급하게 주로 외래 침략 세력인 일본 세력에 의거하여" 정변을 일으키려 했기 때문이라고 주장하였다.[18]

그럼에도 불구하고 이들은 갑신정변이 "당시의 낙후한 사회 경제적 형편에서 봉건 조선을 처음으로 불철저하게나마 근대 국가로 개변시켜 보려고" 했다는 점에서 긍정적으로 평가하였으며, 나아가 이는 "그후 조선 인민들을 각성시켜 조선 인민들로 하여금 자주적인 민족정신과 애국적인 신문화 계몽 운동을 대두케 한 데 선구자적 역할"을 수행하였다고 평가하였다.[19]

---

17) 앞의 책, p. 29.
18) 앞의 책, pp. 47~48.

제15장 '1885년~1890년대 초, 조선의 사회 경제적 형편과 갑오농민전쟁'에서는 갑오 농민 운동을 크게 다루고 있으며, "이 운동은 당시 와해 과정을 밟고 있던 조선 봉건 체제의 지반을 더욱 뒤흔들어 그 붕괴를 촉진시키고, 새로운 방향에서 민족적 및 계급적 각성을 일층 북돋아줌으로써 조선 사회 발전에 강력한 추동을 주었으며 특히 그후 조선 인민의 반일 의병 투쟁 발전에 거대한 영향을 주었다"고 서술하였다.

제16장 '19세기 말~20세기 초 조선의 사회 경제적 형편, 일제의 조선 강점 정책을 반대한 반일 의병 투쟁'에서는 갑오 농민 운동 이후 일제의 통감 정치 시대까지를 다루고 있으며, 그들도 19세 말에서 20세기 초까지의 문화 운동을 '애국 문화 계몽 운동'이라 이름하면서 특별하게 서술하고 있다. 이어서 제17장 '1910년대 일제의 식민지 통치하의 조선, 초기의 반일 독립 운동(1910~1919)'에서는 일제의 식민 지배가 시작된 이후의 독립 운동사를 중요하게 다루고 있다. 제18장 '식민지 산업의 발전과 노동 운동의 장성(1920~1930)'에서는 1920년대 이후 소위 '마르크스 - 레닌주의'가 보급되면서 노동 운동과 농민 운동의 확대되는 과정에 주목하고 있으며, 조선공산당의 창건과 그 해산의 전말을 중점적으로 서술하고 있다.

세19장 '반일 민족 해방 운동의 새로운 단계로의 발전, 항일 무장 투쟁의 개시, 조선인민혁명군의 창건'에서는 조선공산당의 창건 이후 항일 무장 투쟁이 더욱 활기를 띠었으나, 특히 1934년~1935년 사이에 항일 투쟁이 전개됨에 따라 조선인민혁명군이 창건되자 항일 투쟁은 획기적인 전기를 맞이하게 되었음을 대단히 강조하고 있다. 제20장 '항일 무장 투쟁의 확대, 조국광복회의 결성, 혁명 운동의 대중적

---

19) 앞의 책, p. 48.

지반의 강화'와 제21장 '중일전쟁 이후 시기의 항일 무장 투쟁'에서는
계속되는 조선인민혁명군의 활약으로 항일 운동이 더욱 확대되었으
며, 드디어 소련 군대에 의한 일본 제국주의의 패망과 함께 조선인민
혁명군이 조국으로 개선하게 되었음을 자랑스럽게 서술하고 있다.

그러므로 1958년 판『조선통사(하)』의 제4편 '근대 사회' 부분은
개항에서 해방까지의 시기를 포함하고 있다. 그리고 해방 이후부터를
'현대 사회'로 구분하였던 것이다.

그러나 1987년 판『조선통사(하)』는 위에서 살펴본 1958년 판『조
선통사(하)』와는 그 내용이 무척 달랐다. 1987년 판에 따르면 개항이
후 해방까지의 시기를 모두 3편으로 나누었다. 그 제1편은 '근대 반
침략반봉건 투쟁과 민족 해방 운동', 제2편은 '민족주의 운동으로부
터 공산주의 운동에로의 방향 전환을 위한 투쟁', 제3편은 '항일 혁명
투쟁'으로 되어 있으며, 제4편에서 제8편까지는 해방 이후의 현대사
를 서술하였다.

1958년 판에서『조선통사(하)』가 '근대 사회'란 이름으로 개항으로
부터 시작되는 점에서는 이보다 30여 년이나 뒤에 나온 1987년 판과
동일하다. 그러므로 기본적인 시대 구분의 기점은 달라지지 않았다.
그렇지만 그 세부적인 시대 구분과 역사 서술의 내용에는 상당한 차
이점이 있는 것 또한 사실이다.

1987년 판의 제1편 '근대 반침략반봉건 투쟁과 민족 해방 운동'은
제1장 '19세기 60~80년대 구미 렬강, 일본의 침략을 반대한 조선 인
민의 투쟁'으로부터 시작된다. 이들은 기본적으로 개항 이후 제국주
의적 침략에 대한 투쟁사를 무엇보다도 앞세우고 있다. 그러므로 여
기서는 신미양요, 병인양요와 같은 서구 열강과의 항쟁사를 매우 강
조하고 있다. 신미양요에 대한 이들의 입장은 이 대목에서 인용하고
있는 김일성의 어록에 잘 나타나 있다.

미제국주의자들은 첫 침략 기도에서부터 수치스러운 참패를 당하였음에도 불구하고 우리 나라에 대한 침략과 략탈 만행을 끊임없이 감행하였으며 조선 인민 앞에 영원히 씻을 수 없는 수많은 죄악을 저질렀습니다.[20]

즉 이들은 1866년의 제너럴 셔먼General Sherman호 사건과 신미양요를 들어 19세기 말 당시 미국을 위시한 서구 열강의 침략을 격퇴했다는 사실을 무엇보다도 강조하고 있으며, 특히 미국에 대한 적대적 표현이 매우 시사적이란 점도 주목된다.

그 제2장은 '조선에서의 부르죠아 개혁 운동. 각계 각층 인민들의 반침략반봉건 투쟁의 앙양'이란 제목으로 1884년의 갑신정변을 비롯하여 1894년의 갑오개혁까지의 역사를 서술하였다. 이들은 개항 이후 우리 나라에서의 개화 운동을 크게 갑신정변, 갑오농민전쟁, 갑오개혁의 세 부분으로 정리하였다. 이들은 갑신정변을 개항 이후에 형성된 개화파가 벌인 '부르죠아 개혁 운동'이라 이름하고 이 개화 운동의 성과를 매우 제한적으로 평가하였다. 그러나 갑오 농민 운동에 대하여는 매우 적극적으로 그 의의를 부여하고 있다. 특별히 고부에서 일어난 농민 봉기를 '농민 전쟁의 시작'이라고 하면서, 이 '농민 전쟁'의 의의를 부각시키기 위해 이 부분에서 다음과 같은 김일성의 어록을 인용하고 있다.

1894년에는 전라도 농민들이 이 봉건 통치배들의 악정을 반대하여 농민 전쟁을 벌렸습니다. 이 때에도 농민들을 비롯하여 애국적 군인, 선비들은 통치배들을 반대하여 투쟁하였을 뿐 아니라 국내의 혼란된 기회를 리용하여 이여들어온 일본 침략군을 맞받아 피어린 투쟁을 벌렸습니다.[21]

---

20) 『조선통사(하)』(사회과학출판사, 1987), p. 9.

그리고 '나라의 식민지화의 위기를 극복하며 일제의 강점 책동을 반대한 투쟁'이라 이름한 제3장은, '중일전쟁 후 나라의 식민지화의 위기를 극복하기 위한 투쟁' '일제의 조선 강점 책동을 반대한 인민들의 투쟁' 등 두 부분으로 나누어 서술하였다. 즉 청일전쟁 이후 일본의 침략이 본격화되자 이에 대한 항쟁의 역사를 강조하기 위해서였다. 그러므로 1890년대 말에서 1910년 한일 합방 이전까지의 역사는 모두 의병 투쟁의 역사로 채웠던 것이다. 그리고 "1910년 망국 당시를 전후하여 근 10년 동안이나 계속된 반일 의병 운동은 일본 강도들에게 커다란 타격을" 주었다는 김일성의 말을 인용하여 구한말의 의병 운동을 높이 평가하면서도 다음과 같이 당시의 항일 운동을 종합적으로 평가하였다.

> 침략자들과 매국노들을 처단하기 위한 투쟁은 국내외에서 련속 벌어졌다. 열혈 청년들의 애국적 거사는 국내외 반동들에게 타격을 주고 인민들의 애국심과 반일 투지를 키우는 데 적지 않은 기여를 하였다. 그러나 개인 테로[테러]의 방법으로써는 국권을 회복할 수 없었다. 이러한 투쟁은 정확한 로선과 전략 전술에 기초하여 반일 민족 해방 운동이 령도될 때에만 국권을 회복할 수 있다는 심각한 교훈을 남겼다.[22]

말하자면 지금까지의 반일 운동은 그 뜻은 좋았으나 조직적이지 못하였기 때문에 실효를 거두지는 못하였다고 평가함으로써 공산당을 중심으로 한 대중 운동으로 방향이 전환될 필요가 있음을 미리 강조하고 있다.

1987년 판 『조선통사(하)』의 제4장은 '강점 초기 반일 독립 운동.

---

21) 앞의 책, pp. 26~27.
22) 앞의 책, p. 57.

대중 운동과 초기 공산주의 운동'이라는 제목으로 1910년 합방으로부터 1920년대 초기 공산주의 운동이 발생하던 때까지를 다루고 있다. 이 대목에서 그들은 3. 1 운동을 매우 중요시하고 있다. 북한에서는 3. 1 운동이라 하지 않고 3. 1 봉기라 하고 있으며 "3. 1 봉기의 기본요인은 일제와 조선 인민 사이의 민족적 및 사회적 모순이 극도로 첨예화"되었기 때문이라 하였다.[23] 그리고 나서 3. 1 봉기에 대한 김일성의 어록을 다음과 같이 길게 인용하였다.

> 1919년 3월 1일은 우리 민족이 "일본인과 일본 군대는 물러가라!", "조선 독립 만세!"의 구호를 소리 높이 웨[외]치면서 강도 일제를 반대하여 전 민족적 투쟁을 전개한 날이며 우리 민족이 일본 제국주의자들에게 커다란 타격을 준 날입니다. 이날은 우리 민족이 자기의 자유를 위하여 고귀한 피를 흘린 날입니다.[24]

그러나 북한에서 3. 1 운동을 이처럼 높이 평가하면서도 이 운동이 실패한 까닭은 기본적으로 그 지도부의 노선이 확실하지 못하였기 때문으로 보았다. 이 3. 1 운동의 실패는 지난 몇 십 년간 전개되어온 부르주아 민족 운동의 쇠퇴와 몰락을 의미한다고 보았다. 이에 대하여 김일성은 "3. 1 운동 이후 자산 계급 출신의 민족 운동 지도자들은 그들의 정치적 동요와 일제의 매수 정책으로 하여, 특히는 근로 대중의 혁명적 진출에 겁을 먹은 나머지 대부분 원쑤들에게 투항 변절하고 말았습니다. 그들은 '애국지사'로부터 조선 민족을 통치하는 원쑤들의 충실한 앞잡이로 되었습니다"라고 말하였으며, 새로운 민족 운동은 김일성의 아버지인 김형직이 "대중을 선진 사상으로 깨우치고 묶어 세우는 사업을 더욱 적극적으로 밀고 나가도록" 촉구함으로써

---

23) 앞의 책, p. 71.
24) 앞의 책, p. 71.

새로운 전기를 찾을 수 있었다고 주장하였다.[25]

그러므로 '민족주의 운동으로부터 공산주의 운동에로의 방향 전환을 위한 투쟁'이라 이름한 제2편에서는 본격적으로 공산주의 운동이 우리 민족 운동의 주류가 될 수밖에 없었음을 서술해 나갔다. 특히 그 과정에서는 김일성의 아버지인 김형직의 영도력이 무엇보다도 중요하였다고 한다. 즉 "우리 나라 반일 민족 해방 운동은 경애하는 수령 김일성 동지의 아버님이시며 불요불굴의 혁명 투사이신 김형직 선생님의 탁월한 지도를 받게 되면서부터 민족 자주의 기치 밑에 자기 발전의 옳은 길을 걷기 시작하였다"고 주장한다.

『조선통사』에 따르면, 김형직은 "1913년 봄 만경대 순화학교에서 교편을 잡고" 있으면서 학생들을 가르쳤으며, 항상 "활달한 필치로 '지원志遠'이라는 족자를 써서" 걸어 놓았다고 한다.[26] 그래서 북한에서는 김형직의 사상을 '지원 사상'이라고 부르고 있다. 그리고 김형직의 역할을 강조하기 위하여 이에 대한 김일성의 어록을 다음과 같이 인용하고 있다.

> 아버지는 학교와 우리 집에 '지원'이라는 두 글자를 붓으로 크게 써붙이시였습니다. '지원'이란 글자 그대로 뜻을 크게 가져야 한다는 말입니다. …… 아버지는 이 '지원' 사상으로 독립 운동자들과 청소년 학생들을 교양하였고 그들을 혁명 투쟁의 길로 이끌어 주시였습니다.[27]

이처럼 본격적인 항일 운동이 김형직의 주도로 방향을 잡게 되자 '민족주의 운동으로부터 공산주의 운동에로의 방향 전환을 위한 투

---

25) 앞의 책, p. 119.
26) 앞의 책, p. 99.
27) 앞의 책, p. 99.

쟁'이 전개되었다고 한다. 그리고 '새로운 투쟁 력량을 마련하기 위한 조선국민회의의 활동'이 펼쳐졌으며, '혁명적 무장 활동을 조직 전개하기 위한' 활동이 강화되었다는 것이다. 이로써 1987년 판 『조선통사(하)』는 제3편의 제목을 '항일 혁명 투쟁'이라 하고, 조선 공산주의 운동을 주축으로 하는 역사 서술을 시도하였다.

이들은 조선 공산주의 운동이 본격적으로 전개되던 이 시기를 '새 력사의 개척'이라 하였다. 그리고 이 운동의 핵심은 '타도제국주의동맹'이었음을 김일성의 말을 빌어 다음과 같이 언급하였다.

> 우리가 1926년에 조직한 타도제국주의동맹은 주체의 혁명 위업을 승리에로 이끌어나가기 위한 전위 조직이였으며 우리 나라에서 처음으로 되는 참다운 공산주의 혁명 조직이였습니다.[28]

그리고 바로 이 때부터 김일성이 운동의 중심적 인물이 되었다고 하면서, "위대한 수령님께서는 1926년 12월 초 화성의숙을 중퇴하시고 당시 만주에 사는 조선 사람들의 정치적 중심지의 하나였던 길림으로 혁명 활동의 무대를 옮기기로 결심"하였다는 것이다.[29] 그리고 미래를 위해서는 '새 세대 공산주의 대오의 육성'이 필요함을 깨닫고 1927년 8월 28일 길림에서 '조선공산주의청년동맹'을 창립하였다. 그리고 그 조선공산주의청년동맹 결성을 선포하면서 다음과 같이 말하였다고 『조선통사(하)』에는 기록되었다.

> 조선공산주의청년동맹은 반제 청년 동맹의 핵심들을 골간으로 하고 여러 혁명 조직들에서 단련되고 검열된 로동 청년, 농민 청년, 학생 청년들로 무어진 반제 민족 해방과 공산주의를 위하여 투쟁하는

---

28) 앞의 책, p. 137.
29) 앞의 책, p. 138.

청년 조직입니다. 조선공산주의청년동맹은 조선 청년 공산주의자들의 선봉대로서 각계각층 청년 단체들과 소년 단체들을 조직 지도하는 전위 조직입니다.[30]

제3편 '항일 혁명 투쟁'의 제1장 3절은 '주체사상의 창시, 주체적인 혁명 로선의 제시'라는 제목을 달고 김일성에 의한 주체적인 혁명 노선이 제시되었음을 서술하였다. 항일 민족 운동이 새로운 전기를 맞기 위해서는 무엇보다도 1920년대 후반기에 등장하는 '로동 계급의 새로운 혁명 사상의 창시 문제'가 가장 절박한 시대적 요구였다고 하였다.[31] 이에 대하여 『조선통사(하)』는 다음과 같이 서술하고 있다.

조선 력사 발전의 특수성으로 하여 사람들 속에 자기 힘을 믿지 못하고 남만 쳐다보는 사대주의 사상이 뿌리 깊이 박혀 자주성을 위한 인민들의 투쟁을 방해하고 있었다. 그리고 식민지반봉건 사회의 조선에서 조선 혁명은 반제적 과업과 반봉건적 과업을 동시에 해결해야 할 어렵고 복잡한 혁명이였으며 국가적 후방도, 정규군의 지원도 없이 모든 것을 자체의 힘으로 해결해 나가면서 강대한 일제와 싸워야 하는 류례 없이 간고한 혁명이었다.[32]

바로 이런 필요성 때문에 김일성은 "우리는 맑스 - 레닌주의를 우리 나라의 현실에 창조적으로 적용하여 자주적으로 혁명의 진로를 개척하고 투쟁을 벌려나가는 과정에 새로운 혁명 사상인 주체사상을 가지게 되었습니다"라고 주장하였다.[33]

이러한 주체사상의 확립으로 '항일 무장 투쟁의 개시. 반일 민족 해방 운동의 새로운 높은 단계에로의 발전'이 가능했음을 제3편의 2

---

30) 앞의 책, p. 141.
31) 앞의 책, p. 146.
32) 앞의 책, p. 147.
33) 앞의 책, p. 147.

장에서 서술하였다. 즉 본격적인 항일 운동은 1930년 7월 6일 조선혁명군이 결성됨으로써 가능하였으며, 이는 곧 김일성의 영도 아래 주체사상으로 뭉쳤을 때 비로소 항일 운동이 제대로 전개될 수 있었다는 의미이다.

그리하여 1932년 4월 25일에는 '반일인민유격대'가 창건되었으며, 김일성은 그 의미를 이렇게 강조하였다고 적고 있다.

> 반일인민유격대는 일제와 그 주구들을 반대하고 나라와 인민을 사랑하는 로동자, 농민, 애국 청년들로써 조직되였으며 진정으로 인민의 리익을 보호하는 혁명적인 무장력입니다. 인민유격대의 목적과 사명은 조선에서 일제 식민지 통치를 뒤집어엎고 조선 인민의 민족적 독립과 사회적 해방을 달성하는 것입니다.[34]

이어서 1987년 판 『조선통사(하)』에서는 반일인민유격대의 창건의 의의를 다음과 같이 특별히 강조하였다.

> 반일인민유격대가 창건됨으로써 자주성을 실현하기 위한 조선 인민의 혁명 투쟁에서 처음으로 일제 침략 무력을 때려눕힐 수 있는 상비적 혁명 무력이 탄생하게 되었으며 자기의 진정한 혁명 군대를 가지려던 우리 인민의 절절한 민족적 숙원이 비로소 실현되게 되었다. 유격내가 창건됨으로써 우리 나라 반일 민족 해방 투쟁은 가장 높은 단계, 조직적인 무장 투쟁 단계에로 발전하게 되었으며 당 조직 건설 사업과 반일 민족 통일 청년 운동을 비롯한 전반적 조선 혁명을 줄기차게 발전시켜 나갈 수 있게 되었다. 실로 반일인민유격대의 창건은 조선 인민의 혁명 투쟁에서 획기적인 전환을 가져온 력사적 사변이었다.[35]

이처럼 반일인민유격대가 상비군적 성격을 가진 조직이었다면 남

---

34) 앞의 책, p. 171.
35) 앞의 책, p. 173.

은 것은 국가 조직일 수밖에 없었다. 이러한 지적대로라면 이들은 해방 지구에서 '군사 정치적 준비'를 진행할 수 있도록 하는 조치를 취했으며, 이들이 말하는 '해방 지구 형태'는 '혁명 정권과 혁명 조직이 있는 근거지'를 의미하였다. 이 과정에서 공산당 내부에서도 "좌경적 쏘베트[소비에트] 로선을 주장하는 종파 사대주의자들의 책동"이 있었지만, 1933년 이런 좌경적 편향이 극복되고 "두만강 연안의 거의 모든 유격구들에 인민 혁명 정부가 세워졌다"고 하였다.[36] 그리고 1934년 3월 9일 마침내 반일인민유격대를 '조선인민혁명군'으로 개편하였으며, 이것을 계기로 조선인민혁명군은 대규모의 춘기 공세를 펼쳤다고 하였다.

이렇게 해서 1945년 무렵에는 김일성의 영도 아래 조선인민혁명군의 활동이 강화되고, 마침내 항일 혁명 투쟁을 승리로 이끌게 되었다고 주장하였다. 이러한 1987년 판『조선통사(하)』의 개항 이후 해방까지의 서술 체제는 1983년 판『현대조선력사』의 같은 부분과 너무나 흡사하다. 이 책은 모두 3부로 나뉘어 있는데, 그 1부에서는 20세기 초 초기 공산주의 운동이 일어나던 때로부터 해방까지를 다루고 있으며, 2부와 3부는 해방 이후 책이 만들어지던 때까지의 역사를 서술하고 있다. 그러므로『조선통사(하)』와 완전히 일치하는 것은 아니지만 적어도 식민지 시대의 역사 서술 체계는 서로 비교해 볼 수 있지는 않을까 싶다. 이제 여기서 살펴본 세 권의 북한 역사책의 체제를 비교해 보기 위하여 다음의 [표 10]를 만들었다.

---

36) 앞의 책, p. 185.

[표 10] 북한 역사서들의 개항 이후 해방까지의 서술 체계 비교표

1958년 『조선통사(하)』	1987년 『조선통사(하)』	1983년 『현대조선력사』
제4편 근대 사회 제13장 외래 자본주의의 침입을 반대한 조선 인민의 투쟁, '강화도조약'의 체결, 조선의 개항 제1절 19세기 60~70년대의 국내외 정세, 대원군의 대내외 정책 제2절 불미 함대의 침입과 그 격퇴 제3절 일본 자본주의의 조선 침략 개시, 강화도조약의 체결과 조선의 개항	제1편 근대 반침략반봉건 투쟁과 민족 해방 운동 제1장 19세기 60~80년대 구미 렬강, 일본의 침략을 반대한 조선 인민의 투쟁 제1절 19세기 중엽 조선의 사회 경제 형편 제2절 구미 자본주의 렬강의 침입과 그 격퇴 제3절 인민 대중의 반일 투쟁과 반봉건적 진출	
제14장 개항 직후 조선의 사회 경제적 형편, 임오군변과 갑신정변 제1절 개항 직후 조선의 사회 경제적 형편, 임오군변 제2절 만청 세력의 침투, 일본의 조선 침략 강화 제3절 개화 사상의 대두와 갑신정변	제2장 조선에서의 부르죠아 개혁 운동. 각계각층 인민들의 반침략 반봉건 투쟁의 앙양 제1절 갑신정변(1884년부르죠아 개혁)	
제15장 1885~1890년대 초 조선의 사회 경제뎌 형편과 갑오농민전쟁 제1절 1885~1890년대 초 조선의 사회 경제적 형편과 각지 농민 폭동의 앙양 제2절 갑오농민전쟁의 폭발, 농민 전쟁의 확대, 집강소의 설치 제3절 일본군의 무장 간섭에 의한 농민 전쟁의 실패, 소위 갑오개혁의 실시	제2절 갑오농민전쟁 제3절 갑오개혁(1894년 부르죠아 개혁)	

1958년 『조선통사(하)』	1987년 『조선통사(하)』	1983년 『현대조선력사』
제16장 19세기 말~20세기 초 조선의 사회 경제적 형편, 일제의 조선 강점 정책을 반대한 반일 의병 투쟁 제1절 갑오농민전쟁 후 조선의 국내외 정세, 반일 의병 투쟁의 개시 제2절 노일전쟁과 일제의 조선 강점 정책의 노골화, 을사보호조약의 체결 제3절 일제의 통감 정치하의 조선의 사회 경제적 형편, 일제의 조선 강점 정책을 반대한 반일 의병 투쟁 제4절 19세기 말~20세기 초 애국 문화 계몽 운동	제3장 나라의 식민지화의 위기를 극복하며 일제의 강점 책동을 반대한 투쟁 제1절 중일전쟁 후 나라의 식민지화의 위기를 극복하기 위한 투쟁 제2절 일제의 조선 강점 책동을 반대한 인민들의 투쟁	
제17장 1910년대 일제의 식민지 통치하의 조선, 초기의 반일 독립 운동(1910~1919) 제1절 일제의 헌병 경찰적 무단 정치와 조선의 사회 경제적 형편 제2절 일제의 조선 강점 초기의 반일 독립 운동 제3절 위대한 사회주의 10월 혁명의 승리와 조선에서의 3. 1 운동	제4장 일제 강점 후 반일 독립 운동. 대중 운동과 초기 공산주의 운동 제1절 강점 초기 반일 독립 운동. 생존의 권리를 위한 투쟁 제2절 3.1봉기. 부르죠아 민족주의 운동의 종말	제1편 항일 혁명 투쟁 제1장 부르죠아 민족 운동 시기의 종말, 초기 공산주의 운동 제1절 20세기 초엽 조선의 사회 경제 형편 제2절 민족주의 운동의 쇠퇴와 공산주의 운동의 발생, 종파의 해독적 작용
제18장 식민지 산업의 발전과 노동 운동의 장성(1920~1930) 제1절 1920년대 조선의 사회 경제적 형편 제2절 맑스-레닌주의의 보급, 노동 운동과 농민 운동의 장성 제3절 조선공산당의 창건과 그의 해산 제4절 1929~1930년 노동 운동과 농민 운동의 새로운 앙양	제3절 1920년대 전반기 대중 운동. 초기 공산주의 운동과 그 제한성 제5장 근대 문화 제1절 교육과 과학 기술 제2절 문학과 음악	제2장 공산주의 운동과 민족 해방 운동의 새로운 출발 제1절 반일 빈족 해방 운동의 방향을 전환시키기 위한 투쟁 제2절 타도 제국주의동맹의 결성, 새 세대의 공산주의자들 제3절 주체사상의 창시, 주체적 혁명 노선 제4절 주체형의 첫 당 조직의 결성, 무장 투쟁의 준비

1958년 『조선통사(하)』	1987년 『조선통사(하)』	1983년 『현대조선력사』
제19장 반일 민족 해방 운동의 새로운 단계로의 발전, 항일 무장 투쟁의 개시, 조선인민혁명군의 창건 제1절 1931~1936년 조선의 사회 경제적 형편 제2절 조선 공산주의자들의 지도 하에 항일 무장 투쟁의 개시, 유격 근거지—해방 지구의 설치 제3절 항일 무장 투쟁의 발전, 조선인민혁명군의 창건 제4절 항일 무장 투쟁 첫 시기의 노동 운동과 농민 운동(1931~1934)	제2편 민족주의 운동으로부터 공산주의 운동에로의 방향 전환을 위한 투쟁 제1장 조선국민회의 결성과 반일 민족 해방 운동의 추진 제1절 조선국민회의 결성 제2절 조선국민회에 의한 반일 민족 해방 운동의 적극적 추진 제2장 민족주의 운동으로부터 공산주의 운동에로의 방향 전환을 위한 투쟁 제1절 새로운 투쟁 력량을 마련하기 위한 조선국민회의 활동 제2절 혁명적 무장 활동을 조직 전개하기 위한 조선국민회의 투쟁 제3장 교육과 시문학 제1절 교육 제2절 시문학	제3장 항일 무장 투쟁의 개시, 무장 투쟁의 첫 단계 제1절 반일인민유격대의 창건 제2절 두만강 연안 유격 근거지의 창설과 그 공고화 제3절 혁명 조직들의 확대 제4절 유격 대오의 장성과 무장 투쟁의 강화 제5절 무장 투쟁의 영향 밑에 인민 대중의 반일 투쟁의 강화 발전 제6절 조선인민혁명군의 광활한 지대로의 진출
제20장 항일 무장 투쟁의 확대, 조국광복회의 결성, 혁명 운동의 대중적 지반의 강화 제1절 조선인민혁명군의 광활한 지역에로의 진출, 조국광복회의 결성 제2절 조선인민혁명군의 국경 지대에로의 진출, 장백 근거지의 창설 제3절 반일 민족 통일 전선 운동의 발전과 혁명 운동의 대중적 지반의 확대	제3편 항일 혁명 투쟁 제1장 새 력사의 개척, 무장 투쟁을 전개하기 위한 준비 제1절 조선 혁명의 새로운 출발을 알리는 력사적 선언, <ㅌ.ㄷ.>의 결성 제2절 조선공산주의청년동맹 창립. 새 세대 공산주의대오의 육성 제3절 주체사상의 창시. 주체적인 혁명 로선의 제시 제4절 첫 당 조직의 결성과 무장 투쟁의 준비	제4장 항일 무장 투쟁의 확대 발전, 무장 투쟁의 둘째 단계 제1절 반일 민족 해방 투쟁을 더욱 강화 발전시키기 위한 해로운 방침 제2절 조국광복회 창건과 그 10대 강령 제3절 백두산 근거지의 창설 제4절 반일 민족 통일 전선 운동의 확대와 당 건설 사업의 적극적 추진 제5절 보천보 전투 제6절 중일전쟁 발발 후 조선인민혁명군의 군사 정치 활동의 강화, 조선인민혁명군의 집중 학습과 훈련 제7절 조선인민혁명군 주력 부대의 고난의 행군과 무산 지구 진출

1958년 『조선통사(하)』	1987년 『조선통사(하)』	1983년 『현대조선력사』
		제8절 백두산 동북부에서의 대부대 선회 작전
제21장 중일전쟁 이후 시기의 항일 무장 투쟁 제1절 1937~1945년 조선의 사회 경제 형편 제2절 항일 무장 투쟁의 확대, 조선인민혁명군의 대부대 유격 작전 제3절 제2차 세계대전 시기의 조선 인민의 반일 혁명 투쟁 제4절 쏘련 군대에 의한 일본 제국주의의 패망, 조선 인민혁명군의 조국 개선, 항일 무장 투쟁의 역사적 의의 제5절 일제 통치하의 조선의 문학 예술	제2장 항일 무장 투쟁의 개시. 반일 민족 해방 운동의 새로운 높은 단계에로의 발전 제1절 반일 무장 투쟁을 조직 전개할 데 대한 전략적 방침. 반일인민유격대 창건 제2절 두만강 연안 유격 근거지 창설. 인민 혁명 정부의 수립과 민주주의적 개혁의 실시 제3절 통일적인 당 조직 지도 체계의 수립. 대중 단체들의 조직 확대 제4절 두만강 연안 유격구보위를 위한 투쟁 제5절 조선 혁명의 주체적 립장 고수. 조선인민혁명군의 광활한 지대에로의 진출 제6절 무장 투쟁의 영향 밑에 인민 대중의 반일 투쟁의 전개	제5장 조국 광복의 대사변을 주동적으로 맞이하기 위한 투쟁, 항일 무장 투쟁의 셋째 단계 제1절 조국 광복의 대사변을 준비 있게 맞이하기 위한 투쟁 방침 제2절 광활한 지대에서의 소부대 활동 제3절 조선인민혁명군의 군정 훈련 제4절 전인민적 항쟁 태세의 강화
	제3장 무장 투쟁의 확대 발전. 전반적 반일 혁명 운동의 앙양 제1절 반일 민족 해방 투쟁의 새로운 앙양을 위한 전략적 방침. 조국광복회 창건 제2절 백두산 근거지 창설. 무장 투쟁의 확대 강화 제3절 조국광복회 조직망의 급속한 확대. 당 조직 건설 사업의 적극 추진 제4절 대부대에 의한 국내 진공 작전. 력사적인 보천보 전투	제6장 항일 무장 투쟁의 위대한 승리 제1절 최후 공격 작전 제2절 항일 무장 투쟁의 역사적 의의

1958년 『조선통사(하)』	1987년 『조선통사(하)』	1983년 『현대조선력사』
	제5절 중일전쟁 발발 후 조선 인민혁명군의 적 배후 교란 작전. 집중 군정 학습 제6절 고난의 행군과 무산 지구 진공 작전 제7절 백두산 동북부 넓은 지역에서의 대부대 선회 작전 제8절 무장 투쟁의 영향 밑에 인민 대중의 반일 투쟁의 강화	
	제4장 조국 광복의 대사변을 맞이하기 위한 준비. 조국 해방의 력사적 위업의 성취 제1절 조국 광복의 대사변을 준비 있게 맞이하기 위한 전략적 방침. 소부대 군사 정치 활동 제2절 조선인민혁명군의 군정 훈련의 강화 제3절 일제를 반대하는 전인민적 항쟁 태세의 강화 제4절 조국 해방을 위한 최후 공격 작전 제5장 항일 혁명 투쟁 시기의 문화 제1절 혁명적 교육 제2절 문학과 예술 제3절 혁명적 출판물	

이상에서 근현대사를 다룬 세 종류의 북한 역사책에서 개항 이후 일제 시대까지의 서술 체계를 비교하여 보았다. 앞의 [표 10]을 통하여 그 결과를 정리하여 보면, 1983년 판 『현대조선력사』와 1987년 판 『조선통사(하)』는 기본적으로 동일한 체계로 이 시기의 역사를 정리하고 있음을 알 수 있다. 물론 『현대조선력사』는 현대사만을 서술한 것이기에 3. 1 운동 이후부터 역사 서술이 시작된다. 그러므로 개항

이후 개화기, 일제 초기까지는 이 책의 서술 범위에 포함되어 있지는 않다. 그러나 3. 1 운동 이후, 즉 1920년대 이후 해방까지의 역사 서술 체계는 1987년 판『조선통사(하)』의 같은 부분과 거의 일치한다.

1987년 판『조선통사(하)』에서는 3. 1 운동을 기본적으로 부르주아 민족 운동으로 규정하고 있으며, 이것은 궁극적으로는 실패한 운동으로 단정하였다. 그리고 본격적인 항일 운동은 조선 공산주의 운동의 시작과 더불어 발전했다고 보았다. 이러한 체계는『현대조선력사』의 서술 체계와 그대로 일치하고 있음을 알 수 있다. 그리고 이 시대의 역사를 전체적으로 항일 혁명 투쟁, 혹은 항일 무장 투쟁의 시대로 규정한 것도 두 책이 모두 마찬가지이다. 특히 이 두 책에서는 항일 무장 투쟁의 역사에 있어서 김일성과 주체사상이 가장 중요한 역할을 하였다고 강조하고 있다는 점에서도 동일한 관점을 지니고 있다고 하겠다. 그런 점에서 1983년과 1987년에 각기 출판된 이 두 책의 역사 서술은 차이점이 거의 없다고까지 말할 수 있다.

1980년대에 있어서 북한의 역사학은 무엇보다도 김일성과 주체사상이 항일 무장 투쟁사의 중심 내용이었음을 강조하려는 데 그 목적을 두고 있다. 나아가 김일성의 영도에 의해 민족의 해방을 주체적으로 맞게 되었음을 정당화하려는 것이었다. 이것은 곧 앞으로 살펴볼 해방 이후의 역사에서 북한 정권의 역사적 정당성을 합리화하려는 목적을 지닌 것이었다. 모든 것을 이처럼 김일성과 주체사상에 연결시키려 하고 있기 때문에 이 두 책에서는 제2차 세계대전과 같은 세계사적인 흐름에 대해서는 전혀 관심을 두지 않고 있다. 일본 제국주의의 패전이 미국과 소련 등 당시 연합군의 군사적 승리를 의미하는 것인데도 그들은 철저하게 이러한 세계적인 역사의 흐름을 배제하고, 오직 김일성의 역할만을 절대적인 것으로 강조하고 있다. 이것은 1980년대로 오면서 북한이 더욱 폐쇄적인 사회로 변모하였으며, 외부 세계와 철저하게 단절된 사회가 되었음을 보여 주는 증거이다.

그러나 위의 [표 10]에서 1958년 판 『조선통사(하)』를 보면 1980년 대의 역사 서술과는 상당히 다르다는 것을 쉽게 발견할 수 있다. 물론 1958년 판의 제17장 이하에서도 조선 공산주의 운동이 모든 민족 운동의 중심을 이루고 있는 것으로 서술한 점에서는 같다고 할 수 있다. 그러나 1958년도의 역사 서술에서는 김일성과 주체사상이 중요하게 취급되지 않고 있다. 1958년의 경우 제20장에서는 항일 무장 투쟁의 역사를 서술하고 있는데, 여기에서 이들은 인민혁명군의 활동을 매우 중요하게 다루고 있다. 그러나 이 모든 것은 혁명 운동이 대중적 기반을 강화해 가는 과정으로 해석되고 있다. 말하자면 제19장 2절의 제목에서 보듯이 이 때에는 '조선 공산주의자들의 지도하에 항일 민족 운동'이 시작되고 확대되었다고 보았다.

한편으로 1987년 판의 제3편에서는 주체사상이 창시되고, 이에 따라 새로운 혁명 노선이 제시되었기 때문에 항일 무장 투쟁이 크게 발전하였다고 해석하고 있다. 동시에 1958년 판의 제21장에서는 1930년대 중반 이후 조선인민혁명군의 유격 작전도 유효하였음을 강조하였지만, 동시에 소련 군대에 의한 일본 제국주의의 패망에 대해서도 서술을 하고 있다. 그러나 1987년 판에서는 소련군의 역할과 제2차 세계대전에 대하여 일체의 언급이 없다. 그러므로 1958년에서 1987년 사이에 북한은 정치적으로나 사회적으로 더욱 폐쇄적인 방향으로 변하여 갔다는 사실이 이런 역사 서술에도 그대로 반영되어 있다고 할 수 있다.

3. 해방 이후 현대사의 서술 체계

북한의 역사책은 해방 이후의 현대사를 특별히 중요시하기 때문에 전체 서술에서 현대사가 차지하는 비중도 매우 높다. 또한 모든 역사책에서 현대사를 1945년 8월 15일 해방으로부터 시작하고 있다는 점도 주목된다.

1958년 판『조선통사(하)』에서는 제22장에서부터 제27장까지를 제5편 '현대 사회'라는 제목으로 묶어 해방 이후의 현대사를 서술하고 있다. 제22장은 '위대한 쏘련 군대에 의한 조선 해방, 북조선 민주 기지 창설(1945년 8월 15일~1947년 2월)'이라는 제목이 말해 주듯이, 소련 군의 역할을 매우 강조하고 있다. 이들은 아래와 같이 서술할 정도로 해방 과정에서 소련이 담당했던 역할을 높이 평가하였다.

> 1945년 8월 15일 조선 인민은 위대한 쏘련 군대에 의하여 장구한 일제의 식민지 통치 기반으로부터 해방되였다. 쏘련 군대에 의한 조선 해방은 조선 인민의 력사 발전에 새 기원으로 되었다. 해방된 조선 인민은 제2차 세계대전 후 국제적으로 조성된 유리한 환경 속에서 민주주의 자주 독립 국가 건설의 길에 들어섰다.[37]

그러나 남한에 진주한 미국에 대하여는 "미군이 남조선에 상륙한 첫날부터 실시한 식민지 예속화 정책의 기본 방향은 정치적으로는 온갖 민주주의적 애국적 역량을 탄압 말살하는 한편 자기들의 식민지 예속화 정책에 도움을 줄 온갖 매국적 반동 세력을 조장 비호하는데 있었으며, 경제적으로는 조선의 민족 경제를 파괴하여 자기들의 상품 판매 시장으로 원료 공급지로 만드는 데 있었으며, 군사적으로

---

37)『조선통사(하)』(사회과학원 력사연구소, 1958), p. 287.

는 조선을 아세아 대륙 침략의 교두보로 만드는 데 있었다"고 서술하고 있다.38) 이들의 주장에 따르면 소련군에 의한 북한의 해방은 진정한 해방이었으며, 남한은 일제 대신 미국에 의해 식민지적 상태에서 전혀 벗어나지 못한 상태에 머물고 있었다고 서술하였다. 따라서 남조선의 진정한 해방은 지연되었으며, 그 때문에 북조선에서만 토지 개혁을 위시한 제반 민주 개혁이 실시될 수밖에 없었음을 강조하고 있다.

이어서 제23장에서는 '민주 기지의 강화 발전과 조선민주주의공화국 창건(1947월 2월~1948년 9월)'이라는 제목하에 조선민주주의인민공화국의 창건되는 과정을 서술하고 있다. 여기에서 그들은 아래와 같이 설명하면서 남한이 미 제국주의의 식민지 상태에 있는 상황에서는 진정한 통일 정부를 세우기가 불가능하였기 때문에 어쩔 수 없이 '조선민주주의인민공화국'을 창건할 수밖에 없었다고 주장하였다.

우리 조국 남반부를 강점한 미 제국주의자들과 그들의 조종하에 있는 남조선의 민족 반역자들은 전체 조선 인민들의 한결같은 염원을 무시하고 조선 문제에 관한 모쓰크바 3국외상회의 결정을 파탄시켰으며 결국은 '5. 10 단선'을 강행하여 남조선 괴뢰 단독 정부를 조직하려 하였다. 이리하여 우리 앞에는 국토 양단과 민족 분열의 위기가 더욱 절박하여 갔다. 이러한 정세 하에서 조선 인민들은 노동당과 인민 정권의 지도하에 조국에 조성된 위기를 타개하기 위한 결정직 구국 대책으로서 자기들이 갈망하여 마지않던 조선민주주의인민공화국을 창건하는 길에 들어섰다.39)

그리하여 "1948년 8월 2일 남북조선 노동당연합중앙위원회를 창설하고 김일성 원수를 위원장으로 선출하였다."40) 그리고 같은 해 8월

38) 앞의 책, pp. 290~291.
39) 앞의 책, p. 354.

25일에는 '역사적인 조선민주주의인민공화국 최고인민회의 대의원 선거'가 실시되었으며, 이 선거에는 "유권자 총수 99.97%가 참가하였으며 그중 98.49%가 민주주의민족통일전선에서 추천한 공동 입후보자들에게 찬성 투표"를 하였다는 것이다. 그리고 1948년 9월 8일 최고인민회의 제1차 회의에서 헌법이 채택되자 북선인민위원회는 최고인민회의에 정권을 이양하였던 것이다.

1958년 판 『조선통사(하)』의 제24장은 '공화국 창건 후 남북조선의 정치 정세와 평화적 조국 통일 추진을 위한 조선 인민의 투쟁(1948년 9월~1959월 6월)'이라는 제목으로 북한 정권의 창건 후 한국전쟁이 일어날 때까지의 역사를 다루고 있다. 이 장에서 그들은 1948년도 '인민 경제 계획을 완수'하고, '1949년~1950년 2개년 인민 경제 계획'을 채택하여 경제가 크게 성장하였음을 서술하고, 각종 경제 통계를 제시하였다. 반면에 남조선에서는 미국과 맺은 '매국적 경제 협정들의 체결' 때문에 남조선 경제가 파멸에 이르렀다고 쓰고 있다. 이런 상황에서 그들은 평화적으로 조국 통일을 실현하려고 여러 가지 노력을 하였으나, '남조선에서의 미제와 이승만 도당의 전쟁 준비'가 강화되어 결국 남조선을 해방시키기 위한 소위 '조국 해방 전쟁'이 불가피하였음을 강조하였다.

그러므로 이 책의 제25장은 '자유와 독립을 위한 조선 인민의 조국 해방 전쟁(1950월 6월~1953년 7월)'이라는 제목에서 알 수 있듯이 한국전쟁, 그들의 표현대로라면 '조국 해방 전쟁'의 역사를 서술하고 있는 것이다. 특히 이들은 평화 통일을 달성하기 위하여 온갖 노력을 다하였다고 주장하고 있었으므로 이 전쟁은 "미제의 지시에 따라 그 주구들은 1950년 6월 25일 이른 새벽에 괴뢰 '국방군'을 동원하여 북반

_____

40) 앞의 책, p. 355.

부를 침공하였"기 때문에 일어났다고 주장하고 있다.[41] 그러면서 이 전쟁의 역사를 길게 서술하였다. 그리고 이 전쟁에서 노동당원들의 역할을 이렇게 주장하고 있다.

> 전쟁의 어려운 시기에 전선과 후방에서 조국과 인민을 위한 자기의 실제적인 활동과 투쟁을 통하여 인민의 이익에 충실한 진정한 애국자라는 것을 뵈여 줌으로써 인민 대중의 더욱 증대되는 신뢰와 지지를 받게 되었으며 바로 이것이 진격과 후퇴 그리고 전선의 고착 등 모든 복잡한 전쟁 행정에서 우리를 불패의 역량으로 만들었으며 빛나는 역사적 승리를 쟁취할 수 있게 하였다.[42]

제26장은 '전후 조국의 평화적 통일을 위한 투쟁과 북반부에서 인민 경제 복구 발전 3개년 계획의 승리적 완수(1953월 8년~1956년 12월)'라 하여 전후의 경제 복구 정책에 대하여 서술하였다. 마지막 장인 제27장은 '해방 후 인민 교육 및 과학 문학 예술의 발전(1945년 8월~1956년)'이라는 제목으로 해방에서부터 1956년까지의 교육과 과학, 문학, 예술의 발전에 대하여 기술하였다. 이 책이 1958년에 출판되었는데, 1956년까지의 역사를 서술하고 있다.

1987년 판 『조선통사(하)』의 현대사 서술 체계는 1958년 판과는 현격하게 다르다. 이 책의 현대사 부분은 제4편에서 제8편까지 모두 다섯 편으로 구성되어 있다. 제4편 '새 소선 건설'에시는 1958년 판에서와 마찬가지로 해방 직후 북한 정권의 성립 과정을 서술하고 있다. 그러나 1958년 판과는 달리 이 모든 과정이 김일성의 영도로 이루어졌음을 다음과 같이 특별히 강조하고 있다.

---

41) 앞의 책, p. 394.
42) 앞의 책, p. 461.

위대한 수령 김일성 동지께서는 조선이 나아갈 길은 참다운 민주주의인 진보적 민주주의의 길이라고 하시면서 이 길만이 우리 인민에게 자유와 권리를 주고 행복한 생활을 마련하여 주며 나라의 완전 자주 독립을 보장하여 줄 수 있다고 강조하시였다.

새 조선 건설을 위하여 우리 인민이 지향하는 민주주의는 구미 자본주의 국가의 '민주주의'와는 근본적으로 다르며 사회주의 국가의 민주주의를 그대로 본 딴 것도 아니였다. 그것은 반제반봉건민주주의혁명 단계에 놓여 있는 조선의 현실에 가장 알맞는 새 형의 민주주의였다.[43]

1958년 판 『조선통사(하)』에서 '소련군의 기여와 사회주의 국가의 건설'을 강조하였으나, 1987년 판에서는 '김일성 개인의 영향과 북한식 사회주의의 건설'이라는 측면을 앞세우고 있다. 그래서 북한에서는 이러한 건국 과정을 '주체형의 혁명적 당의 탄생'이라고 하여, 이때부터 벌써 주체사상에 입각한 북한 고유의 입장을 유난히 강조하고 있는 것이다.

제5편 '조국 해방 전쟁'에서는 한국전쟁을 다음과 같이 규정하고 있다.

미제와 그 앞잡이들의 무력 침공을 반대하는 조선 인민의 전쟁은 제국주의적 침략으로부터 조국의 자유와 독립, 민족의 자주권을 수호하기 위한 반제 민족 해방 전쟁이며 남조선에서 미제와 괴뢰 도당의 반동 통치 제도를 뒤집어엎고 인민들에게 참된 삶을 안겨 주기 위한 치렬한 계급 전쟁이였다. 또한 이 전쟁은 미제를 우두머리로 하는 제국주의 련합 세력을 반대하고 아세아와 전 세계의 평화와 안전을 지키기 위한 성스러운 투쟁이였다.[44]

43) 『조선통사(하)』(사회과학출판사, 1987), p. 304.
44) 앞의 책, p. 405.

그리고 이 전쟁의 전 과정이 김일성의 빼어난 영도력으로 진행되어 승리를 쟁취하였다고 주장하였다.

제6편 '전후 복구 건설과 사회주의 기초 건설'과 제7편 '사회주의의 전면적 건설을 위한 투쟁'에서는 전후의 복구 과정을 자랑스럽게 서술하면서, 북한에서의 주체사상이 절실하게 필요하게 되었음을 강조하면서 다음과 같이 서술하였다.

> 우리 나라에서의 사회주의 혁명과 사회주의 기초 건설은 다른 나라와 구별되는 특수한 사회 경제적 조건과 환경에서 진행되었다. 따라서 로동 계급의 기성 리론이나 다른 나라의 경험을 가지고서는 우리 나라 혁명과 건설에서 제기되는 리론 실천적 문제들을 옳게 해결할 수 없었다.45)

이처럼 북한에서는 한국전쟁 이후 당면한 현실은 자본주의 세계와는 물론이고 다른 사회주의 국가의 형편과도 판이하게 다르다고 하면서, 북한의 현실을 북한 고유의 이념으로 극복해야 된다고 강조하였다. 주체사상의 필요성을 드러내려는 의도였다.

그리고 제8편 '사회주의 완전 승리를 앞당기기 위한 투쟁'에서는 1980년대의 상황에서 북한은 "'두 개 조선' 조작 책동을 짓부시고 조국의 자주적 평화 통일을 위한 투쟁"을 전개해야 할 필요성을 강조하고 있으며, 그러기 위해서는 "주체사상과 주체의 당 및 국가 건설 리론"을 심화 발전시켜야 한다고 주장하였다. 이러한 주장은 1980년대 이후 남한의 국력이 현격하게 성장하는 것에 비해 점차 북한 열세가 깊어지는 상황에서 그 내부의 결속력을 강화하려는 정치적 목적과 깊은 관련이 있어 보인다. 그러므로 이들은 자신들이 내세우는 '고려

---

45) 앞의 책, p. 533.

민주련방공화국 창립'이 통일의 유일한 대안이라고 주장하고 있다.

한편 1983년 판『현대조선력사』는 제1부에서 해방 전의 '항일 혁명 투쟁'을 서술한 다음, 해방 이후의 현대사는 크게 두 부분으로 나누어 서술하고 있다. 즉 이 책의 제2부에서는 해방 직후 '조선민주주의인민공화국의 창건' 과정과 그들의 소위 '조국 해방 전쟁'을 중점적으로 서술하였다. 그리고 제3부에서는 전후의 복구 과정을 시작으로 하여 주체사상이 싹트기 시작하였으며, 제3부의 3장에서는 '사회주의의 완전한 승리를 앞당기기 위한 투쟁'은 주체사상이 확립되는 과정과 일치한다는 입장을 밝히고 있다. 그리고 1970년대를 거치면서 '조선민주주의인민공화국의 국제적 지위'가 강화되어 갔음을 서술하였다. 이 책은 1987년 판『조선통사(하)』보다 4년 앞서 서술되었다. 그러므로 여기서는 1970년대까지의 역사만을 다루고 있다. 그러나 이러한 세부적인 차이는 있지만, 해방 이후의 현대사를 서술하는 체계는 기본적으로 동일하다고 보아도 무방하다.

이상에서 세 권의 북한 역사책의 현대사 부분을 살펴보았다. 이제 이 세 책의 목차를 비교하여 보기 쉽도록 다음의 [표 11]을 만들었다.

4. 북한 역사학의 체제

지금까지 살펴본 바에 따르면 북한의 역사 서술은 1958년부터 최근까지 기본적인 시대 구분이 거의 변하지 않았음을 알 수 있다. 그들은 고대 노예 소유자 사회에서, 중세 봉건 사회를 거쳐 현대로 이어지는 3분법을 수십 년 동안 그대로 유지하고 있다.

사실 중세 봉건 사회 다음에는 자본주의 시대가 출현하는 것이 마르크스의 유물사관을 따르는 3분법적 시대 구분이다. 그러나 북한에

[표 11] 북한 역사서의 현대사 서술 체계 비교표

1958년 『조선통사(하)』	1987년 『조선통사(하)』	1983판 『현대조선력사』
제5편 현대 사회 제22장 위대한 쏘련 군대에 의한 조선 해방, 북조선 민주 기지 창설(1945.8.15~1947.2) 제1절 해방 직후의 조선의 정치 정세 제2절 조선에서의 맑스-레닌주의 당 창건 제3절 북조선 임시인민위원회 수립 제4절 북조선에서의 제반 민주 개혁의 실시 제5절 미제의 식민지 예속화 정책과 민주 역량의 통일 단결을 위한 조선 인민의 투쟁, 노동당의 창건	제4편 새 조선 건설 제1장 새 조선 건설의 착수, 반제반봉건민주주의혁명의 완수 제1절 위대한 수령 김일성 동지의 조국 개선, 새 민주 조선 건설로선의 제시 제2절 주체형의 혁명적 당의 탄생, 북조선공산당 중앙조직위원회 창설 제3절 북조선 림시인민위원회의 수립. 제반 민주 개혁의 실시 제4절 공산당의 대중적 당으로의 발전 제5절 3대 혁명의 개시 제6절 남조선에서 반미 구국 투쟁의 앙양	제2편 새 조국 건설, 조국 해방 전쟁 제1장 반제반봉건민주주의 혁명의 수행 제1절 해방 후 조선의 정치 정세 제2절 주체형의 혁명적 당, 공산당의 창건 제3절 인민 정권의 수립
제23장 민주 기지의 강화 발전과 조선민주주의공화국 창건(1947.2~1948.9) 제1절 북조선인민위원회의 조직 제2절 1947년도 인민 경제 계획의 실시와 1948년도 인민 경제 계획의 채택 제3절 미제의 민족 분열 정책의 노골화와 그를 반대한 조선 인민의 투쟁 제4절 조국의 평화적 통일을 위한 소선노동당의 방책, 조선인민군 창건, 북조선노동당 제2차 대회 제5절 4월 남북 연석 회의와 5.10 단선 반대 투쟁 제6절 조선민주주의인민공화국 창건 제24장 공화국 창건 후 남북조선의 정치 정세와 평화적 조국 통일 추진을 위한 조선인민의 투쟁(1948.9.~1950.6)	제2장 사회주의에로의 과도기 첫 시기 과업의 수행, 조선민주주의인민공화국의 창건 제1절 북조선인민위원회 수립, 첫 인민 경제 계획의 수행 제2절 생산 관계의 사회주의적 개조를 위한 준비 사업 추진 제3절 정규 무력 건설, 조선인민혁명군의 조선인민군으로의 강화 발전 제4절 북조선로동당 제2차 대회, 4월 남북 련석 회의 제5절 조선민주주의인민공화국의 창건과 그 위력의 강화 제6절 미제와 남조선 괴뢰도당의 전쟁 도발 책동, 조국의 평화적 통일을 촉진하기 위한 투쟁	제4절 민주 개혁의 성과적 수행 제5절 공산당과 다른 근로자 당들의 합당 제6절 건국 사상 총동원 운동 제2장 사회주의 혁명 단계로의 이행. 조선민주주의인민공화국의 창건 제1절 북조선인민위원회의 수립, 사회주의로 넘어가는 과도기의 개시 제2절 인민 경세의 부흥 발전 제3절 민족 분열의 위기의 격화, 4월 남북 연석 회의 제4절 조선민주주의인민공화국의 창건 제5절 조선민주주의인민공화국의 정치 경제적 위력의 강화, 조국의 평화적 통일을 위한 투쟁 제6절 미제와 남조선 정권의 전쟁 준비, 군사 기지화 정책의 강화

1958년 『조선통사(하)』	1987년 『조선통사(하)』	1983년 『현대조선력사』
제1절 공화국 창건 후 그의 정치 경제적 기초를 강화하기 위한 조선 인민의 투쟁 제2절 괴뢰 정부 출현 후의 남조선 정세, 미제와 이승만 도당을 반대하는 조선 인민의 투쟁 제3절 민주 역량의 통일 강화와 평화적 조국 통일 실현을 위한 조선 인민의 투쟁 제4절 공화국을 반대하는 미제의 침략 전쟁 도발 준비		제7절 전쟁 전야의 긴박한 정세, 조국의 평화적 통일을 위한 투쟁의 강화
	제3장 새 조선 건설 시기 문화 제1절 교육과 과학 기술 제2절 문학 예술과 출판 보도 제3절 보건과 체육	
제25장 자유와 독립을 위한 조선 인민의 조국 해방 전쟁(1950.6~1953.7) 제1절 위대한 조국 해방 전쟁의 개시, 조선인민군의 반공격, 광대한 남반부 지역들의 해방 제2절 인민군의 전략적 후퇴, 원쑤들을 반대하는 전 인민적 투쟁	제5편 조국 해방 전쟁 제1장 조국 해방 전쟁의 개시, 남반부 넓은 지역의 해방 제1절 미제의 전쟁 도발, 조국 해방 전쟁 승리를 위한 전략적 방침 제2절 반공격에로의 이행과 서울 해방 제3절 대전 해방 작전과 락동강계선에서의 혈전 제4절 전시 생산과 전선 원호, 남반부에서의 민주 개혁	제3장 조국 해방 전쟁 제1절 조국 해방 전쟁의 개시, 남반부 넓은 지역의 해방 제2절 조선인민군의 전략적 후퇴와 반공격 준비 제3절 전국의 근본적 전환, 조선인민군의 반공격 제4절 적극적인 진지 방어전 제5절 조선노동당의 조직 사상적 강화, 미제의 군사적 모험의 파탄과 조선 인민의 위대한 조국 해방 전쟁의 승리 제6절 조국 해방 전쟁 승리의 역사적 의미
제3절 조선인민군과 중국인민지원군의 협동 작전에 의한 5차의 작전 제4절 전선의 고착과 진지 방어전으로의 이행, 미제 무력 침공자들의 공세를 격파, 정전 협정의 체결	제2장 조선인민군의 전략적 후퇴와 반공격 제1절 적의 모험적인 침략 기도를 분쇄하기 위한 투쟁 제2절 강점 지역들에서의 미제의 만행, 인민 유격대 및 청소년 근위대들의 투쟁	

1958년 『조선통사(하)』	1987년 『조선통사(하)』	1983년 『현대조선력사』
제5절 조국 해방 전쟁에서 조선 인민이 쟁취한 승리의 역사적 의의와 그의 기본 요인	제3절 아군 련합 부대들의 반공격, 적후 투쟁 제4절 혁명적 규률의 강화, 후방의 복구 정비 제5절 전선에서의 끊임없는 소모전과 강력한 선제 타격	
	제3장 적극적인 진지 방어전, 조국 해방 전쟁의 위대한 승리 제1절 진지 방어전에로의 이행, 하기 및 추기 방어 작전 제2절 조선인민군의 적극적인 군사 활동, 주체 전법 제3절 후방의 공고화, 전후 복구 건설 준비 제4절 미제의 야수적 만행, 조선 인민에 대한 국제적 지지 성원 제5절 당의 조직 사상적 강화, 미제의 군사적 모험의 파탄 제6절 조국 해방 전쟁의 위대한 승리 제4장 조국 해방 전쟁 시기 문화 제1절 교육과 과학 기술 제2절 문학 예술과 출판 보도 제3절 보건과 체육	
제26장 전후 조국의 평화적 통일을 위한 투쟁과 북반부에서 인민 경제복구 발전 3개년 계획의 승리적 완수 (1953. 8~1956.12) 제1절 전후 조국의 평화적 통일과 공화국 북반부에서의 사회주의 건설을 위한 조선노동당의 기본 방침, 인민 경제 복	제6편 전후 복구 건설과 사회주의 기초 건설 제1장 전후 인민 경제 복구 건설, 생산 관계의 사회주의적 개조 제1절 사회주의 경제 건설의 기본 로선. 전후 인민 경제 복구 건설 제2절 생산 관계의 사회주의적 개조 제3절 주체 확립에서의 근본	제3편 사회주의의 건설과 조국 통일을 위한 투쟁 제1장 사회주의 기초 건설 제1절 전후의 국내 정세. 사회주의 기초 건설의 총체적 과업 제2절 전후 인민 경제의 복구 건설 제3절 생산 관계의 사회주의적 개조 제4절 주체 확립을 위한 투쟁

1958년판 『조선통사(하)』	1987년판 『조선통사(하)』	1983년판 『현대조선력사』
구 건설을 위한 준비 사업 제2절 전후 인민 경제 복구 발전 3개년 계획 실현을 위한 투쟁, 공업의 급속한 복구 발전과 농업 협동화 운동의 앙양 제3절 조선노동당 제3차 대회, 제1차 5개년 계획의 기본 방향 제4절 전후 인민 경제 복구 발전 3개년 계획의 성과적 완수, 인민 생활의 급속한 개선 향상 제5절 전후 남반부의 사회 경제 형편, 평화적 조국 통일 촉진을 의한 조선 인민의 투쟁	적인 전환, 당의 통일 단결의 강화	제5절 천리마 운동
	제2장 사회주의 공업 농업 국가에로의 전변 제1절 사회주의 걸설에서의 혁명적 대고조 제2절 사회주의 제도의 수립, 사상 기술 문화의 3대 혁명 로선 제3절 공업화의 기초 축성, 농촌 경리의 기술적 개조 제4절 혁명 전통 교양과 공산주의 교양의 강화, 천리마 운동의 심화 발전 제5절 청산리 정신, 청산리 방법의 창조, 사회주의 기초 건설의 완성 제6절 전후 남조선 력명과 조국 통일을 위한 투쟁, 재일 조선인 운동의 발전 제7절 사회주의 나라들을 비롯한 세계 혁명적 인민들과의 친선 협조 관계의 발전	제2장 사회주의의 전면적 건설 제1절 사회주의의 전면적 건설로의 이행 제2절 청산리 정신, 청산리 방법의 관철 제3절 사회주의 농촌 건설의 적극적 추진 제4절 경제 건설과 국방 건설의 병진, 전인민적 방위 체계의 수립 제5절 사상 혁명, 온 사회의 혁명화, 노동 계급화 제6절 사회주의 공업화의 실현
	제3장 전후 복구 건설과 사회주의 기초 건설 시기 문화	

1958년 『조선통사(하)』	1987년 『조선통사(하)』	1983년 『현대조선력사』
	제1절 교육과 과학 기술 제2절 문학 예술과 출판 보도 제3절 보건과 체육	
	제7편 사회주의의 전면적 건설을 위한 투쟁 제1장 사회주의의 전면적 건설의 착수. 경제 건설과 국방 건설의 강력한 추진 제1절 사회주의의 전면적 건설을 위한 웅대한 강령. 여섯 개 고지 점령을 위한 투쟁 제2절 새로운 사회주의적 경제 관리 체계의 확립 제3절 자위적인 국방력 강화, 사회주의 경제 건설을 다그치기 위한 투쟁 제4절 사회주의 농촌 건설의 적극적 추진 제5절 당, 근로 단체들의 역할을 높이기 위한 투쟁, 일군들의 당성, 로동 계급성, 인민성의 제고	제3장 사회주의의 완전한 승리를 앞당기기 위한 투쟁 제1절 사회주의의 완전한 승리를 앞당기기 위한 투쟁 제2절 온 사회의 정치 사상적 통일의 강화, 국가 사회 제도의 공고화 제3절 온 사회의 주체사상화 강령. 3대 혁명의 강력한 추진 제4절 사회주의 대건설 투쟁 제5절 사회주의적 민족 문화의 개화 발전 제6절 사회주의 건설에서 새로운 앙양을 일으키기 위한 투쟁
	제2장 7개년 인민 경제 계획의 성과적 수행, 사회주의 공업 국가에로의 전변 제1절 혁명과 건설을 다그치기 위한 새로운 혁명 로선, 당의 유일 사상 체계 확립에서의 결정적 전환 제2절 경제, 국방 건설에서의 새로운 앙양, 천리마 작업반 운동의 심화 발전 제3절 국가 활동의 모든 분야에서 자주, 자립, 자위의 혁명 정신의 철저한 구현. 사회주의 공업 국가에로의 전변 제4절 통일혁명당의 창건, 남조선 인민들의 반제반파쇼 민주화 투쟁의 강화	제4장 남조선 인민들의 구국투쟁 제1절 4월 인민 봉기 제2절 군사파쇼 독재의 수립, 사회의 민주화를 위한 인민들의 투쟁 제3절 통일혁명당의 창건과 반제반파쇼 투쟁의 강화 제5장 조국의 자주적 평화 통일을 위한 투쟁 제1절 조국 통일을 다그치기 위한 주동적 공세 제2절 7. 4 남북 공동 성명. 남과 북의 대화 제3절 <두 개 조선> 조작 책동을 분쇄하고 통일 위업을 다그치기 위한 투쟁 제6장 조선민주주의인민공화국의 국제적 지위의 강화

1958년 『조선통사(하)』	1987년 『조선통사(하)』	1983년 『현대조선력사』
	제5절 세계 혁명 력량과의 단결의 강화, 대외 관계의 확대 발전	제1절 조선민주주의인민공화국의 자주적 대외 정책 제2절 조선민주주의인민공화국의 대외 관계의 급속한 확대 발전
제27장 해방 후 인민 교육 및 과학, 문학 예술의 발전 (1945. 8.~1956) 제1절 인민 교육 체계의 창설과 민주 교육의 발전 제2절 해방 후 과학 및 출판 문화의 발전 제3절 해방 후 민주주의적 민족 문학 예술의 발전 제4절 해방 후 남조선의 문화 상태 제5절 조국 해방 전쟁 시기의 교육, 과학 및 문학 예술 제6절 전후 인민 경제 복구 발전 시기의 문화	제3장 사회주의 전면적 건설 시기 문화 제1절 교육과 과학 기술 제2절 문학 예술과 출판 보도 제3절 보건과 체육	
	제8편 사회주의 완전 승리를 앞당기기 위한 투쟁 제1장 3대 혁명의 심화 발전, 6개년 계획의 수행 제1절 사회주의 완전 승리를 앞당기기 위한 새로운 투쟁 로선, 6개년 계획 수행의 돌파구를 열기 위한 투쟁 제2절 온 사회의 정치 사상적 통일의 강화, 사회주의 헌법 제정 발포 제3절 전당과 온 사회의 주체 사상화를 위한 투쟁, 3대 혁명의 강력한 추진 제4절 사회주의 대건설, 인민 경제 발전 6개년 계획의 기한 전 완수 제5절 제2차 7개년 계획의 착수, 숨은 영웅들의 모범을 따라 배우는 운동 제6절 <두개 조선> 조작 책동	

1958년 『조선통사(하)』	1987년 『조선통사(하)』	1983년 『현대조선력사』
	을 짓부시고 조국의 자주적평화통일을 위한 투쟁, 남조선에서 반파쑈민주화투쟁의 심화 발전	
	제2장 80년대 총진군의 개시, 제2차 7개년 계획의 수행 제1절 사회주의 완전 승리를 이룩하기 위한 투쟁 강령, 사회주의 경제 건설의 10대 전망 목표 실현을 위한 투쟁 제2절 위대한 수령님 탄생 70돐을 뜻깊게 맞이하기 위한 대정치 축전, 주체사상과 주체의 당 및 국가 건설 리론의 심화 발전 제3절 제2차 7개년 계획의 수행, 인민 생활의 향상 제4절 고려민주련방공화국 창립 방안. 조국 통일을 위한 범민족적 투쟁의 강화 제5절 반제자주 력량과의 단결을 강화하기 위한 투쟁. 주체사상 연구 보급 사업의 심화 발전	
	제3장 사회주의 완전 승리를 앞당기기 위한 투쟁 시기의 문화 제1절 교육과 과학 기술 제2절 문학 예술과 출판 보도 제3절 보건과 체육	

서는 중세 봉건 사회가 19세기 후반의 개항 시기까지 이어지는 것으로 보고 있다. 1977년 판 『조선통사(상)』의 제10장을 예로 들어보면 17세기 이후 한국 사회에 '상품 화폐 관계의 발전'이라는 제목이 보인다. 이것은 17세기 이후 한국 사회에 자본주의적 사회가 출현했다

고 말하려는 것이지만, 전체적으로 이 부분은 제3편 봉건 사회라는 틀 안에 들어 있다. 그리고 개항 이후는 1987년 판『조선통사(하)』에서 보듯이 '근대 반침략반봉건 투쟁과 민족 해방 운동' '민족주의 운동으로부터 공산주의 운동에로의 방향 전환을 위한 투쟁' '항일 혁명 투쟁' '조국 해방 전쟁' '전후 복구 건설과 사회주의 기초 건설' '사회주의의 전면적 건설을 위한 투쟁' '사회주의 완전 승리를 앞당기기 위한 투쟁' 등으로 역사가 서술되고 있다. 이것은 이들이 역사 서술에서 유물사관의 틀을 그대로 유지하면서, 실은 북한 사회의 독특한 현실에 맞추어 많은 변형을 가하고 있음을 말해 주고 있다. 그리고 그 특징은 외세에 대한 투쟁과 극단적인 민족주의적 경향이라는 두 가지로 요약될 수 있다.

1977년 판『조선통사(상)』의 머리말을 보면 이 책의 서술하는 데 김일성의 가르침이 절대적이었음을 이렇게까지 말하고 있다.

경애하는 수령 김일성 동지께서는「현 시기 우리 혁명의 요구에 맞게 사회 과학의 역할을 더욱 높일 데 대하여」를 비롯한 일련의 로작과 교시들에서 력사 연구에서 지도적 지침으로 삼아야 할 방법론적 무기를 안겨 주시고 그 구체적 제목에 이르기까지 하나하나 가르쳐 주시였다. 혁명의 위대한 수령 김일성 동지께서는 다음과 같이 교시하였다.
우리가 역사를 학습하자는 것은 왕이나 봉건 통치배들의 력사를 알자는 것이 아니라 우리 인민의 투쟁의 력사, 창조의 력사를 알자는 것입니다. 우리는 인민의 투쟁과 창조의 력사를 잘 알아야만 조국에 대한 열렬한 사랑의 감정을 소유할 수 있으며 민족적 긍지와 혁명적 자존심을 가질 수 있습니다.

이처럼 북한에서는 1970년대 중반 이후에는 더욱 철저하게 김일성의 영도를 강조하고 정당화하기 위하여 역사를 서술하였으며, 또 그 역사는 '민족적 긍지와 혁명적 자존심'을 확인하기 위한 것이었다. 때문에 이러한 김일성의 교시에 따라 서술된 이 책에서는 다음과 같이 말하고 있다.

> 먼저 력사 서술 전반에 걸쳐 철저한 주체적 립장에서 당성, 로동 계급성을 관철하기 위하여 사건, 인물 평가에서 로동 계급적 선을 세우며 민족 문화 유산 계승에서 복구주의와 허무주의를 극복하기 위하여 노력하였다.

이러한 역사 서술의 기조는 다른 모든 책에서도 그대로 유지되고 있다. 그러므로 위에서 살펴보았듯이 북한의 역사 서술은 그 안에 사소한 변화가 없지는 않았지만 근본적인 변화는 있을 수가 없었다. 특히 1970년대 이후 오늘에 이르기까지에는 그런 성향이 더욱 경직되고 강화되고 있음을 쉽게 파악할 수 있다.

그러므로 북한에서는 다양한 견해를 가진 여러 종류의 역사책이 나올 수가 없으며, 오직 북한 정권의 견해를 반영할 뿐이다. 북한의 역사학은 이처럼 정권에 철저하게 예속되어 있다. 따라서 북한 역사학의 체계가 수십 년 동안 거의 변화지 않았다는 것은 북한 정권의 기본 속성이 거의 변하지 않았다는 명백한 증거라고 할 수 있다. 그리고 외세에 대한 극단적인 배타성과 민족 지상주의라는 두 가지의 기본 요소는 결국 북한의 김일성식 주체사상에 그대로 연결되었으며, 그와 같은 북한 당국의 기본 방침은 조금도 변하지도, 완화되지도 않고 있다는 것을 의미한다. 북한 정권의 방침이 이처럼 완강하다면, 그들의 역사학도 더욱 경직될 것은 당연한 일이다.

북한 역사학의 체계에 대한 이 글을 준비하면서, 나는 북한에서 서술된 세계사, 혹은 다른 나라의 역사를 서술한 책이 출판되었는지가 무척 궁금했다. 그러나 현재 우리 나라에 그런 자료를 소장하고 있는

기관이 있는지조차 확인할 수 없었다. 그런 의미에서 현재 나의 능력
으로는 그런 책의 유무를 확인하기란 불가능한 일이었다. 만약 북한
에서 서술한 세계사나 다른 나라의 역사에 대한 책이 있다면 그것은
그것대로 북한 역사학의 체계를 이해하는 데 매우 중요한 자료가 될
것이라고 생각한다. 그러나 북한의 역사 서술이 지금까지 살펴본 대
로 이루어지고 있다면, 그들은 과연 세계의 역사를 그 주민들에게 가
르칠 수가 있을까? 그처럼 북한이 특수한 사회라고 강조하면서 세계
다른 나라의 역사를 서술하고 교육할 수가 있을까? 필자는 연구를 하
는 동안 줄곧 이러한 의문을 떨칠 수가 없었다. 어떤 의미에서 북한
은 그들이 그토록 떠받드는 주체사상이 만개한 완성된 사회라 자부
하는 듯하다. 이러한 나의 판단이 맞는다면 그들은 그처럼 완성된 유
토피아를 외부의 침략이나 위협으로부터 지켜야 할 필요만 있을 뿐,
더 이상 그 사회를 변화시켜야 할 필요는 전혀 없는 사회였다. 이와
같은 북한 체제에서는 역사란 단지 그들이 이룩했다고 믿는 하나의
이상을 실현하기 위한 과정이었을 뿐이며, 그런 과정을 방해하는 국
내외적인 위협에 대한 투쟁의 역사였을 뿐이다. 그러므로 북한에는
엄밀한 의미에서의 역사학이 존재하지 않으며, 단지 그들의 목적을
달성하기 위하여 역사학적인 방법론만이 부분적으로 존재하고 있을
뿐이라고까지 말할 수 있다.[46]

---

46) 북한 역사학의 전개 과정을 살펴본 이기동 교수는 "현재 북한 역사학계는 솔직
히 질식 상태에 놓여 있다는 느낌이 든다"(『전환기의 한국사학』(일조각, 1999. 8)
p. 139)고 전제하고 자신이 쓴 글의 말미(pp. 178~179)에서 그 현실을 다음과 결
론지었다.
  "북한 역사학이 걸어 온 반세기간의 자취를 검토해 보면서 필자는 사회주의
국가에 있어서 역사학의 숙명이라는 것을 뼈저리게 느끼게 되었다. 그것은 필
경 체제의 부산물에 다름 아닌 것이다. 더욱이 그것이 '위대한 수령'의 개인
숭배에 전적으로 봉사할 때 이미 역사일 수가 없다고 생각된다. 여기서 가면
의 진실은 현실의 속임수가 된다는 격언이 새삼스레 떠오르는 것은 비단 필자
만의 소감이 아닐 것이다."

전통 시대를 바라보는 북한의 역사 인식
─ 『조선통사(상)』을 중심으로 ─

　최근 우리 사회에서는 국내외 정세의 급격한 변화와 더불어 통일에 대한 논의가 확대되고 있다. 그러나 북한에 대한 학문적인 연구가 오랫동안 금기시되어 왔기 때문에 북한에 대한 지식이 일반에 알려질 수가 없었다. 북한에 대한 정확한 이해 없이는 건전한 통일론이 성립될 수도 없으리라는 것은 너무나 당연한 일이다. 이미 반세기 가까운 세월 동안 철저하게 분리된 채 지내 온 남북한 양 체제는 현실적인 대립 요인이 너무도 많아 과연 하나의 민족으로서의 동질성을 회복할 수가 있을지가 불확실해 보이기도 하였다.

　그런 의미에서 남북한 모두 과거에 공유하였던 역사적 경험을 어떻게 이해하고 있는지를 확인해 본다는 작업은 서로의 입장을 확인하고 나아가 새로운 이해의 바탕을 마련하는 데 큰 도움이 될 것이라고 확신한다.

　사실 북한에서 우리의 역사를 어떻게 해석하고 있는가에 대한 연구가 없지는 않았지만 아직도 일반 연구자의 접근이 쉽지만은 않다. 그런 의미에서 여기에서는 북한의 대표적인 한국사 개설서인 『조선통사』, 특히 그 가운데서도 상권을 중심으로 그들이 우리 전통 시대의 역사를 어떻게 인식하고 있는지를 서술하고자 한다.

이 1977년 판『조선통사』는 서울에 있는 '도서출판 오월'에서도 출판하여 누구나 손쉽게 구해 볼 수가 있다. 다만 서울에서 출판된 이『조선통사』에서는 편집자들의 주장에 따라 본문 곳곳에 삽입되어 있던 김일성 어록 부분이 모두 삭제되었으며, 그 점에 있어서는 북한에서 출판된『조선통사』와는 사뭇 다른 책이 되었다. 그러나 그 외의 내용은 그대로이므로 이를 가지고 북한의 한국사 서술의 몇 가지 특징을 살펴보는 데 큰 지장은 없을 것이다.

앞에서 이미 살폈듯이 우리가 살펴볼『조선통사』상권은 고대로부터 삼국 시대 고려 시대를 거쳐 조선 시대의 역사가 서술되어 있다. 따라서 이 장에서는 남북한이 함께 공유하고 있는 우리의 전통 시대에 관한 역사 서술의 성격이 어떠한 것인가를 살펴보려고 한다. 그리고 북한의 정치적인 이념과 그 이념에 대한 선전이 너무 지나치게 강조되어 있는『조선통사』하권은 다음 장에서 좀더 본격적으로 다루고자 한다.

1. 『한국사신론』과 비교해서 본『조선통사(상)』의 서술 체제 특징

『조선통사(상)』의 서술 체제가 지닌 특징은 무엇인가? 이 문제에 대하여 말하기 이전에『조선통사(상)』의 목차를 남한의 대표적인 한국사 개설서인『한국사신론』(일조각, 1993)과 비교해 볼 필요가 있다. 이 두 책의 목차를 다음의 [표 12]로 정리하면 다음과 같다.

[표 12] 『조선통사(상)』과 『한국사신론』의 목차 비교표

『조선통사』	『한국사신론』
[제1편] 원시 사회 제1장 원시 공동체 사회	제1장 원시 공동체의 사회
[제2편] 노예 소유자 사회 제2장 우리 나라 노예 소유자 사회	제2장 성읍 국가와 연맹 왕국
[제3편] 봉건 사회 제3장 우리 나라에서 봉건 사회의 발생, 세 나라에서의 봉건 관계의 발전	제3장 왕족 중심의 귀족 사회
제4장 8~9세기 봉건 관계의 발전	제4장 전제 왕권의 성립
제5장 10~11세기 봉건 제도의 정비와 봉 건적 예속의 강화	제5장 호족의 시대 제6장 문벌 귀족의 사회
제6장 12세기 전국적 대농민 폭동 13세기 몽골 침략군을 물리친 인민 들의 투쟁	제7장 무인 정권
제7장 고려 봉건 국가의 멸망과 이조 봉건 국의 성립	제8장 사대부의 등장
제8장 15세기 봉건 체제의 재편성 경제와 문화의 발전	제9장 양반 사회의 성립
제9장 16세기 대토지 소유의 발전 1592~1598년 임진조국전쟁	제10장 사림 세력의 성장
제10장 17세기 상품 화폐 관계의 발전 제11장 18세기 자본주의적 관계의 발생. 실학의 발전	제11장 광작 농민과 도고 상인의 성장
제12장 19세기 초, 19세기 중엽 봉건 제도 의 위기와 농민 폭동의 앙양	제12장 양반 신분 체제의 동요와 농민의 반란

[표 12]를 보면 『조선통사(상)』은 전통 시대의 우리 역사를 크게 세 개의 편으로 나누고 있다. 우리들이 보통 '원시 시대'라 부르는 시기를 '원시 사회'로 규정하고 거기에 1장을 배정하여 '원시 공동체 사회'라 고 하였다. 이는 『한국사신론』의 경우와 마찬가지다. 그러나 고조선에 서 삼한 시대에 이르는 시기를 『조선통사(상)』에서는 '노예 소유자 사 회'로 규정하고 있다. 그리고 삼국 시대 이후부터 19세기 중엽 개항 이전까지를 모두 '봉건 사회'라 하였다. 이는 소위 고대 노예제 사회에

서 중세 봉건제 사회, 그리고 근대 자본제 사회로 역사가 발전해 간다는 유물사관을 그대로 한국사에 적용한 것이다.

특히 제3편 '봉건 사회'에서 삼국 시대에 해당되는 시기는 봉건 사회가 발생하여 초기의 발전을 이루는 사회로 그렸으며, 통일 신라 시대인 8~9세기를 봉건 관계의 발전기로 보았다. 그리고 고려 시대의 전기는 봉건 제도가 정비되어 봉건적 예속 관계가 강화되는 때로 규정하였다. 고려 중기의 무인 집권기는 특히 전국적으로 일어난 대농민 폭동과 몽골과의 항쟁 시대로 구분하였다. 조선 시대의 전기는 봉건 체제가 재편성되는 시기로 그렸다. 16세기는 대토지 소유의 발전과 임진왜란의 시대로 규정하고, 이어 조선 후기는 상품 화폐 관계가 발전하기 시작하면서 자본주의적 관계가 발생하는 근대의 여명기로 파악하였다. 끝으로 19세기에 이르면 봉건 제도가 위기에 처했으며 농민 폭동이 크게 일어나는 시대로 해석하였다. 그리고 개항 이후는 근대 자본주의의 발전과 제국주의 외세의 침략의 시대로 이어지며, 계속하여 조선공산당의 발전과 김일성의 항일 투쟁, 민족 해방 투쟁으로 진전하는 역사로 귀결된다고 보는데 이는 『조선통사(하)』에서 다루고 있다.

이에 비하여 『한국사신론』은 지배 계층의 성격을 중심으로 한국사를 체계화하고 있으며, 이러한 지배 계층이 시대가 내려올수록 점차 확대되어 끝내는 신분적 한계를 무너뜨리는 단계로 발전하는 과정 속에서 우리 역사의 의미를 발견하고자 하였다. 그러므로 『한국사신론』에서는 고대의 노예제 사회에서 중세의 봉건제 사회로의 유물론적 역사 발전이라는 시대 구분론을 한국사의 전개 과정에 일방적으로 적용하기를 거부하고 한국사의 내적인 발전 과정을 규명하려고 하였다. 이 점에 있어서 남북한의 역사 서술은 본질적인 차이가 존재하고 있다. 그러므로 이처럼 판이하게 다른 역사 의식에서 출발한 이

두 책은 그 구체적인 서술에 있어서도 많은 차이점을 지니고 있다. 이제부터 구체적으로 각 시대사 서술의 특징을 살펴보기로 하자.

2. 북한의 전통 시대 역사 서술에 나타난 특징

(1) 상고 시대

여기서 상고 시대로 편의상 지칭한 시대는 우리에게 청동기 시대로 잘 알려진 때이다. 특히 고조선, 부여, 삼한 등 여러 소국의 역사가 전개되었던 시대이다. 이 때를 『한국사신론』에서는 '성읍 국가'와 '연맹 왕국 시대'라 하고 있다. 이 때는 우리 나라 최초의 국가가 출현(성읍 국가)하여 원시 공동체 사회가 무너지고 계층 분화에 따른 지배 질서가 자리잡게 된다는 사실에 주목하고 있다. 그리고 이 때에 성립된 소국(성읍 국가)들은 서로간의 정복 전쟁, 병합, 연맹의 과정을 거치면서 좀더 지배 영역이 확장되는 국가로 발전하여 가는데, 이를 '연맹 왕국'이라 하였다. 그러므로 고조선도 성읍 국가인 소국으로 출현하여 주변의 소국을 병합하거나 그들과 연맹함으로써 큰 국가로 발전하였다고 설명한다. 고조선뿐 아니라 초기 한국사에 등장하는 모든 국가들은 이러한 단계를 거쳐 발전한 것으로 이해하고 있다.

그러나 『조선통사(상)』은 이 시대를 통틀어 '노예제 사회'로 규정하고 있다. 청동기 시대에 이르러 원시 공동체적인 소유 관계는 무너지고 사유 재산 제도가 발생하여 계층 분화가 일어났다는 점에 주목하여 "같은 씨족, 종족원들 사이에서 부유한 자와 가난한 사람의 차이가" 생겨나게 되었다고 하였다.[1] 그러므로 다음과 같은 과정을 통

---

1) 『조선통사(상)』(도서출판 오월, 1988), p. 39.

하여 청동기 시대에 이르러 노예제 사회가 형성되었다고 주장하였다.

> 부유하여진 지배층은 생산에서 떨어져 기생충적 생활을 하면서 착
> 취를 강화하였고 거기에 따라 공동체의 성원들은 점차 몰락하여 노
> 예의 처지로 떨어졌다. 지배층의 탐욕은 끝이 없었으며 생산의 확대
> 를 위한 노동력에 대한 수요는 급격히 늘어났는데 그것은 노예의 획
> 득을 통하여 충족되었다.[2]

사실 이 시대의 사회 구조를 말해 주는 사료는 무척 한정되어 있다. 이들이 이 시대를 노예제 사회로 보는 근거는 크게 두 가지이다. 첫째는 소위 고조선의 '8조 법금' 가운데 "남에게 상처를 입힌 자는 곡물로써 배상해야 한다"는 조문이다. 이 조항은 "부자놈들이 저들에게 항거한 빈민들에게서 곡물을 빼앗아 낸 것을 합리화하기 위한 것"이었으며, 동시에 "빈민들을 채무 노예로 전락시키는 방법의 하나"라고 주장하였다.[3] 둘째는 순장 제도가 고조선 시대에 발전하였다는 것이다. 북한에서는 요동반도의 여대시 감정 지구 후목성역에서 발굴된 강상무덤과 누상무덤을 고조선 시기의 순장 무덤이라고 단정하고, 이러한 순장 제도는 노예 소유자 사회에서만 볼 수 있는 것이라고 하였다.

그러나 이 시대에 노예가 존재했었다는 것은 인정할 수 있지만 그 수가 과연 얼마나 되는지, 또 이들 노예가 생산의 주된 담당자였는지를 단정할 근거는 아무데도 없다. 그러므로 『조선통사(상)』에서도 이러한 한계점을 의식하여 "노예 소유자적 소유 형태는 처음에 비록 양적으로는 많은 자리를 차지하지 못했다 하더라도 그것은 당시의 생산 관계의 기본을 이루며 소농 경리와 촌락 공동체 경리를 끊임없이 침식하면서 계속 확대 발전되어 나갔다"라고 설명하였다.[4] 그러나

---

2) 앞의 책, p. 39.
3) 앞의 책, p. 50.

이러한 설명을 뒷받침할 만한 근거가 제시된 적은 없으며 그럴 수도 없다는 것은 말할 필요도 없다.

이 시대의 사회를 이렇게 설명하고 나서 『조선통사(상)』에서는 당시의 국가 형태를 '고대 국가'라고 규정하였다. 남한 학계에서도 '고대 국가'라는 개념을 삼국 시대의 국가 체제를 설명하는 용어로 사용한 적이 있었으며, 청동기 시대를 흔히 '부족 국가'라고 하였다. 그러나 여기서는 남한 학계에서 '부족 국가', 『한국사신론』에서 '성읍 국가'라 한 것을 '고대 국가'라 일컫고 있다. 그리고 이러한 고대 국가에서는 "국왕이 절대적인 전제 권력을 행사하지 못하였고 모든 중요한 시책들이 노예 소유자 귀족들의 귀족 민주주의적 협의에 의하여 결정되었으며 그것들은 통치 기구를 통하여 실시되었다"고 하였다.[5]

이어서 이 책은 "이러한 고대 사회 안에서는 사회적 예속을 반대하는 인민들의 투쟁과 생산력과 상품 유통의 급격한 발전에 토대하여 여러 가지 사회 경제적 변화들이 발생하기 시작하여 사회 계급적 모순도 첨예화"되었다고 주장하였다.[6] 그리하여 "노예 노동에 대한 착취가 강화되고 노예들의 생활 처지가 극도로 악화된 조건에서 노예 제도를 반대하는 노예들의 투쟁도 더 한층 강화"되었다는 것이다.[7] 이렇게 되자 종래의 노예제를 유지할 수 없게 된 노예주들은 노예들에게 자기의 토지를 나누어주어 경작케 한 후 그 생산물의 상당 부분을 가져가는 방식으로 착취하게 되었으며, 이로 인하여 노예나 평민들은 점차 봉건 농노로 변하고, 노예주들은 봉건 영주가 되었다고 하였다. 그리하여 노예제 사회인 고대 국가들은 무너지고 새로운 '봉건

---

4) 앞의 책, p. 54.
5) 앞의 책, p. 58.
6) 앞의 책, p. 62.
7) 앞의 책, p. 62.

사회'가 출현하였는데, 대략 기원전 2세기 초에는 이러한 변화들이 나타나기 시작하였다고 한다. 물론 이러한 해석의 토대가 되는 자료가 제시된 적도 없지만 앞으로 제시될 가능성도 전무하다는 점을 여기에 지적해 두고자 한다.

(2) 삼국 시대

이 시대를『조선통사(상)』에서는 특히 제3장 '우리 나라에서 봉건 사회의 발생, 세 나라에서의 봉건 관계의 발전'이라 부른다. 다시 말해서 삼국 시대를 봉건 사회가 발생한 시대로 본 것이다. 이 책에 따르면 고대의 노예 소유자 사회가 "노예 제도를 반대하는 노예들의 끊임없는 투쟁"으로 인하여 무너지고 새로운 봉건 관계가 발전하게 되었다는 것이다.[8] 『조선통사(상)』은 이 때에 형성된 봉건 사회가 조선 왕조 말기까지 지속되었다고 보고 있다. 따라서 이 문제는 북한의 역사 인식을 이해하는 데 매우 중요한 위치를 차지하고 있다. 그러므로 이 문제는 뒤에서 더 자세히 논의하기로 하고 여기서는 삼국 시대사 서술의 몇 가지 특징을 알아보기로 하자.

우리 역사의 전통 시대 부분만을 다룬『조선통사(상)』에서 삼국 시대 서술은 모두 55쪽 정도를 차지하고 있으며 이는 전체의 약 10.4%에 해당한다. 이 가운데에서 고구려가 수, 당과 치른 전쟁을 다룬 부분이 12쪽, 22%에 달한다. 그러므로 북한에서는 고구려 중심의 대외 투쟁사 위주로 이 시대를 그리고 있음을 쉽게 알 수 있다.

『조선통사(상)』에서는 "기원전 108년 고조선이 망하자 얼마 안 가서 고구려족의 여러 세력 집단들은 한나라 침략 세력들을 물리치고 소왕국들을 형성"하였다고 주장하면서, 고구려는 고조선의 정통을 계

---

8) 앞의 책, p. 82.

승하였을 뿐 아니라 이민족의 침략으로부터 민족을 지켜내는 투쟁의 주체였다고 설명하였다. 즉 고조선 멸망 후 고구려족의 여러 소국들은 "기원전 82년에 진번, 임둔군을 몰아내고 기원전 75년경 압록강 유역에 있던 현도군을 몰아내는 반침략 투쟁을 벌림으로써 점차 옛 땅을 되찾으면서 통합되어 나갔다."[9] 또한 북한에서는 고구려의 건국 설화를 고주몽이 "귀족이 아닌 평민 출신의 무장력에 의거하여 정복 사업을 진행한 사실을 반영"하는 것이라 해석하고, "고구려의 건국 과정은 주변 세력에 대한 정복 과정이었을 뿐 아니라 외래 침략 세력을 몰아내는 반침략 투쟁 과정이었으며 동시에 외래 침략 세력과 결탁한 낡은 노예 소유자 귀족 계급을 반대한 투쟁 과정"이라고 단정하였다.[10] 그리고 이러한 중국 세력과의 투쟁 과정을 통하여 고구려는 국토를 확장해 갔음을 상세하게 서술하였다.

그리고 이러한 확장 과정을 통하여 고구려는 내적으로 중요한 발전을 이루게 되었다. 즉 강력한 투쟁을 거듭하는 과정에서 "지방 소국들의 분산성과 폐쇄성은 일정하게 제거되고 교통이 발전"하게 되었으며, 그 결과 "국내 상업이 발전하게 되었다"는 것이다. 이렇게 물자 교류가 널리 진행됨에 따라 생산력이 발전하게 되어 "고구려의 통치배들은" 계급적 지배를 강화하는 한편 개인의 소비적 수요를 충족시키기 위하여 수공업을 발전시키게 되었다고 주장하였다.[11] 이에 따라 대부분의 농민들은 농노적 예농인 하호下戶와 품팔이 농민 계층으로 전락하게 되었으며, 이것이 곧 고구려 사회가 봉건 사회였다는 명백한 증거였다고 주장한다.

이처럼 고구려 사회를 봉건 사회로 단정하고, 또 그런 사회에서는

---

9) 앞의 책, p. 84.
10) 앞의 책, p. 85.
11) 앞의 책, pp. 91~92.

계급적 대립이 발생할 수밖에 없다는 점을 강조하면서도 북한에서는
'고구려'라는 국가의 민족사적인 의미를 크게 강조하고 있다. 장수왕
대에 이르러 고구려는 평양으로 수도를 옮기게 되는데, 이에 대하여
『조선통사(상)』에는 다음과 같이 평가하였다.

    고구려가 서북쪽의 외적들을 일단 물리치고 평양에 수도를 옮긴 것
    은 세 나라 통합을 위한 적극적인 대책의 하나였으며 그와 함께 서북
    쪽의 침략 세력에 대비하여 국가의 안전을 보장하려는 데 있었다.12)

이러한 평가는 고구려가 삼국의 중심 국가였을 뿐 아니라 삼국의
통일 작업에도 가장 적극적인 노력을 기울였던 나라였다고 주장하려
는 것이다. 그러기에 그들은 고구려의 수도가 된 평양에 대해서도 다
음과 같이 적극적으로 평가하고 있다.

    평양은 고구려의 도읍지로서 우리 나라의 고대 문화를 자랑하는
    고적과 유물이 많은 곳이다. 이런 고적들과 유물들은 인류 문화의 보
    물고에 크게 기여하고 있다. 이 고적과 유물들은 고구려가 수도를 옮
    긴 이후 재능 있고 슬기로운 고구려 인민들, 특히 평양 지방 인민들
    에 의하여 창조된 것이다.13)

백제의 수도 부여는 말할 것도 없고, 삼국 시대의 수많은 유적과
유물이 많이 남아 있는 신라의 경주에 대하여 특별히 언급한 바가 전
혀 없다는 것과 비교해 볼 때 무척이나 대조적인 태도라 할 수 있다.
이것은 물론 우리 역사에서 고구려 역사가 차지하는 의미를 특별
히 강조하려는 북한의 입장을 반영한 것이다. 따라서 『조선통사(상)』

---

12) 앞의 책, p. 101.
13) 앞의 책, p. 100.

에서는 고구려에 대하여 다음과 같이 평가하고 있다.

> 당시 세 나라의 통합을 지향한 고구려의 강성은 우리 나라 역사 발전에서 거대한 의의를 가지였다. 분립된 세 나라를 통합하는 것은 당시 인민들에게 헤아릴 수 없는 고통을 가져다 주던 세 나라 사이의 전쟁을 없애고 나라의 통일적 발전을 추진하는 초미의 문제로 되였다. 당시의 조성된 정세와 세 나라의 역량 대비에서 이 과업은 오직 강대한 고구려에 의해서만 수행될 수 있었다.[14]

그러므로 북한에서는 고구려만이 삼국을 통일할 정책을 적극 추진하였던 나라였다고 주장하고 있다. 이러한 맥락에서 북한에서는 고구려와 수, 당 제국과의 전쟁을 삼국 시대의 그 어떤 대목보다도 상세하게 서술하고 있다. 즉 수, 당과의 전쟁은 단지 고구려의 보전만을 위해서가 아니라 "민족의 존엄을 굳건히 지키기" 위한 노력이었다고 본다.[15] 이처럼 고구려의 역사를 유난히 강조한 것은 오늘날 남북의 분단 상황에서 북한이 고구려의 역사를 계승한 입장이라는 점을 과시하려는 의도이기도 하다. 고구려의 수도였던 평양은 오늘날 북한의 수도이며, 북한의 통일 정책과 의지는 그대로 고구려의 역사적 전통을 계승한 것이라며 역사적 정통성을 주장하려는 것이라 하겠다.

(3) 통일 신라 및 후삼국 시대

『조선통사(상)』에서는 통일 신라 및 후삼국 시대를 매우 소략하게 취급하고 있다. 『한국사신론』에서는 통일 신라 부분이 전체의 10%, 후삼국 시대 부분이 전체의 7.1%에 달하는 데 비하여 『조선통사(상)』에서는 통일 신라와 후삼국 시대 모두를 합해도 7%에 지나지 않는다.

---

14) 앞의 책, p. 101.
15) 앞의 책, p. 124.

또한 신라의 삼국 통일을 부정적으로 평가할 뿐만 아니라 후삼국 시대를 아예 독립된 시대로조차 보지 않는다.

북한에서는 신라의 통일에 대하여 다음과 같이 평가하였다.

> 신라의 통치배들은 나라의 운명에 대해서는 아랑곳하지 않고 저들의 계급적 이익을 위하여 외적을 끌어들이고 그들과 힘을 합쳐 국내 전쟁을 일으켰다. 이리하여 나라는 막대한 전쟁 피해를 입게 되고 국토의 적지 않은 부분을 침략자들에게 빼앗김으로써 민족 앞에 씻을 수 없는 엄중한 죄과를 저질렀다.16)

신라가 당나라와 연합한 것은 "남에게 의존하여 남의 힘을 빌어 자기 나라의 내부 문제를 해결하려 하며 그 덕에 잘 살아보겠다고 하는 것은 사대주의 사상에 물젖은 어리석은 생각"이라고 평하였다.17) 신라의 통일을 남한의 대표적 개설서인 『한국사신론』에서는 다음과 같이 서술하였다.

> 물론 신라의 삼국 통일은 불완전한 것이었다. 과거 삼국의 활동 무대에 속하던 만주의 넓은 지역이 그 영역에서 벗어났고, 거기에는 고구려의 유민들이 발해를 건국하였기 때문이다. 그러므로 신라는 실제로는 반도를 통일하는 데 그치고 말았다. 그러함에도 불구하고 이 신라의 반도 통일은 중대한 역사적 의의를 지니고 있다. 그것은 무엇보다도 독립된 기반 위에서 한국 민족의 형성을 위한 토대를 마련하였기 때문이다. 비록 통일 신라가 발해와 함께 남북국의 형세를 이루고 있었고, 두 나라는 서로 날카로이 대립하고 있었다 하더라도, 결국 통일 신라의 영토와 주민 및 그들이 이루어 놓은 사회와 문화가 한국사의 주류를 형성하기에 이르렀다. 이런 의미에서 신라의 반도 통일은 커다란 민족사적 의의를 지닌다고 해야 하겠다.18)

---

16) 앞의 책, p. 136.
17) 앞의 책, p. 136.

『한국사신론』에서도 신라의 통일이 영토적으로 불완전하며, 또 북쪽에 고구려의 유민들이 세운 발해가 있었기 때문에 더욱 완전한 통일이 아니었음을 인정하였다. 그러나 발해는 거란족에 멸망된 이후 완전히 역사 무대에서 사라져 버렸지만, 신라는 계속 남아 이후 후삼국을 거쳐 고려, 조선으로 이어지면서 지금까지 그 역사적 전통이 계승되고 있다는 점에서 신라의 통일은 민족사적 의의가 크다는 것이다. 오늘날의 북한이 아무리 고구려를 계승하고 발해를 이었다고 주장하더라도 그들의 전통 문화의 뿌리는 신라에서 고려, 조선으로 이어지는 역사적 전통에 토대를 둔 것임을 부인할 수 없다. 이처럼 신라의 통일을 부정적으로 평가하는 『조선통사(상)』에서 이 부분을 소략하게 서술한 것은 당연한 일이다. 물론 통일 후 신라의 활발한 해상 활동에 대하여 매우 긍정적인 평가를 내리기도 하였지만, 그 이상은 아니었다.

이에 반하여 발해에 대해서는 비교적 상세하게 서술하고 있다. 신라의 통일 후 한반도 내에 주둔하고 있는 당군을 축출하려는 투쟁에 대하여 언급한 후 『조선통사(상)』에서는 대동강 이북 고구려의 옛 영토에 남아 있던 고구려 유민들이 당군을 상대로 벌인 항쟁을 상세하게 언급하였다. 고구려인들의 이러한 항쟁의 결과 고구려의 옛 영토에 발해를 건국하였으니, 발해는 고구려를 이은 왕조로 인정되었다.

또한 『조선통사(상)』에서는 후삼국 시대를 거의 무시하는 듯한 입장을 취하였다. 단지 서너 쪽에 후삼국 시대를 간략하게 취급하면서 동시에 후삼국의 출현을 부정적으로 평가하였다. 후삼국의 성립 과정을 대강 설명한 후 이 시대를 다음과 같이 서술하였다.

후삼국의 분립으로 인한 전쟁과 사회적 혼란은 계속되었으며 경제

---

18) 이기백, 『한국사신론』(1993, 일조각), pp. 87~89.

와 문화는 혹심하게 파괴되고 인민 생활은 극도로 영락되었다. 전쟁 과정에서 많은 농경지들이 황폐화되었고 수많은 인민들이 파산 몰락 하여 노비로 떨어지거나 유랑 걸식하였다. 지방에는 성주, 장군이라 고 자칭하는 많은 봉건 세력들이 할거해 있으면서 인민들을 무한정 착취하고 압박하였다.[19]

즉 후삼국 시대 각 지방에서 성장한 호족 세력을 한결같이 봉건 세 력으로 규정하고 이들은 인민들을 무한정 착취하였다고 주장하였다. 사실 남한 학계에서는 신라 말 지방 세력의 성장을 매우 중요시하였 다. 이들에 의하여 삼국 시대 이후 오랜 세월 동안 왕족 중심의 좁고 엄격한 신분제 사회의 기반이 훨씬 넓어졌다는 점에서 후삼국 시대 의 역사적 의의를 규명하는 데 상당한 노력을 기울여 왔던 것이다. 그러나 북한에서는 신라 통일 이후 후삼국 시대까지를 모두 부정적 으로 간단히 평가해 버리고 말았다.

특히 신라 말 후삼국 시대에 이르면 불교 사상계에도 선종이 크게 성장하는 등 큰 변화가 있었지만, 이점에 대하여도 거의 언급이 없다 는 점도 특이하다. 그러므로『조선통사(상)』에서 신라 통일에서 후삼 국 시대에 이르는 이 때를 '봉건 관계의 발전' 시기라고 규정하였지 만, 여기서 봉건 관계의 발전이 무엇을 의미하는지에 대해서도 자세 한 설명이 없기는 마찬가지이다.

(4) 고려 시대

신라의 통일과 후삼국 시대를 부정적으로 평가하였던『조선통사 (상)』에서는 고려 건국의 역사적 의의를 매우 강조하고 있다. 즉 "고 려 왕조에 의한 조선반도의 통일은 우리 나라 역사 발전에서 긍정적 의의를 가진다"[20]고 전제한 후『조선통사(상)』에서는 고려의 건국에

---

19)『조선통사(상)』(오월, 1988), p. 173.

대하여 다음과 같이 서술하고 있다.

> 7세기 중엽 신라에 의하여 시도된 세 나라의 통합은 그 통치배들의 사대 의존 정책에 의하여 국토의 남부만을 통합하는 것으로 끝났고 북부에서는 고구려를 계승한 발해가 서게 되었다. 고려는 10세기 전반기 복잡한 대내외 정세로 하여 비록 고구려 옛땅의 전부를 다 회복하지는 못하였으나 신라와 후백제의 전지역을 통합하였고 또한 고구려 옛땅의 적지 않은 부분까지 통합하였으며 10여 만의 발해 인민을 받아들였다.[21]

말하자면 고려의 통일은 신라의 통일과는 달리 그 옛날의 고구려의 영토를 상당히 회복하였으며 같은 동족이라 할 수 있는 발해의 유민들을 받아들임으로써 왕조의 역사적 정통성을 회복하였다는 것이다. 그리고 고려의 후삼국 통일은 외세의 힘을 빌지 않고 자력으로 이룩했다는 점도 신라의 경우와 대비하여 강조하고 있다. 이렇게 고려가 난국을 수습하면서 고려는 '봉건적 중앙 집권적 체제의 강화'를 이룩하였으며, 국력이 크게 신장하였다고 서술하고 있다.

특히 고려는 과거 고구려의 영토를 회복하는 일에도 적극적이어서 서북 방면의 영토를 개척하는 데 온 힘을 기울였다는 것이다. 이러한 정책은 "당시 옛땅을 되찾으려는 발해 유민과 고구려 후손들의 지향과두 일치된 것으로 하여 긍정적 외외를 가지고 있었다"고 평한다.[22] 그 결과 대동강, 청천강 유역과 그 이복의 넓은 평야 지대들이 농경지로 개척될 수 있었다고 하였다.

고려가 건국과 동시에 후삼국을 통일하면서 고구려 계승 의식을 발전시킴에 따라 거란족과의 투쟁에서 이길 수 있었다고 『조선통사

---

20) 앞의 책, p. 181
21) 앞의 책, p. 181.
22) 앞의 책, p. 184.

(상)』은 강조하고 있다. 거란족이 고려에 넘겨 주기를 요구한 북방의 영토는 "고구려를 계승한 고려의 인민들이 피와 땀을 흘려 여진족을 몰아내고 개척한 고려 영토의 뗄 수 없는 한 부분"이었다.23) 그러므로 고려 시대의 서술에서 거란과의 투쟁사가 상세하게 기록되었다. 고려 전기의 서술 총 51쪽 가운데 15쪽이 모두 거란과의 투쟁사를 정리한 부분이다.

특히 『조선통사(상)』에서는 발해 멸망 후 발해 유민의 고려 유입을 크게 강조함으로써 고구려의 계승자인 발해의 정통과 신라, 후백제를 다 통일한 고려의 통합은 고려 왕조가 과거 삼국의 모든 전통을 다 통합한 역사적 과업을 달성한 것으로 묘사하였다. 그렇기 때문에 발해 유민의 포섭과 거란, 여진과의 투쟁에서 승리한 것에 대하여 다음과 같이 서술하였다.

> 발해 사람들의 고려에로의 대집단적인 이주는 이주자와 원주민들 사이의 혈연적 유대에 기초한 완전한 합의 밑에서 실현된 세계 봉건 역사상 특이한 사실이었다. 뒤날의 역사적 행정이 보여 준 바와 같이 고구려 - 발해의 옛땅을 되찾으려는 발해 사람들과 고려 사람들의 공통된 지향은 완전히 실현되지는 못하였다. 그러나 발해 사람들의 대량 이주는 고려가 여러 차례에 걸치는 거란 침략자들의 대규모 침입을 성과적으로 물리치고 압록강 이남 옛 발해 영토로부터 여진족을 몰아내면서 이 지방을 널리 개척하는 사업 과정에서 거대한 힘으로 되였던 것이다.24)

이상에서 본다면 북한에서는 고려 통일의 역사적 의미를 얼마나 강조하고 있는지를 잘 알 수 있다. 이는 곧 오늘날의 북한이 고구

---

23) 앞의 책, p. 198.
24) 앞의 책, p. 209.

려―발해―고려로 이어지는 역사를 계승하고 있으며, 이러한 전통이야말로 민족의 주체적 전통임을 강조하려는 것이었다.

『조선통사(상)』의 고려사 서술에서 발견되는 또 하나의 특징은 무신 집권 시대를 매우 부정적으로 묘사하고 있다는 점이다.『조선통사(상)』에서는 고려의 무신 정권을 다음과 같이 단정하고 있다.

> 정중부 등 무신 관료배들이 정변을 일으키고 만들어 낸 정권으로서 철저하게 무신 관료배들과 그 일파들의 이익을 옹호하는 반인민적이며 관료적인 정권…….25)

또한 "무신 관료배들의 집권 밑에서 인민들에 대한 봉건적 억압과 착취는 완화된 것이 아니라 도리여 강화"되었다고 하였다.26) 이는 고려 전기의 문벌 귀족 사회의 부패와 모순에 대하여 군반軍班 씨족 출신의 일반 군인층의 광범위한 저항을 바탕으로 무신 정권이 형성되었으며, 여기에는 일정한 사회적 변화와 발전의 의미가 있다고 평가하는 남한의 인식과는 현저한 차이가 있다.

또한 무인 집권기에 전국적으로 광범위하게 일어났던 농민 천민의 봉기에 대하여 북한에서는 특별한 의미를 부여하고 있다. 이러한 점은 물론 남한 학계도 마찬가지지만, 그 발생의 동기에 대한 설명은 상당히 다르다. 남한 학계에서는 무인 집권 시기의 사회적 분위기가 농민 천민들의 의식을 크게 자극하여 일어났기 때문에 이 시기의 농민 천민의 봉기는 신분 해방을 궁극적인 목표로 한 것이라는 평가를 하고 있는 반면,『조선통사(상)』에서는 봉건적 착취가 더욱 가혹하게 강화되었기 때문에 일어났다고 설명하였다.

---

25) 앞의 책, p. 235.
26) 앞의 책, p. 235.

물론 북한에서는 서경을 중심으로 한 묘청의 난이 비록 "불철저하게 진행되었으나" "그것은 봉건 통치배들을 반대하는 인민들의 투지를 더욱 높였으며" "이 투쟁은 12세기 후반기 큰 농민 폭동의 서막"이 되었다고 하였다.27) 즉 무인 집권기의 농민 천민의 봉기의 동기를 이미 무인 정권 성립 이전 묘청의 난에서 찾으려 하였다. 그러므로 무인 집권기 독특한 분위기 속에서 농민 천민의 봉기가 발생되었다는 남한 학계와는 현저하게 다른 입장에서 이 문제를 보고 있는 것이다.

망이·망소이의 난을 서두로 당시의 피지배층의 항쟁을 상세하게 서술한 후 이 시기의 농민 천민의 봉기에 대하여 『조선통사(상)』에서는 다음과 같이 설명하였다.

> 12세기 말~13세기 초의 농민 폭동은 비록 실패하였으나 커다란 역사적 의의를 가진다. 이 시기 봉건적인 억압과 착취에서 벗어나기 위한 고려 인민의 투쟁은 우선 당시 봉건 통치자들에게 커다란 타격을 주고 봉건 시기 우리 인민의 계급 투쟁사를 빛내였을 뿐 아니라 봉건 사회 발전을 추동하였다. 이 시기 농민들을 비롯한 피압박 인민들의 줄기찬 계급 투쟁을 통하여 당시 사회는 봉건적 테두리 안에서나마 일정한 발전을 이룩하였으며 인민들은 투쟁을 통하여 얼마간이라도 자기의 처지를 개선하여 갔다. …… 세 나라 시기 이래로 오래동안 존재하던 [천민들의 거주지인] 향, 소, 부곡 등이 급격히 줄어들었다. 이것은 많은 농민들이 천민 집단 부락의 노예적 예속에서 벗어나게 되었다는 것을 의미하였다.28)

농민 천민의 봉기에 대한 이러한 평가는 다른 시대의 비슷한 피지배층의 반란에 대한 평가와 특별한 차이가 없어 보인다. 즉 이 시기의 농민 천민의 봉기가 다른 시대의 그것과 다른 특징을 분명히 하지

27) 앞의 책, p. 233.
28) 앞의 책, p. 245.

않고 있다는 점에서 남한 학계의 평가와는 상당한 차이가 있다.

고려의 무인 집권 시기는 또한 몽골의 침입과 이에 대한 항쟁의 시대였다는 점에서 주목된다. 대외 투쟁사를 유난히 강조하는 『조선통사(상)』에서도 12쪽에 걸쳐 몽골과의 항쟁사를 상세하게 서술하였다. 사실 『조선통사(상)』에서는 무인 집권기를 군인 신분층의 성장이라든가 무인들의 특별한 통치 제도에 대한 역사적 조명을 가하지 않았다. 이 시대의 역사를 『조선통사(상)』에서는 두 개의 장으로 나누어 서술하고 있는데, 그 하나는 '12세기 전국적 대농민 폭동'으로, 또 다른 하나는 '13세기 몽골 침략군을 물리친 인민들의 투쟁'이었다. 이러한 상황에서 이 시기에 조계종의 성립과 성리학의 수용이라는 불교 및 유교 사상사적인 변화와 발전에 대한 서술은 당연히 기대할 수 없다.

(5) 조선 시대

『조선통사(상)』에서는 고려 후기에 이르러 대농장이 출현하였으며, 이 당시의 농장주들은 "고려 봉건 국가의 큰 벼슬아치들이거나 큰 귀족이였으며 왕실과 깊은 관계가 있었던 큰 절간"이었음을 지적하고,29) 이들의 존재가 고려의 국가적 기초를 극도로 약화시켰음을 지적하였다. 또한 이 때에 북의 홍건적과 남의 왜구의 잇따른 침략으로 국가는 심각한 위기에 처해 있었으며, 이러한 대내외적인 상황으로 말미암아 농민들의 처지는 매우 악화되었다고 보았다. 이러한 상황을 타개하기 위하여 소위 고려 말의 개혁파에서 사전 개혁을 주장하였으며, 전민변정도감을 만들어 농민으로서 억울하게 노비가 된 사람들을 구제하려고 하였다는 것이다. 특히 고려 말기의 상황 속에서는 농민들뿐 아니라 "종전의 중소 봉건 지주들도 그들 우에 덮쳐 앉은 대농

---

29) 앞의 책, p. 274.

장주의 압박과 수탈을 받게" 되었다고[30] 하면서, 이들 중소 지주의 견해를 대변한 대표적인 인물로 사전 개혁의 주동자요 조선 건국의 핵심 인물인 조준을 들었다. 사실 이와 같은 고려 말의 상황에 대한 인식은 남한 학계와 크게 다를 바가 없다. 그러나 고려 말의 상황에 대한 인식을 기본적으로 함께 하면서도 『조선통사(상)』에서는 조선의 건국에 대해서는 매우 부정적으로 평가하고 있다는 점이 특이하다.

『조선통사(상)』에서는 고려 말에 성리학을 수용한 사람들이 당시의 사회상을 개혁하려는 인물들이었음을 인정하면서도, 이들의 명에 대한 사대 외교를 다음과 같이 맹렬하게 비판하였다.

> 그들은 유교 경전에 말하는 그대로를 따르면서 중국[당시로 말하면 명 나라]은 '천하의 중심'이며 그 왕은 천하에 한 사람밖에 없는 이른바 '천자'이므로 이웃나라는 명 나라를 따라가야 하며 이웃 나라 왕은 신하가 왕을 섬기듯 명 나라 왕을 섬겨야 한다는 비굴한 사대의 형식으로 되는 국가 관계의 설정으로써 명 나라에 접근하려고 하였다. …… 사대 외교는 통치배들 안에 사대주의의 나쁜 사상을 낳게 하였고 이 시기 '성리학'에 물젖은 자들의 경우에 있어서는 종전보다 더욱 한심한 것이었다.[31]

이렇게 고려 말 성리학을 수용하였으며 당시의 사회적 폐단을 개혁하려 했던 세력들이 사대주의를 표방하였다는 점을 공격하는 것은 바로 이들에 의한 조선의 건국을 부정적으로 평가하는 첫째 이유였다.

이어서 이들은 이성계와 조준, 정도전 등 고려 말의 개혁 세력이 최영이 주도하였던 요동 정벌에 반대한 것을 "사대주의에 사로잡혀 명 나라를 공격하는 데 겁을 먹고" 있었기 때문이라고 단정하고, 이

---

30) 앞의 책, p. 278.
31) 앞의 책, p. 280.

들 개혁 세력이 정권을 잡는 결정적 계기가 된 위화도회군을 "이성계 일파가 정권을 가로채는 비열한 반역 행위"였다고 매도하였다.32)

뿐만 아니라 위화도회군 이후에 단행된 사전 개혁과 과전법의 실시도 그 의미를 완전히 부정하지는 않지만 다음과 같이 비판하면서 결국 사전 개혁과 과전법의 실시로 개선된 것은 하나도 없다는 논리를 펴고 있다.

> 과전법은 봉건적 토지 소유 관계가 가지고 있는 적대적 모순을 그대로 존속시켰을 뿐 아니라 공전과 사전 사이의 모순, 즉 봉건 국가와 봉건 지주들 사이의 일정한 모순도 해결하지 못하였다. 토지 없는 농민, 노비 농민의 처지는 과전법이 실시된 후에도 기본적으로 달라진 것이라고는 없었다. 토지를 가진 농민들과 함께 이러한 농민들은 여전히 봉건 국가에 예속되거나 봉건 국가와 봉건 지주[양반] 등의 2중의 착취와 억압을 받게 되었다.33)

『조선통사(상)』에서는 조선 왕조가 건국되는 과정에서 정몽주 등을 죽인 일들을 "비열하고도 보기 드문 잔인한" 행위였다고 비판하면서, 조선 왕조의 건국에 대하여 다음과 같이 서술하였다.

> 정몽주를 살해한 그해 7월에 이성계는 공양왕이 무능하고 덕성이 부족하다는 구실을 붙여 내쫓고 스스로 왕이 되었다. 이 때에도 그는 정도전, 조준 등의 많은 사람들이 자기 집에 몰려와서 왕이 되어 달라고 강력히 요구하므로 '하는 수 없이' 왕의 자리에 앉는다는 어리석은 연극을 놀았다. 이리하여 고려 왕조는 멸망하고 이성계의 왕조가 성립되었다. 이성계 일파는 나라의 이름을 조선이라고 고치고 나머지 반대 세력을 철저히 제거하면서 곧 지금의 서울로 옮겨 앉을 것을 계획하고 이 사업을 밀고 나갔다.34)

---

32) 앞의 책, p. 281.
33) 앞의 책, p. 283.

위의 인용문에서 볼 수 있듯이 『조선통사(상)』에서는 조선의 건국을 비열한 찬탈 행위로 보고 있다. 그러면 이들은 왜 이처럼 조선의 건국을 부정적인 관점으로 보고자 하는가? 이에 대한 답은 다음에 인용하는 서울 천도에 관한 『조선통사(상)』의 평가에 잘 나타나 있다.

> 새 왕조의 통치자들은 서울이 개경보다 정치적으로뿐 아니라 군사적으로나 경제적으로 보다 좋은 위치를 차지하고 있다고 하면서 개경을 버리고 서울에 도읍을 옮기려 하였다. 북쪽 북악산과 남쪽 남산 사이에 자리잡은 서울은 동서로 낙타산과 인왕산을 끼고 있어 방어하기가 개경보다 좋게 되어 있고 한강을 이용하여 전국의 조세를 실어들이는 데서도 개경보다 편리한 것만은 사실이였다. 그러나 이성계 일파가 당시에 서울땅에 전국의 인민을 강제 동원하여 새 도시를 건설하는 큰 공사를 벌리게 된 것은 군사, 경제적 타산보다도 정치적인 타산이 컸기 때문이였다. 즉 다시 말하여 그것은 이성계 일파가 고려 왕조 전복과 이를 전후한 시기의 저들의 비열한 책동에 대한 개경 인민의 저주와 규탄을 그 자리에 앉아서 막아내기가 힘들다고 생각한 데서 나온 것이였다.[35]

즉 서울 천도는 전혀 정당성이 없는 행위였다는 입장이다. 앞서도 언급한 바와 같이 북한에서는 고조선—고구려—고려로 이어지는 역사 계승 의식을 유난히 강조해 왔다. 오늘날의 남북 대치 상황을 고려한다면, 오늘날의 평양은 고구려의 수도였으며, 고려의 수도였던 개경 역시 오늘날 북한의 영역에 포함되어 있다. 그에 반하여 조선의 수도였던 서울은 오늘날 남한의 중심지이다. 그러므로 북한에서는 조선의 건국을 부정적으로 보면서 우리 나라의 역사적 정통이 북한에 있음을 강조하려는 것으로 볼 수 있다.

---

34) 앞의 책, p. 284.
35) 앞의 책, p. 286.

　조선의 건국에 대한 북한의 인식은 남한과는 커다란 차이가 있다. 남한 학계는 고려 말 신흥 사대부라 불리는 새로운 세력이 성장하였으며, 이들은 성리학의 이념에 충실한 사회 세력이었음을 규명하였다. 또한 이들이 곧 불교 이념에 기반한 소수의 권문 세족이 이끄는 고려 말 사회를 개혁하고 나아가 조선을 건국한 주종 세력이었음을 규명하였다. 그러므로 조선의 건국으로 말미암아 사회의 지배 세력이 바뀌었을 뿐 아니라 새로운 성리학 이념에 따라 정치는 좀더 높은 수준으로 발전하였으며, 나아가 일반 농민들의 형편도 훨씬 나아졌다고 보았다. 특히 고려 말의 사회적 병폐를 개혁하고, 또 홍건적과 왜구의 침입을 막는 과정에서도 이성계를 중심으로 하는 개혁 세력이 주동적 역할을 하였기 때문에 조선의 건국은 대다수 민중들의 지지를 얻을 수 있었던 필연적인 사건이었다고 평가하였다. 소위 조선 건국과 사대주의 문제에 대해서는 과거 일제의 어용학자들이 한국사의 부정적인 면을 드러내기 위해 주장하던 바였다. 이 문제에 대해서도 남한의 학계에서는 고려 말 오랫동안 고려의 내정에 간섭해 왔으며 철령 이북의 땅을 점거하였던 원의 세력을 구축하고 새로운 동북아시아의 국제 질서 속에 능동적으로 대처하려는 노력으로 해석하고 있다. 그러므로 새로운 사회 세력이 성장하였으며 이를 바탕으로 정치, 경제, 사회 등 여러 국면에 대한 개혁과 발전이 이루어진 조선 시대를 남한 학계에서는 우리 역사상 매우 중요한 발전의 시기로 높이 평가하고 있다.

　또한 『조선통사(상)』에서는 조선 시대의 당쟁에 대해서도 극도로 부정적인 평가를 내리고 있다. 즉 "추악한 당파 싸움은 그후 약 200년 동안 양반들 안에서 계속 치열하게 벌어졌으며 그 파벌은 매우 복잡다단한 것으로 되면서 국가와 인민 생활에 막대한 해독을 끼쳤다. 그것은 대내적으로 정치, 경제 등 여러 분야의 발전을 크게 저해하였다. 정권을 잡은 패거리들은 서로 싸고돌면서 폐단을 조장하고 국가 재정을 탐오 낭비함으로써 인민 생활을 도탄에 몰아넣었다” 고 하였 다.36) 물론 조선 시대 정치사의 중요한 한 현상이었던 당쟁의 발생 원인과 그 전개에 대한 해명은 전혀 없이 단지 한 쪽도 되지 않는 분 량을 ‘당파 싸움’이란 제목으로 엮은 것에 지나지 않는다. 사실 이 시 대의 당쟁을 극도로 부정적으로 평가하면서 이것이 한민족의 숙명적 인 고질병이라고 주장하였던 것은 일제의 어용학자들이었다. 최근의 남한 학계에서는 당쟁에 관한 연구가 크게 진전하면서 이에 대한 평 가가 새로이 이루어지고 있다. 남한 학계에서도 결코 당쟁의 부정적 인 측면을 외면하려 하지는 않지만 이러한 당쟁이 발생하게 되는 과 정을 검토하면서 당쟁 때문에 조선 왕조 내에서 권력의 분산과 균형 이 이루어질 수 있었으며, 이러한 질서가 왕조의 활력을 유지하는 데 기여할 수 있었음을 발견하였다.

『조선통사(상)』에 나타난 북한의 조선 건국과 당쟁에 대한 이러한 인식은 이 시대 전체에 일관되게 반영되어 있다. 물론 조선 시대의 사회 경제에 대한 발전론적 관점이라는 측면에 국한하여 본다면 남 북한에서의 조선 시대사에 대한 인식에는 공통된 점도 많다. 하지만 이러한 문제는 뒤에서 다시 언급하고자 한다.

3. 대외 항쟁사와 농민 전쟁의 강조

『조선통사(상)』은 대외 항쟁사와 농민 전쟁을 특별히 강조하고 있 다. 이를 대외 항쟁사와 합해 보면 이 두 분야의 서술이 모두 131쪽, 24.7%나 되어 전체 서술의 4분의 1가량이나 된다. 이 두 분야보다 더

---

36) 앞의 책, pp. 372~373.

[표 13] 『조선통사(상)』의 시대별 대외 항쟁사 서술 구성

시 대	서술 분량(쪽)	내 용	서술 분량(쪽)	백분율
삼국 시대	55	수, 당과의 항쟁	12	21.8 %
고려 시대	123	거란과의 항쟁	15	12.2 %
		몽골과의 항쟁	12	9.8 %
		고려 말의 대외 항쟁	9	7.3 %
		소 계	36	29.3 %
조선 시대	244	쓰시마 공격과 4군 6진	8	3.3 %
		임진왜란	24	9.8 %
		소 계	32	13.1 %
책의 총 분량(쪽)	529	대외 항쟁서술 총 분량(쪽)	80	15.1 %

중요하게 취급한 것은 없다.

먼저 이 책에서 대외 항쟁사를 어느 정도 강조하고 있는가를 살펴보기 위하여 위의 [표 13]으로 정리하였다.

[표 13]을 보면, 삼국 시대사의 서술 부분이 모두 55쪽인데, 그 가운데 수, 당과의 항쟁사가 12쪽, 21.8%에 달하고 있다. 고려 시대는 총 123쪽 가운데 거란과의 항쟁이 15쪽, 12.2%, 몽고와의 항쟁이 12쪽, 9.8%, 고려 말 왜구와 홍건적 등과의 항쟁이 9쪽, 7.3%에 달하고 있다. 그러므로 고려 시대는 대외 항쟁사가 모두 36쪽(29.3%)에 이르고 있다. 조선 시대는 총 244쪽인데, 그 가운데 조선 초기의 대마도 정벌과 북방 여진족과의 관계가 8쪽(3.3%)이며, 특히 임진왜란은 모두 24쪽(9.8%)에 달한다. 그러므로 1876년 개항 이전까지의 우리 역사를 다룬 『조선통사(상)』 529쪽 가운데 대외 항쟁사가 모두 80쪽, 15.1 %나 됨을 말해 주고 있다. 북한에서는 역사 서술에 있어서 다른 어떤 분야보다도 대외 항쟁사가 중요한 위치를 차지하고 있음을 분명히 보여 주고 있다.

이러한 대외 항쟁사에서는 항상 '인민'이 항쟁의 주체였다는 사실을 강조하고 있다. 수 나라와의 전쟁을 서술한 부분의 제목을 '612년 수 나라 300만 대군을 물리친 고구려 인민의 빛나는 승리'라고 하고, 고려 시대 거란과의 투쟁을 서술한 부분의 제목을 '거란 침략군을 물리친 고려 인민들의 투쟁'이라 한 데서도 이 점이 잘 나타나 있다. 이러한 전쟁사에서 고려해야 할 다른 부분은 거의 무시한 채 오로지 인민의 투쟁만을 강조하였는데, 그 한 예를 들어보면 다음과 같다.

> 거란 침략을 반대하는 고려 인민들의 투쟁은 나라의 흥망을 좌우하는 준엄한 시련이었다. 전쟁 과정에는 일시적인 실패와 전쟁의 준엄한 시련 앞에 당황하여 동요하거나 변절한 비겁한 통치배들도 있었으나 애국적인 고려 인민은 피어린 투쟁을 벌려 나라의 자유와 독립을 끝까지 지켜냈다. 이러한 애국적인 인민들의 희생적인 투쟁에 의해서만 서희, 강감찬을 비롯한 애국적인 장군들의 전략과 전술이 성과적으로 관철될 수 있었고 따라서 거란 침략자들에게 결정적 패배를 안길 수 있었다.[37]

위의 인용문은 고려 시대 거란과의 항쟁을 서술한 마지막 대목이다. 여기서도 '애국적인 고려 인민들'의 투쟁으로 승리할 수 있었다고 주장하였다. 모든 대외 항쟁사는 항상 위와 같은 식으로 서술되게 마련이지만, 여기서 인민이란 과연 누구를 뜻하는지 분명하게 밝히지는 않았다. 그러나 전후의 문맥으로 본다면 인민은 농민을 주축으로 하는 피지배 계층을 지칭하는 경우가 대부분이다. 그러면서도 위의 서술에서 느낄 수 있듯이 인민이란 소수의 '비겁한 통치배'를 제외한 국민 모두를 지칭하여 마치 민족을 의미하는 듯하다.

『조선통사(상)』에서는 농민 반란을 크게 취급하고 있는데 이를 보면 계급사관의 측면을 몹시 강조하려는 것처럼 보인다. 다음의 [표 14]

---

37) 앞의 책, p. 208.

[표 14] 『조선통사』의 시대별 농민 전쟁사 서술 구성

시 대	서술 분량(쪽)	농민 전쟁 서술 분량(쪽)
신라 하대	22	9
고려 시대	123	12
조선 전기	62	12
19세기	43	18
책의 총 분량(쪽)	529	농민 전쟁 총 분량(51쪽)(9.6%)

는『조선통사(상)』의 농민 반란 관계 서술의 구성을 정리한 것이다.

[표 14]을 보면, 신라 하대의 농민 반란, 고려 무인 집권기의 농민 반란, 이시애의 난에서 임꺽정의 등장에 이르는 조선 초기의 농민 반란, 19세기(개항 이전까지)의 홍경래의 난, 임술년(1862)의 진주민란을 중심으로 한 농민 반란 등을 매우 중요하게 다루고 있음을 알 수 있다. 이 농민 반란을 서술한 부분이 모두 51쪽, 9.6%에 달한다. 이 농민 반란 문제를 중요하게 취급했다는 것은『조선통사(상)』이 유물론적 계급사관을 매우 강조하고 있다는 것을 분명히 보여 주는 예이다.

사실『조선통사(상)』은 계급사관의 관점에서 역사를 서술하려는 시도를 많이 하였다. 사유 재산이 발생하는 청동기 시대에 이미 계급이 발생하였다고 주장하면서, 항상 생산의 주 담당자였던 피지배층이 역사의 주인공이었음을 수시로 지적하고 있다. 이런 점에서 보면 인민이란 바로 이 생산의 담당자요 역사의 주인공이라는 피지배층을 말한다고 할 수 있다. 그러나『조선통사(상)』이 계급사관으로 일관한 것은 아니며, 오히려 민족의 주체성을 더욱 강조하고 있다. 대외 항쟁사에 커다란 비중을 둔 것도 그 항쟁에서 피지배층의 계급적 특수성과 역사성을 강조하려는 것이 아니라 오히려 이민족의 침략에 맞선 우리 민족의 투쟁을 강조하려는 것이었다. 그러므로『조선통사(상)』에서는 계급사관과 민족사관이 서로 뒤섞여 있다. 그러나 계급은 민

족의 모든 구성원 가운데 일부만을 지칭하지만, 민족이란 모든 계급
의 구성원 전부를 포함하는 개념이다. 따라서 이 두 용어는 서로 간
에 상당히 모순되는 면이 있다. 그럼에도 불구하고『조선통사(상)』에
서는 이 점이 무척 애매하게 처리되어 있다. 이는 유물론적 계급사관
에 입각한다 하면서도 김일성의 주체사관을 유난히 강조하는 오늘날
북한의 정치적 이념적 현실이 역사 서술에 그대로 반영되었기 때문
이라고 생각한다.

4. 전통 문화론

『조선통사(상)』에서는 한국사의 발전에 커다란 영향을 미쳤던 모
든 사상 체계에 대하여 무차별적인 비판을 가하고 있다. 원시 공동체
사회가 무너지고 사회적 분화가 처음 시작되었던 청동기 시대의 종
교에 대하여 이 책은 다음과 같이 서술하고 있다. 이같은 서술은 북
한의 종교 사상에 대한 일반적 견해를 단적으로 보여 주고 있다.

> 원시 공동체 제도가 무너져 계급이 발생하고 지배 계급이 주권을
> 틀어쥐자 자연 및 사회 현상에 대한 무지에 기초한 신앙과 종교는 계
> 급 사회에서 일어나는 각종 사회악을 신비적이며 초자연적인 힘에 돌
> 림으로써 피지배 계급의 계급 의식을 마비시키고 지배 계급과 착취
> 제도를 옹호하는 데 이용되었다. 계급 사회에서 종교는 인민 대중의
> 투쟁 의식을 마비시키는 '아편'이였다. 즉 그것은 지배 계급의 통치를
> 강화하고 공고히 하기 위한 중요한 수단이였으며 도구였다.[38]

---

38) 앞의 책, p. 37.

종교 신앙에 대한 이러한 견해는 한국사의 전개 과정에서 큰 영향을 남겼던 모든 종교에 대해서도 마찬가지로 적용되고 있다. 삼국 시대에 수용되었던 불교에 대해서도 다음과 같이 부정하였다.

> 불교는 사람들에게 현실 세계는 모두 '고통'으로 차 있다고 하면서 여기로부터 벗어나기 위해서는 현실 세계를 부정하고 개인의 일체 욕망을 버리며 모든 계급 투쟁도 다 버리고 오직 부처를 믿어 '정신적 수양'을 하여 이른바 '극락 세계'에 도달하라고 설교하였다. 이와 같이 불교는 미신적이며 허위적인 교리로서 인민들의 계급 의식과 투쟁 의식을 마비시키고 봉건 지배 계급의 이익을 옹호하는 데 복무하였다.[39]

그리고 또한 유교에 대해서도 다음과 같이 비판하였다.

> 그 기본 사상은 초자연적인 '하늘신'을 우주의 '최고 지배자'로 숭배하는 종교적 사상에 기초하여 봉건 지배 계급의 특권을 절대화한 대의명분의 정치적 견해와 봉건 도덕 질서를 합리화한 삼강 오륜의 반동적 윤리관으로 구성된 봉건 사상 체계이다. …… 특히 유교의 종교적, 관념론적 세계관은 우리 나라에서의 유물론적인 철학 사상의 발전을 방해하였으며 과학 문화 발전에 막대한 해독을 끼치였다.[40]

우리의 전통 문화에서 불교적이거나 유교적인 것을 뺀다면 남을 것이 없다고 해도 과언이 아닐 것이다. 그러므로 『조선통사(상)』의 유교나 불교에 관한 서술은 우리의 문화 전체를 부정하는 것이나 다름이 없다.

그러나 『조선통사(상)』에서 우리의 전통 문화를 무조건 다 부정한

---

39) 앞의 책, p. 125.
40) 앞의 책, p. 125.

것은 아니다. 북한에서도 불교나 유교를 전적으로 부정하기만 하면
우리 역사에서 남는 것이 하나도 없다는 것을 어느 정도 인식하였기
때문에 이 책의 곳곳에서는 '인민적이며 민족적'인 우리의 문화적 전
통에 관하여 긍정적인 언급을 하고 있다. 삼국 시대의 사상과 도덕에
대하여 언급하면서 『조선통사(상)』에서는 이렇게 평가하고 있다.

> 조선 인민은 유구한 역사와 문화 전통에 기초하여 매우 이른 시기
> 부터 객관 세계에 대한 진리를 탐구하기 시작하였으며 그에 대한 이
> 해와 성과로 하여 인류 사상 발전에 기여하였다.[41]

또 다른 곳에서는 현재까지 남아 있는 뛰어난 예술품들에 배어 있
는 종교성에 대하여 다음과 같이 언급하기도 하였다.

> 민족 문화 발전에 대한 외래 종교의 이러한 심한 해독적 작용에도
> 불구하고 우리가 종교 문화를 다 부정하지 않고 그것을 신중히 다루
> 는 것은 우리의 민족적 예술이 이러한 심한 장애들을 뚫고 일정하게
> 발전하였기 때문이다. 인민 출신의 예술가들은 통치 계급의 현실적
> 및 사상적 강요에 의하여 종교 예술품들을 만들었지만 그들은 역시
> 이 속에서도 인민적이며 민족적인 예술을 창조하려고 노력하였으며
> 또 그들의 지향은 일정하게 그 창작품들에 반영되지 않을 수 없었다.
> 같은 종교 예술이면서도 조선의 것은 다른 나라의 것과 구별되는 뚜
> 렷한 예술적 특색을 가지게 된 것은 바로 이것을 말하는 것이다.[42]

위의 인용문을 보면 먼저 북한에서 불교나 유교와 같은 종교를 비
판하는 이유를 이들 종교가 외래 종교라는 점에서 찾고 있다. 그리고
이러한 외래 종교가 '민족적 예술'의 발전을 저해하였다고 하였다. 그
렇지만 이러한 장애를 '인민 출신의 예술가'들이 극복함으로써 민족

---

41) 앞의 책, p. 70.
42) 앞의 책, p. 157.

예술이 발전하였다고 주장하였다. 그러므로 오늘날 남아 있는 민족 예술품이 지닌 종교적 영향은 역시 다른 나라의 것과 구별되는 '조선적인 것'이 될 수 있었다는 것이다.

　이러한 주장에서 우리는 북한이 소위 민족의 고유한 문화적 가치를 매우 강조하고 있다는 사실을 알 수 있다. 우리의 전통적인 문화는 아마도 이러한 외래적 종교의 영향이 없었으면 더욱 발전하였을 텐데 그러하질 못했다는 것이다. 다만 인민 예술가들의 노력으로 이러한 한계를 극복함으로써 '조선적'인 '민족적' 예술이 이룩될 수 있었다는 주장이다. 그러므로 이들은 불교나 유교와 같은 종교 사상이 남긴 우리 전통 문화를 대부분 부정하고 있는 셈이다. 문화란 그 기원 발생지가 어디냐에 상관없이 어느 사회에서나 그 필요성이 인정된다면 부단히 수용된다. 그리고 그것이 외래 문화라 할지라도 그것을 수용하던 사회의 여러 현상과 접목하면서 그것을 수용한 사회의 문화 현상으로 용해되며, 이런 과정을 통하여 토착 문화는 더욱 보편적이며 고급한 문화로 발전하게 된다. 이러한 토착 문화의 보편화 과정은 그 사회의 독특한 경험으로 이루어지는 것이므로 세계 문화의 발전에 기여할 수 있다. 그런 점에서 볼 때 북한의 전통 문화론은 너무나 편협하고 자기 방어적 성격을 띠고 있다. 이처럼 편협하고 자기 방어적인 문화론은 북한의 문화가 세계적인 조류와 철저하게 격리되어 있음을 말하며, 이는 곧 오늘날의 북한의 정치적, 사회적 체제가 세계사적인 흐름과 철저하게 격리되어 있음을 의미한다. 또 한 가지 흥미로운 사실은 일제 시대의 어용학자들이 한국사의 타율성을 주장하던 논리와 북한의 전통 문화론이 너무나 유사하다는 점이다. 일제의 어용학자들은 한국에는 고유한 문화가 없고 모두 외래 사상의 지배하에 있었으며, 이는 한국의 역사가 타율성에 지배되고 있음을 의미한다고 주장하였다. 그 나라의 문화에 영향을 준 종교나 사상이 다른 나라, 다른 민족으로부터 유래했다고 해서 그 문화의 가치가 없다고 주장한다면, 오늘날 존재하는 어떤 민족의 문화도 가치가 없을 것이다.

5. 사회 발전론과 봉건 사회론

『조선통사(상)』에서는 한국사를 크게 세 시기로 구분하였다. 먼저 청동기 시대가 등장하기까지의 시기를 '원시 사회'로 보고, 청동기 시대 최초의 국가가 성립되던 시기를 '고대 노예 소유자 사회'로 규정하였다. 그리고 삼국 시대에서 19세기 개항 이전까지를 모두 '봉건 사회'로 단정하였다. 역사를 고대 노예제 사회에서 중세 봉건 사회로, 중세 봉건 사회에서 근대 자본제 사회로, 그리고 최종적으로는 공산주의의 이상이 실현되는 사회로 발전해 간다는 유물론적 역사 발전 단계설이 여기에 그대로 반영된 것이다. 이러한 역사 발전론이 한국사에 그대로 적용될 수 있는가 하는 문제에 대해서는 수많은 문제가 제기될 수 있다. 이 가운데서도 특히 삼국 시대부터 19세기까지를 봉건 사회로 규정한다는 것이 여러 가지 문제를 야기하고 있다. 왜냐하면 삼국 시대부터의 우리 나라 역사가 모두 봉건 사회였다고 한다면 이 장구한 세월에 걸쳐 한국사는 정체되어 있었음을 의미하기 때문이다. 그런 의미에서 북한에서의 봉건 사회론을 좀더 면밀히 살펴볼 필요가 있다.

삼국 시대의 봉건 관계의 발생에 대하여 『조선통사(상)』에서는 다음과 같이 말하고 있다.

　　　…… 노예 노동의 낮은 생산성으로는 생산력의 발전에 따라 날로
　늘어나는 착취자들의 부에 대한 탐욕을 충족시킬 수 없었고 노예 제

도를 반대하는 노예들의 끊임없는 투쟁이 노예 소유자적 생산 관계를 더는 유지할 수 없게 하였다는 사정이 놓여 있다. 새로 발생한 봉건적 생산 관계는 생산력의 발전을 다그쳤다. 노예 소유자적 생산 관계하에서는 노예들이 노예주들에게 생산물을 깡그리 빼앗겼으므로 생산에 아무런 이해 관계도 가질 수 없었지만 새로운 생산 관계 하에서는 비록 극히 적은 양이기는 하나 생산물의 일부를 농노적 예농들에게 돌림으로써 그들의 생산 의욕을 자극하였다. 이것은 생산력의 일정한 발전을 가져올 수 있게 하였다.[43]

노예들의 끊임없는 투쟁 때문에 더 이상 노예 소유자적 생산 관계를 유지할 수 없게 되자, 이들의 생산 의욕을 자극하기 위하여 농노적 예농 관계로 발전하게 되었으며, 이것이 곧 당시의 생산력을 발전시키는 원동력이 되었다는 것이다. 이렇게 시작된 봉건 사회는 7세기 중반 이후 발해와 신라에서 "세 나라 시기에 비해 한층 발전"하게 되었다.[44] 그리고 "이 사회의 이러한 발전 과정은 계급적 모순이 점차 더 장성하고 첨예화되어 가는 과정"이라고 설명하였다.[45] 결국 피지배층의 항거가 더욱 치열해졌으며, 그런 과정에서 봉건 관계가 발전하였다는 주장이다. 이러한 봉건 관계의 발전은 12세기 고려 중기의 농민 폭동 이후 더욱 발전하였으며, 고려 말 조선 초기에 이르러서는 "봉건 제도의 가일층의 발전을 빠르게 하였으며 인민들이 생산에서 선보나 석극성을 발휘할 수 있게 함으로써 사회 생산의 발전을 일정하게 추동"하였다고 한다.[46] 그러나 『조선통사(상)』의 곳곳에서 볼 수 있는 '봉건 관계의 발전'은 구체적으로 무엇을 의미하는지 상세하게 설명된 적은 없었다.

---

43) 앞의 책, p. 82.
44) 앞의 책, p. 151.
45) 앞의 책, p. 151.
46) 앞의 책, p. 299.

그러나 조선 시대에 들어가면 사회 경제적인 발전을 설명하기 위하여 상당한 노력을 기울이고 있다. 『조선통사(상)』에 따르면 조선 시대의 전기, 즉 15세기에 이르면 농업 경제가 상당히 발전한다고 하였다. 이 때에 이르러 적극적인 경작지 확대 정책으로 고려 말에 비하여 거의 두 배 이상으로 경작지가 늘어났으며, 또한 많은 수의 저수지를 만들거나 보수하여 관개 시설이 확대되면서 총 경지에서 논이 차지하는 비율이 전체의 29%정도에 달했다고 하였다. 그리고 퇴비를 주는 기술이 발전하자 해갈이를 하지 않고 같은 토지를 해마다 연이어 경작할 수 있는 토지가 계속 늘어나게 되었으며, 품종 개량도 크게 이루어지는 등 커다란 발전을 거듭하였다고 주장하였다. 이러한 조선 초기의 농업 발전에 관한 논의는 부분적으로 차이가 없지는 않지만 남한 학계에서도 충분히 언급되고 있는 부분이다. 그러나 『조선통사(상)』에서는 이러한 당시의 농업 발전의 원동력에 대해서는 전혀 다른 설명을 하고 있다.

> 농민들은 봉건 국가와 관료 지주로부터 가해지는 간섭과 압제 속에서도 굴하지 않고 그 예속에서 벗어나기 위하여 줄기찬 투쟁을 벌렸을 뿐 아니라 자연을 개조하기 위한 투쟁을 적극 벌리며 경지 면적을 늘이고 농업 시설과 기술을 발전시켰다.[47)]

위의 인용문에서 보듯이 『조선통사(상)』에서는 조선 초기의 농업의 획기적인 발전은 농민들의 투쟁과 노력으로 말미암은 것이라고 주장하고 있다. 그러나 이 시대 농업 기술의 발전이 농민들의 노력과 무관하지는 않지만, 국가적 노력과 더불어 재지의 사대부—지주들의 노력에 의하여 이루어졌음을 부인할 수 없다. 『조선통사(상)』에서도

---

47) 앞의 책, p. 316.

국가적 노력이나 사대부들의 노력을 인정하지 않을 수 없었기 때문에, 이를 모두 "사회의 전진과 생산 발전에 기여하는 인민들의 노력을 보다 효과적으로 착취하려는 데 그 목적"이 있었다고 주장하였다.[48]

특히 17세기 이후가 되면 조선 사회에서 농업뿐만 아니라 수공업과 상업의 발전이 이루어지고, 이에 따라 금속 화폐가 전국적으로 유통되기 시작하는데, 이러한 변화를 통하여 18세기에는 자본주의적 관계가 발전하여 갔다고 주장하였다. 그리고 19세기에 들어서면 상업 자본의 형성과 매점 활동, 상인 자본의 생산 부분에로의 침투가 이루어지며, 농촌에서의 계층 분화가 촉진된다고 하였다. 즉 토지와 유리되는 수많은 농민들이 이제 노동 계층으로 변질해 간다는 것이다.

> 상품 화폐 관계의 발전에 따라 토지 소유면에서의 신분적 예속성이 급속히 약화되었으며 어제날에 토지를 소유하고 있던 적지 않은 농민들이 소작농 또는 고농으로 굴러 떨어졌고 일부 농민들이 토지에서 떨어져 나갔다. 토지에서 떨어져 나간 농민들은 노동력을 팔지 않고서는 살아갈 수 없게 되었다. 소작인들은 더욱 교묘한 방법에 의하여 경제적 또는 경제외적 착취를 당하였으나 그전처럼 지주에게 신분적으로 예속되어 지주의 토지에 세습적으로 결박되는 일은 차츰 없어졌다.[49]

결국 『조선통사(상)』에 따르면 18세기 이후에는 토지와 유리된 수많은 농민들이 노동 계층으로 변질되었으며, 이에 따라 이들이 소작인으로서 지주 계층의 예속을 받지 않아도 되었다는 것이다. 그러나 어디에서도 토지에서 유리된 그 많은 농민들이 도시의 산업 지대로 대거 흘러들어 갔다는 증거를 제시할 수는 없었다.

---

48) 앞의 책, p. 316.
49) 앞의 책, p. 434.

남한 학계에서도 18세기 이후 조선 사회에서 상업과 수공업의 발전, 화폐 사용의 확대 등으로 많은 변화가 있었음을 인정하고, 이에 관한 많은 연구가 현재도 이루어지고 있다. 그러나 상업과 수공업의 발전의 정도가 과연 농업 사회의 구조를 근본적으로 바꾸어 놓을 수 있었느냐는 문제에 대해서는 책임 있는 언급이 거의 없는 실정이다. 필자는 이런 새로운 발전이 이 시기에 이루어졌다는 것을 인정은 하지만, 그 발전이 전통적인 농업 중심의 사회 구조를 변형시킬 만큼 크지는 않았다고 확신한다. 적어도 산업 혁명 이후의 영국 사회의 변화와 비견할 만한 변화는 그 시기의 한국 사회에서는 상상도 할 수 없었던 것이다.

결국 이 모든 것은 삼국 시대부터 19세기 중반까지를 봉건 사회로 보려는 관점 자체가 잘못된 것임을 잘 말해 주고 있다. 즉 한국사의 발전 과정을 서구 사회를 모델로 하여 만들어진 역사 발전 단계론으로 일방적으로 해석하려는 태도, 그 자체에 커다란 오류가 있다는 뜻이다. 더욱이 일체의 외래 종교나 사상을 부정하는 『조선통사(상)』에서 한국사의 주체적 발전을 소위 외래의 역사 발전 단계설에 일방적으로 맞추어 간다는 것이 모순으로 비쳐지는 것은 어쩔 수 없는 일이라 하겠다.

6. 북한의 역사 서술을 이해할 때 유의할 몇 가지 것들

지금까지 『조선통사(상)』의 역사 서술의 특징을 살펴보았다. 사실 북한에서 서술된 역사책을 이렇게 접할 수 있게 된 것만 하여도 우리 사회가 크게 변하고 있음을 실감하게 한다. 그러나 북한에 대한 구체적인 지식이 일반에 널리 알려지지 않는 상황 속에서 북한의 역사책을 바로 읽어 나가기가 쉬운 일만은 아니다. 이제『조선통사(상)』에서 드러난 몇 가지 문제를 중심으로 북한의 역사 서술을 대할 때 유의할 점을 정리하여 독자들에게 제시하고자 한다.

북한의 역사책을 대할 때 먼저 유의할 점은 무엇일까? 그것은 바로 북한에서는 다양한 견해를 가진 여러 종류의 역사책이 나올 수 없다는 것이다.『조선통사』는 북한 당국의 견해를 반영한 것이며, 그런 의미에서 북한에서는 역사학이 철저하게 정권에 예속되어 있다고 할 수 있다. 그러므로 남한 학계에서 논하는 것처럼 철저한 학문성보다는 오히려 역사 서술의 정치성이 더욱 중요하게 작용할 때가 많다는 점을 인식해야 된다.

그렇기 때문에『조선통사』를 읽어 가노라면 그 논리 전개가 일면 너무나 정연하고, 거기에 서술된 역사적 해석에는 의문의 여지가 없어 보일 정도로 확고하다는 점을 발견하게 된다. 역사학도 학문인 이상 그 논리가 정연하지 않으면 안 된다. 그러나 역사적 사건은 역사가의 논리 이전에 이미 존재했던 사실이다. 그러므로 아무리 논리가 정연하다 해도 그 논리로 설명된 역사적 사건이 사실로서 입증되지 않는다면 이는 허구에 지나지 않는다는 점을 명심해야 된다.

물론『조선통사』에서 없던 사실을 있었던 사실로 만들었다는 의미는 아니다. 어느 시대, 어느 사회에서나 역사적 사건은 단일하게 전개되지 않고 수많은 사건들이 동시 다발적으로 함께 벌어지고 있기 때문에 역사가가 어느 한 사건을 강조하려면 그 사건과 동시에 일어났던 수많은 사건들과의 관계 속에서 그 사건의 의미를 구명해야만 한다. 그러므로 역사 서술이 너무나 논리 정연하여 의심의 여지가 없어 보일 때는 동시에 발생하였던 수많은 사건들과의 복잡한 관계들을 모두 없애버리고 어느 특정한 한 사건의 의미만을 강조했을 가능성이 매우 크다고 판단할 수 있다. 대체로 경직된 사회 체제하에서는 이런 식으로 역사를 왜곡하는 경우가 흔하다. 일제의 식민사학자들, 군사 독재 정권에 추파를 던지려 했던 남한의 관변학자들도 그러했으며, 정권에 철저하게 예속된 북한의 역사 서술도 그럴 수밖에 없었다는 점을 파악해야 한다.

다음으로 북한의 역사 서술에서 특별히 강조하고자 하는 계급 투쟁설과 배외성이 짙은 민족주의론에 대해서 깊은 이해가 필요하다는 점을 지적하고자 한다. 프롤레타리아의 독재를 이상으로 하는 북한 사회의 이데올로기를 염두에 둔다면 이들이 만사를 계급 투쟁설로 해석하고자 하는 이유를 알 수 있다. 앞의 서술에서도 여러 번 지적한 바와 같이 이들은 우리 민족사의 모든 긍정적인 요소는 다 '피압박 인민의 투쟁'으로 이루어낸 것임을 누누이 강조하고 있다. 그와 동시에 북한의 역사 서술에서는 모든 외래적인 것을 부정하는 민족주의적 색채가 무척 강하다는 점을 발견하게 된다. 북한의 역사 서술에서 민족은 신성 불가침의 가치를 지니며, 또 이 배타적인 민족 의식을 유난히도 강조하고 있다. 이러한 점이 북한 역사 서술의 큰 특징이라고 할 수 있다. 그러나 계급과 민족이란 대단히 상충적인 개념이라는 점을 인식할 때 북한에서 자주 사용하는 '민족'이란 무엇을 의미하는가를 주의 깊게 살펴야 할 것이다. 이런 모순을 잘 알고 『조선통사』와 앞의 책을 읽어야 하겠다.

또 우리 사회에도 민족이란 말을 마치 종교적인 신념처럼 생각하는 사람들이 많기 때문에 철저한 민족 의식을 강조하는 북한의 역사 서술이 지니는 문제성을 간과하는 경우가 많다. 그리고 우리가 살고 있는 이 사회 자체가 빈부의 격차, 도시와 농촌의 격차, 가진 자와 덜 가진 자의 대립성이란 문제를 안고 있기 때문에 북한의 '피압박 인민 투쟁설'이 매우 정당한 것으로 인식될 수도 있다. 인간 사회란 항상 모순 속에 있었으며, 그러한 모순을 해결할 유일한 수단은 그 투쟁뿐이라고 쉽게 생각할 수도 있다. 계층간의 대립성은 어느 시대나 있었으며, 지금도 마찬가지이다. 그러나 만약 계층간의 대립만이 존재하여 양자 상호 용납할 수 없다면 민족이란 무엇 때문에 강조할 필요가 있겠는가? 이런 문제들에 대하여 사려 깊은 성찰이 필요하다. 우리가 살고 있는 사회는 매우 복잡하기 때문에 이 사회에서 발생하는 문제들의 성격도 계급 투쟁이란 한 가지 측면만으로 설명할 수는 없다. 그러므로 현실적인 모순을 완화하기 위한 지혜는 오히려 우리 모두가 한 시대 한 사회에서 더불어 공존하고 있을 뿐 아니라 이러한 공존은 수천 년에 걸친 역사 속에서 자라온 것이며, 또 앞으로 장구한 세월을 지속할 것이라는 자각 속에서 모색될 수 있는 것이다. 우리가 당면한 모순을 회피하자는 것이 아니라 한 쪽 일방을 완전히 제거함으로써 이 모순을 일거에 해결하자는 논리가 지니는 위험성과 비역사성을 말하려는 것이다. 그 일방이 양반이거나 농민이거나 자본가이거나 노동자이거나, 상대방을 일체 부정하는 존재라면 그것이야말로 우리가 적극 배척해야 할 상대인 것이다.

끝으로 북한의 역사 서술은 오늘날의 북한 사회의 한 단면을 너무나 잘 보여 주고 있다는 점을 강조하고 싶다. 북한 사회에 대한 실상은 과거 독재 정권 하에서 정권 유지의 수단으로만 편의적으로 공개되어 왔다. 그러므로 아직도 우리들은 북한에 관한 진실한 정보를 접하기가 어려운 상황이다. 이러한 여건에서 우리는 먼저 그곳의 역사 서술을 쉽게 구해볼 수 있게 되었다. 오늘날 남한에 사는 우리들과 북한 사람들이 공유하고 있는 것은 역사일 뿐이라는 논리로 북한의 역사책이 남한에서도 출간되었기 때문이다. 그러나 우리는 지나간 과거를 서로 공유하고는 있지만, 그 과거를 해석하는 지금의 현실을 공유하고 있지는 않다는 점을 명심해야 한다. 그러므로 북한에서 서술된 역사책은 우리 민족의 역사라는 감상적인 차원에서가 아니라 우리와 매우 상이한 사회 체제 속에서 탄생한 것이라는 좀더 이성적이고 객관적인 입장에서 대할 때만이 남북 분단의 현실을 더 깊이 인식하는 데 도움을 줄 것이라고 확신한다.

역사 서술에 투영된 북한의 현실
― 『조선통사(하)』를 중심으로 ―

역사학은 언제나 현실과 밀접한 관련을 맺을 수밖에 없다. 하지만 북한의 역사학은 북한의 현 지배 체제에 종속되어 있다는 점에서 매우 특이한 위치에 있다고 하겠다. 물론 북한 역사학이 지닌 이러한 문제는 누구나 쉽게 감지할 수 있기는 하지만, 이 문제가 깊이 있게 체계적으로 다루어진 적은 거의 없었다. 지난 몇 년 동안 북한 역사학의 여러 측면을 살피면서 필자는 북한 역사학과 현실과의 특이한 관계를 지적하기도 하였지만, 이 문제에 대해 깊이 생각해 보지는 않았다.[1]

북한의 역사 서술에 반영된 현실은 구체적으로 어떠하며, 어떠한 방식으로 이를 반영하고 있는가는 좀더 구체적으로 살펴볼 필요가

---

[1] 북한의 역사학에 대한 필자의 연구는 다음과 같은 것들이 있다.
  • 「『조선통사』를 통해 본 북한의 역사 인식」(『서강인문논총』 3, 1994).
  • 「북한의 역사학 체계 개관」(『동아연구』 33, 1997. 6).
  • 「북한의 역사 서술에 나타난 조선 왕조의 유산」(『동아연구』 34, 1997. 12).
  이런 연구를 진행하면서 북한의 역사학은 현실과 너무나 깊이 연루되어 있으며, 그런 의미에 독립된 학문으로서의 지위를 이미 상실했다는 점을 여러 가지로 지적한 바가 있다.

있다. 물론 상고 시대의 역사에서부터 현대에 이르기까지를 다룬 역사 서술에서 북한의 현실이 적극적으로 투영되지 않은 곳은 한 군데도 없다. 하지만 무엇보다도 개항 이후의 근현대사 서술에 그들의 현실적 상황이 가장 적극적으로 반영되어 있다고 할 수 있다. 따라서 필자는 이 장에서 1987년 출판된 북한의 가장 대표적인 개설서 『조선통사(하)』를 중심으로 이 문제를 살펴보기로 하였다.

현재 국내에서 구할 수 있는 『조선통사(하)』는 이 장에서 살펴서 살펴고자 하는 1987년 판이 가장 최신의 것이다. 이 책은 주로 1876년 개항에서부터 1980년대까지의 역사를 서술하고 있다. 그러므로 이것을 중심으로 북한의 역사학과 현실과의 관계를 검토한다면 소기의 목적을 이룰 수 있을 것이다. 앞에서 살폈듯이 북한에는 이 책 말고도 『현대조선력사』가 1983년도에 출판되었고, 이것이 우리 나라에서 다시 출판되기도 하였다. 그러나 앞에서 자세히 비교하였듯이 『현대조선력사』는 항일 운동을 기점으로 현대사를 서술하고 있다는 점만 빼면 모든 면에서 1987년에 출판된 『조선통사(하)』와 다른 것이 없다. 그러므로 좀더 최근에 출판되었으며, 현대사의 전前 단계라 할 수 있는 개항 이후의 시대부터 역사를 서술하고 있는 『조선통사(하)』를 중심으로 살펴보기로 하였다.

1. 개화사의 구성과 서술

1876년 개항 이후 전개되었던 개화 운동을 북한에서는 부르주아 개혁 운동이라 정의한다. 1919년의 '3. 1 운동'도 부르주아 민족주의 운동의 종말로 단정하고 있다. 개항 이후 새로운 문물을 받아들여 사회적 개혁을 이루고자 하는 운동의 주체는 부르주아 계층이었으며,

이들이 일제의 강점 이후 3. 1 운동까지 항일 운동을 주도하였다고
한다. 그리고 3. 1 운동이 결국 민족의 해방을 이루지 못하고 실패한
것을 마지막으로 우리 역사에서 부르주아 민족 운동은 종말을 고하
였다고 보았다.

이들은 부르주아라고 부르는 계층은 '봉건 제도의 위기와 자본주
의적 관계'가 성장하였던 "우리 나라에서 자라나기 시작한" 세력으로
서, "새로운 선진 사상으로서 개화 사상을 발생케" 하였다. 이런 개화
사상은 "19세기 50년대부터 중인 출신인 오경석, 류홍기와 애국적 관
료인 박규수 등에 의하여 낡은 봉건 제도를 청산하고 자본주의 제도
를 세울 것을 목적으로 하는 부르죠아 사상 조류로서" 싹트기 시작하
였으며, 1870년대와 80년대에 이르러 김옥균에 의하여 더욱 발전하였
다는 것이다.2) 이들은, 특히 "김옥균은 류홍기, 박규수 등과의 접촉을
통하여 근대 자본주의 문물 제도에 대하여 쓴 책들을 탐독하게 되었
고 실학 사상의 긍정적 요소와 세계 정세의 추세를 알게 되었으며 자
체의 깊은 사색과 탐구 과정을 거쳐 개화 사상의 대표자가 되었다"고
하며 개화 사상가로서의 김옥균을 높이 평가하였다.3)

개화파는 김옥균을 중심으로 개화 운동을 전개하기 위하여 '충의
계'라는 비밀 결사 형식의 조직을 만들었으며, 이 '충의계'는 "부르죠
이 개혁 운동을 담당 수행하기 위한 비밀 정치 조직이었으며 우리 나
라 근대적 정치 조직의 첫 맹아"라고 평가하였다.4) 그리고 김옥균을
중심으로 한 이들 개화파는 "어윤중, 김윤식 등 혁신 관료들에게 영
향을 주어 그들로 하여금 개화파의 지지자, 동정자로 돌아서게" 하여
"개화파는 정계에서 혁신 관료들의 지지를 받게 됨으로써 개화 운동

2) 『조선통사(하)』(북한, 사회과학출판사, 1987), p. 17.
3) 앞의 책, p. 17.
4) 앞의 책, p. 18.

을 적극 추진시켜 나갈 수 있게" 되었다고 서술하였다.5) 그러나 '내외 반동'들의 방해로 평화적인 부르죠아 개혁을 추진시킨다는 것이 어렵게 되자 "폭력적인 방법에 의해서만" 개혁이 가능하다고 판단하여 1884년 갑신정변을 일으켰다고 주장하였다.6)

그리고 갑신정변의 역사적 의의에 대하여 다음과 같이 서술하고 있다.

> 정변은 어떠한 혁명 운동이든지 상층 개혁 운동의 방법이 아니라 력사의 주체이며 사회 발전의 동력인 근로 인민 대중에 철저히 의거하여야 하며 적아간의 력량 관계를 과학적으로 타산한 옳은 전략 전술에 기초해야 승리할 수 있다는 심각한 교훈을 남기였다. 정변은 비록 실패하였으나 조선에서 첫 부르죠아 개혁 운동으로서 부르죠아 민족 운동의 새로운 발전 단계를 열어 놓았다는 데 그 력사적 의의가 있다.7)

갑신정변을 이처럼 강조한 다음에 북한에서는 1894년의 '갑오농민전쟁'에 각별한 의의를 부여하였다. 그러기에 그들은 다음과 같은 김일성의 교시를 직접 인용하면서 북한의 역사 서술에서 갑오농민전쟁이 얼마나 중요한 위치를 차지하고 있는지를 다시 한번 보여 주고 있다.

> 1894년에는 전라도 농민들이 봉건 통치배들의 악정을 반대하여 농민 전쟁을 벌렸습니다. 이 때에도 농민들을 비롯하여 애국적 군인, 선비들은 통치배들을 반대하여 투쟁하였을 뿐 아니라 국내의 혼란된 기회를 리용하여 기여 들어온 일본 침략군을 맞받아 피어린 투쟁을 벌렸습니다.8)

---

5) 앞의 책, p. 18.
6) 앞의 책, p. 21.
7) 앞의 책, pp. 23~24.

갑오농민전쟁은 "투쟁을 통하여 광범한 대중을 계급적으로나 민족적으로 더욱 각성시키고 반침략애국 세력을 전반적으로 단결 강화시켰다"는 의의를 지니고 있으나 "농민군은 그들 자체의 계급적 제한성을 가지고 있는 데다가 과학적인 전략과 전술에 의하여 지도되지 못하였"기 때문에 실패하고 말았다는 것이다. 그러나 "농민 전쟁은 봉건 지배층들로 하여금 부패한 봉건 통치를 심각히 재검토하지 않을 수 없게 하였으며 혁신 정권의 출현과 새로운 개혁에 유리한 전제 조건을 지어 주었다"고 평가하고, 이러한 맥락에서 갑오개혁의 의의를 서술하였다.[9]

북한에서는 "갑오개혁은 낡은 봉건 제도를 청산하고 새로운 자본주의 제도를 세우기 위한 투쟁에서 획기적인 의의를 가지는 력사적 사변이었다"고 평가하고,[10] 이후 전개되는 '민권 운동과 애국 문화 운동'에 큰 영향을 미쳤다고 하였다.[11] 그러나 갑오개혁이 나라의 근대화에 큰 영향을 미쳤다 해도 일본군의 국내 주둔은 나라의 독립과 사회적 진보가" 이루어질 수 없게 만들었으며, 이 부르주아 운동이 "력사의 주체인 인민 대중에게 의거하지 않을 때는 승리할 수 없다"는 교훈을 남겼다는 것이다.

이어서 이들은 1895~1896년의 반일 의병 투쟁사에 대하여 각별한 관심을 표명하였으며, 1896년 이후에 전개된 독립협회의 활동을 '부르죠아 민권 운동'이라 규정하였다. 즉 전국의 농촌 지역에서는 농민들의 의병 투쟁이 전개되고, 도시를 중심으로 해서 독립협회의 민권 운동이 전개되었다는 것이다. 그러나 이 시기의 의병 투쟁은 "유교적

---

8) 앞의 책, pp. 26~27.
9) 앞의 책, p. 33.
10) 앞의 책, p. 35.
11) 앞의 책, p. 36.

'충군존왕' 사상이 골수에 찬 봉건 유생 지휘 성원들의 계급적 제한성" 때문에 실패하였으며,[12) 독립협회의 민권 운동은 "혁명적인 지도력량의 통일적인 지도를 받지 못하고 자연 발생적으로 벌어진 자체의 제한성과 함께 미일 침략자들의 암해 책동" 때문에 실패하였다고 보았다.[13)

2. 항일 혁명 투쟁과 '주체사상'의 탄생

개화 운동을 부르주아 개혁 운동이라고 정의한 북한에서는 3. 1 운동을 '부르죠아 민족주의 운동'의 절정으로 보았다. 이들은 1919년 3월 1일을 "우리 민족이 자기의 자유를 위하여 고귀한 피를 흘린" 날이라 고 했던 김일성의 어록을 인용함으로써 그 중요성을 강조하였다.[14) 그리고 3. 1 운동은 33인이 중심이 된 '독립 청원 운동'이라 규정하고,[15) 일제에 대한 적극적인 항거의 형태로 폭동성을 띠게 된 것은 "평양을 중심으로 한 서북 조선 지방에서부터 시작하였다"고 주장하였다.[16) 그리고 서북 지방의 운동을 주도한 것은 김일성의 부친인 김형직이었으며, 이 때에 여덟 살이던 김일성도 시위 행렬에 참여하였다고 서술하였다.[17) 그러나 3. 1 운동은 일제의 무자비한 진압과 '민족주의자들'의 '투항 변절'[18)로 실패하고 말았으며, 이로써 개항

---

12) 앞의 책, p. 40.
13) 앞의 책, p. 42.
14) 앞의 책, p. 71.
15) 앞의 책, p. 72.
16) 앞의 책, p. 73.
17) 앞의 책, pp. 73~74.
18) 앞의 책, p. 77.

이후 개혁 운동을 이끌어 오면서, 3. 1 운동까지 민족 운동을 주도하
였던 소위 부르주아 민족 운동은 종말을 고하였다고 한다. 그리고 3.
1 운동 이후 전개된 반일 운동들도 모두 "대중 속에 뿌리 박지 못하
고 모든 반일 투쟁에서 심한 분산성과 자연 발생성을 극복하지 못한
것이었다"고 평가하였다.[19]

일제 시대에 항일 운동이 제 모습을 갖추기 시작한 것은 김일성의
부친인 김형직이 1917년 3월 비밀 결사인 '조선국민회'를 결성한 이
후였으며, 이로써 "당시 질식 상태에 처해 있던 우리 나라 반일 민족
해방 운동이 올바른 길을 따라 전진하게 되었다"고 주장하였다.[20] 그
리고 이후의 항일 운동은 바로 이 김형직이 지도하고 이끌어 갔다고
서술하면서, "조선국민회가 김형직 선생님의 지도 밑에 광범한 대중
을 반일 민족 해방 투쟁에로 불러일으킴으로써 우리 나라 반일 민족
해방 운동은 민족주의 영향으로부터 점차 벗어나게 되었다"고 평가
하였다.[21] 그러나 1926년경 김형직이 사망하자, "탁월한 지도자를 잃
은 조선 민족 해방 운동은 키를 잃고 사나운 풍파를 만난 돛배"[22]와
같이 표류하였으나, 이러한 "민족 수난의 시기에 위대한 수령 김일성
동지께서 시대의 절박한 요구와 민족의 념원을 지니시고 조선 혁명
운동의 진두에 나서게" 되어 조국 해방 운동은 새로운 전기를 맞게
되었다고 한다.[23]

김일성은 1926년 10월 17일 '타도제국주의동맹'을 결성하였는데,
이에 대하여 김일성은 "우리가 1926년에 조직한 타도제국주의동맹은

---

19) 앞의 책, p. 98.
20) 앞의 책, p. 103.
21) 앞의 책, p. 109. 사실 『조선통사(하)』(1987)를 보면 p. 98에서 p. 134까지는 3. 1
    운동 이후 김형직이 반일 운동을 실질적으로 이끌었다는 내용이 서술되어 있다.
22) 앞의 책, p. 134.
23) 앞의 책, p. 135.

주체의 혁명 위업을 승리에로 이끌어 나가기 위한 전위 조직이였으
며 우리 나라에서 처음으로 되는 참다운 공산주의 혁명 조직"이었다
고 그 의의를 강조하였다.24) 그리고 타도제국주의동맹은 "우리 나라
에 사회주의, 공산주의를 건설하며 나아가서 세계에서 공산주의의 승
리를 이룩하기 위하여 투쟁"하는25) 것을 기본 강령으로 삼았다고 하
였다.

　이후 김일성은 1926년 12월 초 만주의 길림성으로 활동 무대를 옮
겼으며, "우리 나라의 첫 공산주의적 소년 혁명 조직인 새날소년동
맹"을 결성하였다.26) 그리고 1928년 8월 28일에 김일성은 "조선공산
주의청년동맹"을 창립하였는데, 이는 "조선 혁명 전반에 대한 령도를
실현해 나가는 혁명적 전위 조직"이었다는 것이다. 나아가 "조선공산
주의청년동맹의 창립은 'ㅌ,ㄷ'으로부터 시작된 혁명적 당 창건을 위
한 투쟁의 새로운 전진과 우리 나라 청년 운동과 공산주의 운동의 발
전에서 거대한 의의를 가지는 력사적 사변"이었다고 주장하였다.27)
그러나 뿌리 깊은 사대주의 사상을 극복하지 않으면 그들이 주장하
는 조선 혁명은 달성될 수가 없으며, "식민지반봉건 사회의 조건에서
조선 혁명은 반제적 과업과 반봉건적 과업을 동시에 해결해야 할 어
렵고 복잡한 혁명이였으며 국가적 후방도, 정규군의 지원도 없이 모
든 것을 자체의 힘으로 해결해 나가면서 강대한 일제와 싸워야 하는
류례 없이 간고한 혁명"이었기 때문에, 김일성은 1920년대 말에 이르
러 주체사상을 창시하게 되었다는 것이다.28) 이어서 김일성은 "주체

---

24) 타도제국주의동맹을 북한에서는 'ㅌ,ㄷ'로 줄여 표기하는 것이 일반적이다. 이에
　　대해서는 앞의 책, p. 136 참조할 것. 또한 위에서 인용한 타도제국주의동맹에 대
　　한 김일성의 발언은 앞의 책, p. 137 참조.
25) 앞의 책, p. 137.
26) 앞의 책, p. 138.
27) 앞의 책, pp. 140~141.
28) 앞의 책, pp. 146~147.

사상을 지도 사상으로 하는 당 조직"을 결성하였으며,[29] 이를 바탕으로 1930년 7월 6일에는 '조선혁명군'을 결성하였다.[30] 그리고 이 조선혁명군을 중심으로 일제에 대한 무장 투쟁이 전개될 수가 있었다고 주장하였다.

이후 『조선통사(하)』는 김일성이 지도하는 조선혁명군을 중심으로 만주 지역에서부터 무장 항일 운동을 전개하여 점차 그 영향력을 확대시켜 나갔으며, 많은 지역을 일제의 지배로부터 해방시켜 나갔다고 서술하고 있다. 그리하여 이런 해방 지역에서 1933년 3월에는 새로운 인민 혁명 정부를 조직하여 일종의 국가 체제를 정비하게 되었다.[31] 그리고 이러한 체제 정비가 이루어지자 이제는 본격적으로 조선인민혁명군을 강화하였으며, 이를 바탕으로 백두산 이남의 조국을 해방시키기 위한 무장 항일 운동을 본격화할 수 있었다. 그러므로 일제로부터의 해방은 김일성의 주체사상에 입각한 조선인민혁명정부를 중심으로 일제에 대항한 조선인민혁명군이 쟁취한 것이라는 논리로 서술되었다.[32]

3. 조선민주주의인민공화국의 창건과 김일성의 역할

『조선통사(하)』에서는 1945년 조국의 해방을 이루어 낸 것은 김일성의 업적임을 드러내기 위하여 이렇게 서술하고 있다.

---

29) 앞의 책, p. 155.
30) 앞의 책, p. 157.
31) 인민 혁명 정부에 대해서는 앞의 책, pp.183~187.
32) 무장 항일 투쟁과 조선혁명정부의 결성, 주체사상의 확립 및 조선인민혁명군을 이끈 김일성의 활약상은 『조선통사(하)』(1987)의 p. 134에서부터 p. 299까지 한 쪽도 거르지 않고 서술되어 있다.

나라를 찾아 주시고 민족을 구원해 주신 위대한 수령님의 조국 개
선을 우리 인민은 반만년의 유구한 력사에서 일찍이 있어 본 적이
없는 대경사로 그처럼 열렬히 환영하였으며 수령님을 만나 뵈올 그
날을 손꼽아 기다렸다.[33]

그러므로 이러한 북한의 역사 서술에 따르면 해방 이후의 역사에
서도 김일성이 절대적으로 중요한 역할을 할 것이 충분히 드러난다
고 할 수 있다.

김일성은 「해방된 조국에서의 당, 국가 및 무력 건설에 대하여」라는
연설에서 "우리는 승리한 성과에 기초하여 조선 혁명을 계속 앞으로
전진시켜야 하며 조선 인민 자신의 손으로 부강하고 자주적인 독립 국
가를 건설해야" 한다고 역설하였다.[34] 그리고 1945년 10월에는 김일성
의 주도로 '북조선공산당 중앙조직위원회 창립 대회'가 열렸다.[35] 그리
고 1946년 2월 8일에는 '북조선림시인민위원회'가 열렸다.[36]

이렇게 조직을 정비한 김일성은 1946년 3월 5일 「북조선토지개혁
에 대한 법령」을 선포하고, "우리 당은 밭갈이하는 농민들을 땅의 참
된 주인으로 만들기 위하여 무상 몰수, 무상 분배의 원칙에서 토지
개혁을 하며 몰수한 땅을 국가 소유로 하지 않고 농민들의 개인 소유
로 할 데 대한 방침을" 내놓았다고 천명하였다.[37] 소위 무상 몰수, 무
상 분배의 토지 개혁을 단행한 다음, 1946년 8월 10에는 「산업, 교통
운수, 체신, 은행 등의 국유화에 대한 법령」을 내어 중요 산업의 국유
화를 단행하였다.[38] 그리고 1946년 8월 28일에는 '북조선로동당' 창

---

33) 앞의 책, p. 302.
34) 앞의 책, p. 304.
35) 앞의 책, p. 309.
36) 앞의 책, p. 315.
37) 앞의 책, p. 318.
38) 앞의 책, p. 321.

립 대회를 개최하였는데, 이 "로동당의 창립은 경애하는 수령님께서 제시하신 대중적 당 건설 로선의 빛나는 결실이며 위대한 승리였다"는 것이다.[39]

이 모든 것은 '반제반봉건민주주의 혁명'의 과정이었다. 그러나 "반제반봉건민주주의 혁명을 수행한 다음에도 북반부에는 소상품 경제 형태와 자본주의적 경제 형태가 적지 않게 남아 있었다. 이러한 경제 형태들을 그대로 두고서는 착취와 빈궁의 근원을 완전히 없앨 수 없었으며 사회의 생산력을 낡은 생산 관계의 구속에서 해방할 수 없었고 나라의 전반적 경제를 계획적으로 빨리 발전시킬 수 없었다."[40] 이에 김일성은 "민주주의적 선거를 통하여 인민민주주의 독재 정권을 프로레타리아 독재 정권으로 강화 발전시키도록" 하였으며, 이에 따라 1947년 2월 17~20일 인민위원회대회가 열렸으며, 여기에서 '최고 주권 기관인 북조선인민회의'가 창설되었으며, 2월 21~22일에는 북조선인민회의 제1차 회의가 소집되었다. 그리고 이 회의에서 만장 일치로 "위대한 수령 김일성 동지를 전체 조선 인민의 한결같은 의사와 념원을 담아 북조선인민위원회 위원장으로 높이 추대하였다." 그리고 이 북조선인민위원회는 북한에 태어날 '첫 프로레타리아 독재 정권'이었으며, 이의 수립은 북한에서 "사회주의에로의 진군의 력사적 전환점으로 되었으며 이때로부터 우리 인민은 자본주의로부터 사회주의에로의 과도기 임무를 수행하는 길에 들어섰다"고『조선통사(하)』는 기록하고 있다.[41]

이처럼 북조선인민회의 창설을 강조한 다음 북한에서는 조선인민군의 강화 발전 과정에 대하여 자세하게 서술하고 있다. 그들은 "정

---

39) 앞의 책, p. 325.
40) 앞의 책, p. 389.
41) 이상 앞의 책, p. 341.

규 무력을 건설하는 것은 해방 후 완전 자주 독립 국가를 건설하기 위한 필수적 요구"라고 하면서, "자체의 강력한 민족 군대를 가지지 못한 나라는 사실상 완전 자주 독립 국가라고 말할 수 없다"고 강조하였다.[42] 그리고 이러한 목적을 달성하기 위하여 김일성은 1945년 11월 17일에 군사 정치 학교인 평양학원을 설치하였다는 것이다.[43] 이를 바탕으로 '군사 간부'를 양성하면서, 1948년 2월 8일 '조선인민혁명군을 정규 무력'인 '조선인민군'으로 창건하였다.[44] 북조선인민회의에 이어 조선인민군을 창건함으로써 북한은 하나의 국가 체제를 갖추게 된 것이다.

김일성은 남북한을 망라한 '전조선 정부인 조선민주주의인민공화국'을 창건하기 위하여 1948년 8월 25일 최고인민회의 대의원 선거를 강행하였다. 그러나 남한의 사정은 북한과는 달랐기 때문에 북한에서는 "직접적 비밀 투표의 방법에 따라 자유로운 분위기 속에서 선거가 진행되어" 유권자의 99.97%가 선거에 참여하여 98.49%의 찬성 투표로 대의원을 선출하였으나, "남조선에서는 미제와 그 앞잡이들의 방해 책동을 고려하여 이중적인 선거 방법, 다시 말하여 유권자들이 비밀리에 서명의 방법으로 인민 대표를 선거한 다음 그 인민 대표들이 북반부에 들어와 대표자대회를 열고 최고인민회의 대의원들을 선거하기로" 하였다. 그리하여 "남조선 인민들은 8월 20일 현재 전체 유권자의 77.52%에 해당하는 673만 2,407명의 서명으로 1,080명의 인민 대표를 선출"하였으며, 이 대표들이 황해도의 해주에 들어와 '남조선 인민대표자대회'를 열어, "남조선 인구 5만 명에 1명 비례로 360명의 대의원을 선거"하였다는 것이다. 그러므로 북한에서는 1948년 8월에

---

42) 앞의 책, p. 352.
43) 앞의 책, p. 353.
44) 앞의 책, p. 353.

남북한 총선거의 승리로 "우리 나라 력사에서 처음으로 되는 전 조선의 통일적인 최고 립법 기관인 최고인민회의가 세워지게" 되었다고 서술하고 있다.[45] 그리하여 "위대한 수령님께서는 1948년 9월 9일 조선민주주의인민공화국 창건을 온 세상에 선포"하게 되었다는 것으로 북한 정부 창설의 역사를 정리하고 있다.

이상과 같은 해방 후 북한 정권의 탄생에 대한 역사는 전적으로 김일성의 영도와 교시로 이루어졌다고 되어 있으며, 북한이 주도한 남북한 총선거 당시 이미 5월 10일자로 선거를 치룬 남한에서조차 600만 명이 넘는 유권자가 선거에 참여하였다는 것은 북한 정권만이 한반도의 유일한 정통성을 지닌 정부라는 점을 과시하기 위해서였다. 그러므로 이런 역사 서술에서 그들의 주장에 반대되는 그 어떠한 가능성도 배제할 수밖에 없었다. 중요한 것은 그들의 정부만이 한반도 유일의 합법 정부이며, 김일성은 모든 한민족의 유일한 영도자라는 주장뿐이었다.

4. 한국전쟁에 관한 서술과 북한의 현실

북한은 비극적이었던 한국전쟁을 어떻게 서술하고 있는가? 이들은 전쟁의 기원에 대하여 다음과 같이 서술하고 있다.

> 미제와 리승만 괴뢰 도당은 조국의 자주적 평화 통일을 실현하기 위한 공화국 정부의 합리적인 방안들을 거부하고 1950년 6월 25일 공화국 북반부를 반대하는 침략 전쟁을 일으켰다.
> 미제의 부추김 밑에 10여 만의 괴뢰군은 일요일의 이른 새벽 38도

───────────────

45) 이상 앞의 책 pp. 364~365.

선 전역에 걸쳐 불의의 무력 침공을 개시하였다. 전선 서부에서는 괴뢰 수도 사단 17련대가 태탄, 벽성 방향으로, 괴뢰 1보병 사단이 개성 부근에서 3개 방향으로, 괴뢰 7보병 사단은 련천 지역에서 2개 방향으로 침공해 들어왔다. 전선 동부에서는 괴뢰 6보병 사단이 화천, 양구 방향으로, 괴뢰 8보병 사단은 동해안 방향에서 쳐들어왔다.

  공화국 북반부에 대한 불의의 무력 침공을 감행한 적들은 해주, 금천, 철원 기타 여러 방향들에서 38도선 이북 지역으로 1~2km까지 쳐들어왔다.[46]

  위의 인용문에서 보듯이 『조선통사(하)』에서는 1950년 6월 25일 남한의 모든 전선에서 대규모 선제 공격을 감행하여 전쟁이 일어난 것으로 상세하게 서술하고 있다. 그리고 이러한 남한의 선제 공격에 대하여 김일성은 "조국의 독립과 민족의 자유와 영예를 수호하기 위하여 적들과 단호히 싸워야 합니다. 적들의 야만적인 침략 전쟁에 우리는 정의의 해방 전쟁으로 대답하여야" 한다고 강조하고 결정적인 반격을 가함으로써 전쟁이 확대되었다고 서술하고 있다.[47] 그리고 이후의 모든 전투는 김일성이 직접 지휘하여 승리로 이끌었다고 주장하였다.[48]

  이후 전쟁의 진행 과정에서 북한이 계속 승리했다는 내용을 서술하는 과정에서 소련의 군사 정책이나 북한에 대한 군사 원조에 대해서는 단 한마디의 언급도 없다는 것이 대단히 이채롭다. 그리고 인천 상륙 작전 성공 이후 북한군의 패주를 '조선인민군의 전략적 후퇴'라 서술하고, 1950년 10월 북한이 연합군에 의해 압록강 전선까지 밀렸던 상황에 대해서도, "10월 하순 전선 형편은 매우 긴장하였으며 우

---

46) 앞의 책, pp. 403~404.
47) 앞의 책, p. 404.
48) 이에 대하여 『조선통사(하)』에서는 "위대한 수령님께서는 계속하여 전쟁의 성격을 분석하시고 이 전쟁에서 우리가 반드시 승리할 수 있는 요인들을 지적하시였다"고 서술하여, 전쟁을 승리로 이끈 김일성의 지도력을 찬양하고 있다(p. 405).

리 인민은 여전히 준엄한 시련을 겪고 있었다. 그러나 전반적 군사 정치 정세는 바야흐로 적들에게는 불리하게 조선 인민과 인민 군대에게는 유리하게" 변하여 갔으며, "영웅적 인민 군대는 후퇴를 시작하여 두 달도 못 되는 기간에 강력한 반공 작전을 전개할 수 있도록 자기의 력량을 재편성하였다"고 서술하고 있다.[49]

소련군의 원조와 참전에 대해서는 단 한 줄도 언급하지 않았던 『조선통사(하)』에서, 이 때의 중국의 개입에 대해서는 "중국 인민 지원군의 조선 전선 참전은 력사적으로 맺어진 조중 두 나라 인민 사이의 전통적인 우의의 발현이였으며 반제반민족 해방 투쟁에 대한 국제주의적 지원의 산 모범"이라고 기록하였다.[50] 그리고 중국 참전 이후의 전쟁사에서는 '아군 련합 부대'의 활동에 대하여 잠시 언급하고는 있지만,[51] 시종일관 이 전쟁은 김일성의 영도로 최종 승리에 이르렀다고 서술하고 있다. 말하자면 당시에 참전한 중국군이 전투에서 주도권을 장악하고 있었다는 기록은 어디에서도 찾아볼 수가 없다.

북한 군사력이 거의 의미가 없던 전쟁의 후반기에도 조선인민군은 '주체 전법'에 의한 군사 활동으로 큰 성공을 거두었다고 강조하고 있다. 그리고 이 주체 전법은 "위대한 수령님께서 항일 혁명 투쟁 시기에 창조하신 독창적인 전법을 현대전의 요구에 맞게 발전 풍부화시킨" 것이며, "인민군 부대들은 다양한 주체 전법을 능숙하게 활용함으로써 진지 방어의 적극성을 높였으며 언제나 전선의 주도권을 튼튼히 틀어 쥐고 적에게 심대한 타격을" 주었다고 주장하고 있다.[52] 그러므로 중국의 참전은 북한과 중국의 우호 관계를 입증하는 것이

---

49) 앞의 책, p. 436.
50) 앞의 책, p. 437.
51) 중국의 참전과 전투에 대해서는 앞의 책, pp. 436~443을 참조할 것.
52) 이상 앞의 책, pp. 465~466.

기는 하지만 어디까지나 전쟁은 김일성의 영도하에, 김일성의 주체 전법에 의해 수행되었다는 점을 특별히 강조하고 있다고 하겠다. 그 러므로 1953년 7월 27일의 정전 협정은 바로 '조국 해방 전쟁의 위대 한 승리'를 의미한다고 서술하고 있다.[53]

『조선통사(하)』에서는 한국전쟁 부분을 마무리하면서 이 전쟁의 의의를 이렇게 정리하고 있다.

> 조국 해방 전쟁에서의 조선 인민의 력사적 승리는 오직 위대한 수 령 김일성 동지의 현명한 령도에 의하여서만 이루어질 수 있었다.
>
> 위대한 수령 김일성 동지께서는 조국 해방 전쟁의 전 기간 조국과 인민의 운명을 한 몸에 지니시고 겹쌓인 난관과 시련을 헤치시면서 우 리 당과 국가, 군대와 인민을 빛나는 승리에로 현명하게 이끄시였다.
>
> 조국 해방 전쟁에서의 조선 인민의 승리는 영생 불멸의 주체사상 이 가져다 준 빛나는 결실이였다.
>
> 주체사상은 우리 당과 정부, 인민 군대와 인민에게 그 어떠한 엄 혹한 시련도 이겨내고 원쑤와 싸워 이길 수 있는 필승 불패의 사상 정신적 량식을 안겨 주었다.
>
> 위대한 수령님께서 창시하신 주체사상이 있고 수령님의 현명한 령 도가 계심으로 하여 전쟁 승리의 모든 요인들이 확고히 마련될 수 있었다.[54]

김일성이 주체사상으로 항일 무장 투쟁을 이끌었는데, 그들의 말대 로 라면 이 때에 와서 조국 해방 전쟁을 완전한 승리로 이끈 것도 김 일성과 그가 창시한 '영생 불멸의 주체사상' 때문이었다. 이러한 인용 문은 북한의 역사학이 북한의 현 체제에 얼마나 철저하게 예속되어 있는지를 단적으로 보여 주고 있다.

---

53) 정전 협정에 대해서는 『조선통사(하)』(1987)의 pp. 490~492를 참조할 것.
54) 앞의 책, p. 492.

북한의 현대사 서술을 알아보기 위하여 더 이상 노력할 필요성은 없다고 느낀다. 한국전쟁에서 '영생 불멸의 주체사상'이 승리를 거두었다면 그 이후의 역사는 이 주체사상의 전개 과정에 불과할 뿐이기 때문이다. 1950년대 후반에서 1960년대의 역사는『조선통사(하)』의 제6편 '전후 복구 건설과 사회주의 기초 건설'이라 이름한 부분에 정리되어 있다. 이 제6편는 모두 세 개의 장으로 구성되어 있으며, 그 가운데 제1장 3절의 제목이 '주체 확립에서의 근본적인 전환. 당의 통일 단결의 강화'로 되어 있는 것을 보면 그 서술의 방향이 어떨지를 짐작할 수 있다.

그리고 주로 1970년대의 역사를 서술하고 있는 제7편은 '사회주의 전면적 건설을 위한 투쟁'이라는 제목을 달고 있다. 그 제2장 1절의 제목은 '혁명과 건설을 다그치기 위한 새로운 혁명 로선. 당의 유일 사상 체계 확립에서의 결정적 전환'이다. 말하자면 1970년대에 이르러 김일성의 주체사상은 당의 '유일 사상 체계'로 확립되었다는 것이다. 그리고 1980년대의 역사를 서술한 제8편은 '사회주의 완전 승리를 앞당기기 위한 투쟁'이라는 제목으로 되어 있으며, 그 제2장 2절은 '위대한 수령님 탄생 70돐을 뜻깊게 맞이하기 위한 대정치 축전. 주체 사상과 주체의 당 및 국가 건설 리론의 심화 발전'이라고 되어 있다.

여기에서 검도헌『조선통사(하)』는 이미 지적한 바와 같이 1987년에 출판된 것이다. 바로 80년대를 주체사상의 심화 발전이 추구되는 시대로 보았다. 그러므로 한국전쟁, 그들의 표현대로라면 조국 해방 전쟁에서 완전한 승리를 거둔 주체사상은 1960년대, 1970년대를 거쳐 이 책이 출판되던 그 당시까지의 역사가 오로지 주체사상이 더욱 심화 발전되는 과정으로 정리되어 있다고 말할 수 있다.

5. 북한의 역사학과 현실의 관계

지금까지 개항 이후 1980년대까지의 역사를 서술한 북한의 대표적인 역사책『조선통사(하)』의 서술 체계를 살펴보았다. 개항 이후 3. 1 운동까지는 개화파, 혹은 부르주아 민족주의자들이 개화 운동 내지는 일제 초기의 민족 운동을 주도하였지만, 3. 1 운동부터 지금까지의 역사는 김일성의 부친인 김형직의 활동을 그 시작으로 하여 김일성이 중심이 되어 이끌어 온 것으로 철저하게 윤색되었다. 이것이 북한 역사학의 실체이다. 그리고 김일성과 주체사상은 그들이 서술한 민족사에서 가장 중요하고 시간이 지나도 결코 변할 수 없는 '영생 불멸'의 것이었다. 현재 북한의 체제를 생각할 때 이런 정도면 북한 역사학은 현실과 그 어떤 관계를 맺고 있는 것이 아니라 현재적 상황에 완전히 종속되어 있다고 말하는 것이 옳을 것이다. 이제 결론에 대신하여 북한의 역사학과 현실과의 관계를 정리하고자 한다.

(1) 관념의 역사학

이 글에서 살펴본 바를 정리하면 개항 이후 현대까지를 다루고 있는 북한의 역사 서술은 철저하게 관념적이라는 점을 쉽게 발견할 수 있다. 인간의 역사에서 사상의 역할은 항상 중요시되어 왔다. 우리의 역사를 보더라도 삼국 시대부터 고려 시대까지는 불교의 영향이 매우 강하였으며, 조선 시대에는 유교 사상의 영향이 거의 절대적이었다. 이러한 사상 체계는 당시의 국가적 이상과 결합되었을 뿐 아니라, 당시 사람들의 개인적인 삶을 영위해 나가는 데 필요한 윤리적 기준을 제시해 주었다. 그러므로 불교나 유교를 모르고 우리 나라 삼국 시대의 역사나 조선 시대의 역사를 제대로 이해할 수는 없다.

그러나 한 사회가 유지되는 데 필요한 현실적인 여러 문제들을 하나의 사상 체계가 다 해결해 줄 수는 없다. 유교적 윤리로 조선 시대의 토지 문제를 다 해결할 수도 없으며, 군사를 유지하고, 왕조 내에서 발생하는 각종의 문제들을 해결하기 위해서는 그에 합당한 해결책이 구체적으로 모색되어야만 하였다. 그러므로 유교적인 이념이 조선 통치 체제를 유지하는 데 큰 기여를 하였더라도 거기에는 일정한 한계가 있을 수밖에 없었다. 말하자면 유교는 조선의 역사를 이해하는 데 있어서 대단히 중요한 필요 조건에 해당되지만 필요하고도 충분한 조건은 아니라는 지극히 평범한 사실을 잊어서는 안 된다고 생각한다.

그런데 북한의 역사 서술을 보면 주체사상이라는 하나의 관념이 모든 것을 지배하고 있다. 항일 운동도, 조국의 해방도, 그리고 그들이 그처럼 강조하는 소위 해방 전쟁이라는 한국전쟁도, 나아가 전후 사회주의 건설의 역사도 모두 주체사상이 전개되어 온 역사로 기록하고 있다. 북한에서는 주체사상을 그토록 강조하였기에 이를 '영생 불멸'이라고까지 말하고 있다. 하나의 관념이 영생 불멸이라면 이것은 영원한 가치를 지니며, 제아무리 사회가 변해도 그 효용성은 절대적으로 유지된다는 뜻이다. 어떠한 시대에서나, 어떠한 환경에서나, 또는 어느 인간 집단에서나 주체사상은 절대적으로 중요하다는 것이 그들의 주장이며, 이 주체사상은 조국의 해방과 번영과 행복한 미래를 보장해 주는 유일한 요인이라고 주장하는 것이다.

북한의 역사 서술도 시대에 따라 사회가 변화한다는 것을 항상 강조하고 있다. 그러나 주체사상에 관한 한, 이것이 탄생한 이후에는 그 가치가 '영생 불멸'하게 되었으며, 주체사상이 탄생하기 이전의 모든 역사는 주체사상이 탄생할 예비적 단계에 지나지 않았다고 보고 있다. 그러므로 주체사상은 더 이상 사상이 아니라 유일신을 강조하는 것과 같은 철저하게 종교적 색채를 띠게 되었다. 그리고 극도로 단순

화된 종교적 교리는 그 어떤 사회적 변화에도 불구하고 변하지 않는
다. 그러므로 이러한 종교 집단에서는 사람들을 좁은 골방에 가두듯
이 그 사람들의 관념도 오직 하나의 교리 이외에는 생각할 겨를을 주
지 않는다. 그러므로 북한의 역사 서술은 변화의 궤적을 따라가는 역
사책이 아니라, 영생 불멸의 것만을 강조하는 종교적 교리책과 같다
고까지 말할 수 있다. 그러므로 하나의 관념만이 지배하는 북한의 역
사학은 더 이상 역사학의 범주에 포함될 수가 없다고 생각한다.

(2) 개인 숭배의 역사학

북한의 역사 서술이 주체사상이라는 관념의 늪에 그처럼 깊이 빠
진 것은 김일성 개인을 우상화하려는 정책과 뗄 수 없는 관계가 있
다. 이 글에서 살펴보았듯이 북한의 근현대사는 오로지 김일성의 위
대한 업적을 강조하려는 것이다. 김일성은 이미 사망하고 지금은 그
의 아들 김정일이 그 자리를 이어 받았지만, 김정일은 동시에 김일성
의 분신일 뿐이다. 그런 의미에서 사후에도 김일성이 북한을 지배한
다는 말은 조금도 과장이 아니다.

북한의 역사, 특히 『조선통사(하)』에서 다루고 있는 근현대사에서
는 사회의 구성적 측면에 대해서는 한 대목도 기록된 바가 없다. 위
로는 김일성이 있을 뿐이며, 아래로는 그를 따르는 인민 대중이 있을
뿐이다. 어디에도 지배와 피지배의 관계가 서술되지 않았으며, 계층
간의 갈등과 소유의 불균형, 또 이로 말미암은 사회적 갈등에 대해서
도 일체 언급이 없다. 모든 인민은 김일성의 영도를 열렬히 따를 뿐
이며, 김일성은 한치의 잘못도 없이 그를 따르는 인민 대중을 이상향
으로 이끌어 가는 존재였다. 그런 의미에서 그는 이집트의 노예살이
에서 이스라엘 백성을 이끌어 냈다는 모세와 같은 존재이기도 하지
만, 김일성 위에 그 어떤 상위 존재가 없다는 점에 있어서 김일성은

모세보다도 더 높은 존재였다. 그는 북한에서 강조하는 그대로 '민족의 태양'이었다. 그런 의미에서 그는 살아 생전에 자신을 신격화하는데 성공하였던 것이다. 그러면 북한의 역사 서술이 온통 그를 신비한존재로 꾸미고, 모든 역사는 그의 가르침에 따라 전개되었다고 묘사하는 까닭은 무엇일까?

그것은 북한의 현실적 상황이 그러하기 때문이었다. 북한에서는 오로지 하나의 정당이 주체사상이라는 오직 하나의 이념의 완성을 위해 존재하며, 이 모든 것은 김일성 한 사람의 영도에 의존하고 있다. 최근 국제 관계에서 유연성을 보이고는 있지만, 지금까지의 북한은외부 세계와 철저하게 격리되어 있었다. 이것은 세계가 그들을 봉쇄하였다기보다는 그들 스스로가 외부로부터 자신을 격리시켰기 때문이다. 북한의 역사 서술에 나타나는 외부 세계에 대한 기록은 거의대부분 침략자에 대한 것이며, 이 침략은 모두 열렬한 인민 대중에의해 격퇴되었다. 오랜 역사 속에서 외부 세계와의 접촉이 항상 유익하지는 않았지만, 그렇다고 항상 적대적이지도 않았다. 그런데도 북한에서는 모든 외래적인 것은 곧 반민족적이요 반국가적인 것이었다. 현대에 와서 한국전쟁 당시 소련과 중국의 원조를 받았어도 소련에대해서는 아무런 언급이 없으며, 중국의 참전에 대해서만 간략하게언급할 뿐이었다.

이와 같은 북한의 역사 인식은 그들의 국민들로 하여금 외부 세계에 관심을 둘 필요가 없음을 강조하려는 의도로 보인다. 왜냐하면 외부 세계는 모두 사악하며, 잘살던 못살던 북한만이 살 만한 곳이라는인식을 깊이 심어 주려는 것이기 때문이다. 결국 이러한 대외 인식은북한의 자신감을 나타냈다기보다는 차라리 외부 세계에 대한 두려움이 거꾸로 표현된 것이 아닐까 싶다. 북한의 역사 서술을 보면 북한은 온통 사악한 세상에 둘러싸인 외로운 섬처럼 느껴진다. 조금이라도 방심하면 그들이 쌓은 방파제는 곧 무너져 버릴 것이며, 그것은 곧 세상의 종말을 의미하는 것이다. 그러므로 그들은 모든 것을 자체적으로 해결할 수밖에 없으며, 이 어렵고도 고난에 가득 찬 세상에서 살아남기 위해서는 전지전능하고 초월적인 신비한 구세주의 출현을 기대할 수밖에 없었다. 그러므로 김일성은 그들의 구세주인 신이요, 그의 주체사상은 영생 불멸의 성경이었던 것이다.

이처럼 김일성을 신격화할 정도로 개인 숭배가 고도로 체계화된 북한에서는 합리적인 이성이 학문의 세계를 지배한다기보다는 학문과 이성을 초월한 종교적 가치만이 진정한 의미를 지닐 수밖에 없다. 북한의 근현대사 서술이 철저하게 김일성의 위대함과 주체사상의 신비한 힘을 강조하는 것으로 시종일관한 것은 이러한 북한의 현실 속에서는 차라리 당연한 것이었다. 전지전능한 신 앞에서 만인이 평등하듯이, 영생 불멸한 신의 계시 앞에서는 모든 인간 이성의 활동은 그에 종속될 뿐이기 때문이다.

그러므로 북한에는 우리가 말하는 학문으로서의 역사학은 존재하지 않는다고 본다. 최근 남북 관계가 급속도로 긴밀해지면서 사회의 일각에서는 학문적 교류가 정치적 교류에 앞서 이루어지는 것이 바람직하다고 주장하곤 한다. 복잡한 이해 관계가 얽힌 정치적 문제는 잠시 접어 두고 비교적 남북한 모두가 쉽게 접근할 수 있으며 서로 공통점을 쉽게 찾을 수 있는 학문의 세계에서 대화와 신뢰를 쌓아 두는 것이 남북 관계의 진전에 큰 도움이 되리라는 희망 때문이다. 그리고 고고학을 포함한 전통 시대의 역사를 연구하는 학자들의 교류가 필요하다는 것이다. 일리 있는 말이다. 그러나 현실에 완전히 종속된 북한의 역사학과 다양한 역사관에 의해 서술되는 남한의 역사학 사이에 실질적인 대화가 가능할까? 가능하다면 과거에 우리 나라를 침략한 외적에 대한 연구라든가, 아니면 역사의 진전에 따른 사회 발전에 관한 것들이 공통의 관심사가 될 수는 있을지도 모른다.

또한 17, 8세기의 사회 발전과 관련하여 남북한 학자들의 대부분은 이 시대에 자본주의적 생산 관계가 발전하였음을 입증하려고 많은 노력을 기울여 왔다. 모두 외부의 영향을 받아서가 아니라 우리 역사 자체 내에서 자본주의가 발전할 수 있는 잠재력을 지니고 있다는 점을 강조하려는 것이었다. 그러나 필자는 이처럼 비슷한 연구 경향을 띨 수 있는 분야에서조차도 남북한 역사학의 대화는 일방적이지 않는 한 생산적인 것이 되기가 매우 어렵다는 말을 하려고 한다. '영생 불멸의 주체사상'에 입각하여 쓰여질 수밖에 없는 북한 역사학의 근본이 대화를 통해 수정되기를 기대할 수는 없다. 그리고 철저하게 현실 체제의 지배를 받고 있는 북한의 역사학이 학문적 오류를 인정하기를 바랄 수는 없기 때문이다. 그러므로 우리는 북한의 역사학과의 교류를 할 수만 있다면 이에 적극적으로 나서되 그 결과에 큰 기대를 갖지는 말자는 것이다. 그보다는 오히려 북한의 역사학에 대한 종합적인 지식을 체계적으로 쌓는 데 더 많은 노력을 기울여야 한다.

아직도 우리 나라에서는 북한의 각급 학교 역사 교과서나 각종 역사책을 제대로 구비한 도서관이 없다. 따라서 북한의 역사학에 대해서 더욱 체계적인 연구를 진행하기가 쉽지가 않다. 북한 역사학에 대한 더욱 깊고 제세직인 연구를 저해하는 이러한 낙후된 요소들이 빨리 시정되어 그에 대한 우리들의 학문적 성과가 쌓여간다면, 앞으로 남북 관계의 진전에 좀더 지속적인 영향을 미칠 수 있으리라 확신한다.

최근 우리 나라에서도 현대사에 대한 관심이 고조되고 있다. 역사 학자들이 몸담고 있는 현대로부터 먼 과거의 일에만 학문적 관심을 기울인다는 것은 현실을 외면한 것이며, 현실을 외면하고서 진정한 역사학은 존재할 수 없다는 논리는 일면 정당한 것이다. 그러나 현실에 대한 관심은 역사가 개인의 이해 관계에 따라 좌우될 여지가 훨씬 크다는 점을 항상 고려에 넣어야만 한다. 따라서 현대사 서술이 실은 그 이전의 역사 서술보다도 어려울 수가 있다. 더욱이 현재 한 사회에서 지배력을 행사하고 있는 국가 권력이 현대사의 서술에 적극 개입한다면 그런 역사 서술은 왜곡될 위험에 더 크게 노출될 것이 확실하다. 그리고 이러한 경험은 우리의 현대사에서도 그 예를 쉽게 찾아볼 수가 있는 것이다.

북한의 근현대사 서술을 검토하면서 이들이 단지 그들의 현실을 정당화하기 위해 역사를 왜곡하는 차원을 넘어서 실재하지 않는 역사를 새로 만들어 내는 차원에까지 이르렀다는 생각을 금할 수 없었다. 그러면서도 이들은 오랜 기간에 걸쳐 형성된 철저한 자기 암시에 빠져 이런 거짓을 진실로 맹신하고 있다는 놀라운 현상을 발견할 수 있었다. 그런 의미에서 어느 특정한 개인이나 어느 특정한 집단이 추구하는 가치에 따라 역사 서술을 해야 한다는 주장은 이처럼 허구의 역사를 만들어 내는 경지에까지 이를 수 있는 위험성을 내포하고 있다는 점을 우리 모두는 한시도 잊어서는 안 된다고 믿는다. 그리고 역사가 살아 있는 사람들의 관념에 종속되어 실재와 유리될 때, 그 사회나 집단이나 개인은 심각한 위기에 처할 수 있다는 점을 깊이 인식해야 한다. 아마도 이러한 각성이 북한의 역사학을 대하면서 우리가 얻을 수 있는 소중한 교훈이 아닐까 싶다.

제3부
남과 북—하나의 역사, 두 개의 역사학

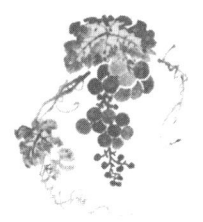

남북한 역사학의 학문적 통합은 가능한가

　최근 10여 년 사이 남북한 역사학자들이 마주 대면할 기회가 생기면서, 남북한 사이의 학문적 교류에 대해서도 관심이 높아지고 있다. 그리고 남북한의 학문 교류에서 가장 큰 관심을 모으는 것은 역시 역사학 분야라 할 수 있다. 지난 50여 년 동안의 분단은 남북한을 완전히 다르게 만들었어도 분단 이전 오랜 역사를 공유하고 있었기에, 역사학 분야에서는 서로 공통된 관심사가 많을 것이라는 기대 때문이다. 최근 남북한의 교류는 급류를 타고 있으며, 비정치적인 역사학 분야에서의 교류도 그 전망을 밝게 하고 있다.[1] 그러나 과연 남북한 역사학의 학문적 통합이 생각만큼 수월할 수 있는가는 전혀 다른 문제이다. 왜 그럴까?

　북한의 역사 서술을 보면 주체사상이라는 하나의 관념이 모든 것을 지배하고 있다. 항일 운동도, 조국의 해방도, 그리고 그들이 그처럼 강조하는 소위 해방 전쟁이라는 것도, 나아가 한국전쟁 이후의 역사도 모두 주체사상이 전개되어 온 역사로 기록하고 있다. 북한에서

---

1) 2001년 3월 1일 평양에서 회동한 남북한 역사학자들은 일본의 중등 역사 교과서의 역사 왜곡 문제에 대해 공동 성명을 발표하기도 했다.

는 주체사상을 그토록 강조하였기에 '영생 불멸'이라고까지 말하고
있다. 하나의 관념이 영생 불멸이라면 이것은 영원한 가치를 지니며,
제아무리 사회가 변해도 그 효용성은 절대적으로 유지된다는 것이다.
어떠한 시대에서나, 어떠한 환경에서나, 또는 어느 인간 집단에서나
주체사상은 절대적으로 중요하다는 것이 그들의 주장이며, 이 주체사
상은 조국의 해방과 번영과 행복한 미래를 보장해 주는 유일한 요인
인 셈이다.

북한의 역사 서술이 주체사상이라는 관념의 늪에 그처럼 깊이 빠
진 것은 김일성 개인을 우상화하려는 정책과 뗄 수 없는 관계가 있
다. 북한에서는 오로지 하나의 정당이 주체사상이라는 오직 하나의
이념의 완성을 위해 존재하며, 이 모든 것은 김일성 한 사람의 영도
에 의존하고 있다. 이처럼 김일성을 신격화할 정도로 개인 숭배가 고
도로 체계화된 북한에서는 합리적인 이성이 학문의 세계를 지배한다
기보다는 학문과 이성을 초월한 종교적 가치만이 진정한 의미를 지
닐 수밖에 없다. 북한의 근현대사 서술이 철저하게 김일성의 위대성
과 주체사상의 신비한 힘을 강조하는 것으로 시종일관한 것은 이러
한 북한의 현실 속에서는 차라리 당연하다. 전지전능한 신 앞에서 만
인이 평등하듯이, 영생 불멸한 신의 계시 앞에서는 모든 인간 이성의
활동은 그에 종속될 뿐이기 때문이다. 그러므로 북한에는 우리가 말
하는 학문으로서의 역사학은 존재하지 않는다고 생각한다. 그리고 학
문으로서의 역사학이 존재하지 않는다면, 남북한의 역사학 교류는 사
실상 불가능하지 않을까?

이러한 필자의 생각은 남북한의 학문적 교류에 대해 너무 비관적
이라는 비판을 받을 수도 있다. 그러나 그런 비판이 있다 하더라도
현재 남북한 사이에 엄연하게 존재하는 이러한 차이점을 냉정하게
인정해야만 한다고 생각한다. 그리고 남북한의 분단과 적대 관계는

학문의 차이에서 비롯된 것이 아니라 정치적 이념적 차이에서 비롯된 것이라는 지극히 평범한 사실을 잊어서는 안 될 것이다. 이런 상황하에서 남북한 역사학의 통합은 어떻게 이루어질 수 있는가?

1. 남북한 역사학의 유사성

(1) 민족주의적 경향

1991년에 간행된 북한의 가장 대표적인 역사 개설서인 『조선통사(상)』에는 매우 짧막한 '머리말'이 있다. 여기에 이런 구절이 있다.

> 조선 인민의 발전 력사는 오랜 기간 자연의 구속과 사회적 예속으로부터 자기의 자주성을 옹호하고 실현하기 위하여 투쟁하여 온 자랑스러운 력사이다. ……
> 하나의 피줄과 언어와 문화를 가지고 한 강토 우에서 수천 년 동안 살아온 단일 민족인 조선 인민은 매우 이른 시기에 력사를 창조하는 길에 들어선 문명한 민족이다.
> 조선 인민은 오래동안 외적들의 큰 규모의 침략을 여러 차례 받았으나 그때마다 높은 애국심을 발휘하여 침략자들을 용감히 쳐물리치고 민족의 자주권과 존엄을 영예롭게 지켜 왔다.
> 정의와 진리를 사랑하는 정신이 강한 조선 인민은 예로부터 지배와 폭압을 반대하고 자유와 진보를 위하여 굴함 없이 싸워 왔으며 자기의 우수한 재능을 꽃피워 찬란한 문화를 창조함으로써 인류 문화의 보물고에 크게 이바지하였다.2)

『조선통사』에서는 조선의 역사는 자주성을 옹호하고 실현하려는

---

2) 『조선통사(상)』(사회과학출판사, 1991), p. 1.

'조선 인민'의 역사라고 하면서, 동시에 '단일 민족'이며 '문명한 민족'이라고 말하고 있다. 그리고 자주성을 지키기 위해 외래의 침략을 물리쳐 찬란한 문화를 창조한 민족임을 강조하였다. 이처럼 민족주의적 입장을 강조한 『조선통사』의 구체적 내용은 시종일관 사회적 계급으로서의 인민이라는 입장보다는 외래의 침략에 대항하는 민족 투쟁의 역사를 훨씬 강조하고 있다.

『조선통사(상)』의 제3편 '봉건 사회'의 3장은 삼국 시대에 관한 부분이다. 여기에서는 먼저 북방의 고구려와 부여를 비롯하여, 남쪽의 백제, 신라, 가야의 역사를 모두 서술하고 있는데, 이 가운데 제5절 '수당 침략자들을 반대한 고구려 인민들의 투쟁'이 전체의 20%정도를 차지하고 있다. 이것은 이들이 고구려의 역사를 강조하고 있다는 사실을 보여 주는 동시에 대외 투쟁사를 매우 중요시하고 있다는 점을 말해 주고 있다. 그러므로 고구려 투쟁사 첫머리에 "지난날의 우리 나라 력사에서 우리 민족이 가장 강하였던 시기는 고구려 시대"였다[3]는 김일성의 교시를 인용하고 나서, 612년 수 나라의 제2차 침입을 물리친 부분에 이르러서 또다시 다음과 같이 김일성의 어록을 인용하고 있다.

> 고구려 사람들은 어렸을 때부터 조국을 사랑하는 정신으로 교양되고 무술을 배웠으며 용감성으로 단련되였기 때문에 높은 민족적 긍지와 씩씩한 기상을 지닐 수 있었으며 아세아 대륙에서 가장 큰 나라였던 수 나라의 300만 대군의 침습을 물리치고 나라의 영예와 민족의 존엄을 지킬 수 있었습니다.[4]

수 나라의 침략을 물리친 고구려는 '나라의 영예와 민족의 존엄'을 지켰다는 김일성의 교시는 북한 역사학의 민족주의적 색채를 단적으

---

3) 앞의 책, p. 105.
4) 앞의 책, p. 107.

로 보여 주고 있다. 그리고 북한 체제와 학문 세계의 특성상 이런 김일성의 교시는 역사 서술에 철저하게 반영되었다.

고구려를 중심으로 고대사를 서술하면서 보여 주는 이러한 배외적인 민족주의적 요소는 『조선통사』 전체에 일관되게 나타나 있다. 특히 우리 나라 역사에 깊은 영향을 미쳤던 불교와 유교에 대해서는 간략하게 언급하였을 뿐 아니라, 외래 문화의 수용이라는 측면에서는 단 한마디도 언급하지 않았다. 다만 불교와 유교가 처음 전래되었던 사정에 대해서『조선통사(상)』에서는 이렇게 서술하고 있다.

> 봉건 통치 계급은 또한 외래 종교와 관념론적 철학들을 끌어들여 자기들의 지배를 공고히 하는 데 리용하였다. …… 불교는 사람들에게 현실 세계는 모두 '고통'으로 차 있다고 하면서 여기로부터 벗어나기 위해서는 개인의 일체 욕망을 버리며 오직 부처를 믿어 '정신 수양'을 하여 이른 '극락 세계'에 도달하라고 설교하였다. 이것은 결국 현존 봉건 질서를 숙명적인 것으로 받아들이라는 것으로서 봉건 지배 계급의 리익을 옹호하는 데 복무하였다. …… 유교는 초자연적인 "하늘신을 숭배하며 삼강 오륜의 륜리 도덕관에 기초하여 봉건 지배 계급에게 순종할 것을 설교하였다. 유교는 우리 인민의 민족 의식을 좀먹고 봉건 륜리 도덕을 퍼뜨려 놓음으로써 고유한 미풍 량속과 고상한 도덕 품성의 발전을 저해하였다. 특히 유교의 종교적, 관념론적 세계관은 조선에서의 유물론적인 철학 사상의 발전을 방해하였다.5)

불교와 유교가 외래 종교와 사상이라는 점은 인정하였지만, 두 가지 모두 지배층의 이익을 위한 것이며, 우리 역사에 민족 의식을 좀먹는 부정적인 영향만을 미쳤다고 하였다. 그러므로 북한의 역사 서술은 오직 자주적이며 민족적인 색채만이 강하게 나타났다. 사실상

---

5) 앞의 책, pp. 124~125.

이것보다 더 민족주의적 색채가 짙은 역사 서술을 찾아보기란 쉽지가 않을 것이다.

우리 나라 전통기의 역사를 서술함에 있어서 남한의 학계라고 해서 민족주의적 색채가 약한 것은 아니다. 일찍이 손진태는 역사 서술에서 민족의 문제를 매우 중요시하였다. 그는 민족이란 계급을 초월한 일체적 통일성을 강조하게 마련이지만, 그 내부는 지배 계급과 피지배 계급으로 구분될 수밖에 없다는 현실을 인정하였다. 이처럼 계급과 민족이 서로 대립적인 성격을 지녔음에도 불구하고 민족 문제가 여전히 역사 서술의 가장 중심에 있어야 함을 이렇게 설명하였다.

> 귀족 정치는 이렇게 이기적 · 비민족적 소수 특권 계급의 전제적이었던 것이다. 귀족도 민족의 한 부분이었음에는 틀림이 없어, 민족은 두 계급으로써 이루어져 있었다. 그래서 우리의 문화는 완전한 하나의 민족 문화가 되지 못하고 둘로 나뉘어 있었으니, 고급 문화는 귀족에 독점되어 고도로 발전되었으나, 일반 국민의 문화는 저급한 채 발달되지 못하고 지금에 이르렀다. 그러나 그 두 가지가 모두 우리 민족의 문화임에는 틀림이 없고, 오직 하나는 귀족적이요 다른 하나는 민중적이었던 불평등이 있었을 따름이며, 또 이러한 모양은 옛날의 모든 민족에 있어서도 마찬가지였다. 민족의 내부가 평등하여야 할 앞으로의 민족 문화는 이러한 폐악弊惡을 바로잡는 것이어야 할 것이다.6)

위의 인용문에서 보듯이 그는 모순 대립되어 보이는 두 계급의 문화 전체를 합해서 민족 문화가 된다고 주장하고 있다. 그러나 그는 지배와 피지배로 나누어진 그런 상황을 정당화하지는 않았다. 그렇기 때문에 미래에는 민족의 내부가 평등한 사회를 지향해야 한다고 방

---

6) 손진태, 『국사대요』(을유문화사, 1949), pp. 29~30.

향을 제시하였던 것이다.

이러한 민족주의적 사관은 이인영에 의해 계승되었다. 해방 이후 세계사적인 흐름에 노출된 조국의 현실 속에서 우리 나라의 역사를 어떻게 이해하고 해석해야 하는가 라는 문제를 놓고 고민했던 그는 자신의 저서 『국사요론』에서 '국사와 세계사'의 문제를 깊이 다루고 자 하였다. 그는 "국사는 우리 민족의 형성 성쇠의 역사로 국사의 주체가 우리 민족 자신임에는 틀림없지만 우리 민족은 우리 민족만으로서 존재하는 것이 아니라 세계의 여러 민족들과 더불어 교섭하여 왔으며 현재에도 더욱 밀접한 관련을 가지고 있는 것"[7]이라고 전제하였다. 그러면서도 그는 국사가 세계사에 묻혀 독자적인 특수성을 잃어서는 결코 안 된다는 것을 의식하고 다음과 같이 말하였다.

그러나 국사의 주체가 언제나 우리 민족 자신인 만큼 세계사적 조류 또는 소위 세계사적 필연성을 중시하는 나머지 민족적 의지 민족적 창조를 전혀 몰각하여 버린다고 하면 국사에 대한 진정한 이해는 고사하고 세계사의 파악에 있어서도 정곡을 잃을 것은 명약관화한 사실이다. 국사와 세계사, 민족 문화와 세계 문화, 이것은 일견 대립되는 듯 하지만 실상은 불가불리不可不離의 관계를 가지고 서로 영향을 주고받으면서 다 같이 세계 인류 사회 발전사를 형성하는 것이다.[8]

그는 역사의 보편성만을 강조하는 유물사관의 입장을 비판하면서 동시에 '관념적 민족성의 우수 또는 졸열'에 만사를 귀결시키는 편협하고 잘못된 민족주의적 태도를 비판하였다.[9] 그리고 그는 자신이 추구하는 역사관을 "민족적 세계관에 입각한 세계사적 국사의 새로운

---

7) 이인영, 『국사요론』(金龍圖書會社, 1950), 제25장 「국사와 세계사」, p. 219
8) 앞의 책, pp. 219~220.
9) 앞의 책, p. 220

인식"이라 규정하고[10] 이러한 역사관이 앞으로는 크게 보급될 것이라고 예견하였다.[11] 이런 점에서 그는 손진태의 신민족주의 태도에 상당히 공명하고 있었던 것이다.[12]

그러나 해방 이후 손진태와 이인영에 의해 시도되었으나 한국전쟁으로 단절되었던 새로운 민족주의적 역사 해석은 이기백에 의해 다시금 발전적으로 시도되었다. 그는 1961년의 『국사신론』을 통하여 먼저 식민주의사관의 극복을 위한 본격적 노력을 기울였다. 이기백은 여기서 멈추지 않고 1967년에는 『한국사신론』을 집필하였다. 한국사의 발전 과정에 대한 이기백 자신의 독창적인 역사관에 토대를 둔 『한국사신론』은 한국사를 타율적, 정체적으로 해석하였던 식민주의사관에 대한 구체적 대안이었으며, 그 대안은 공상적인 것이 아니라 수많은 연구 성과를 저자 자신만의 독특한 사관으로 체계화하는 과정을 통해 이루어진 것이었다. 이러한 성과를 바탕으로 이기백은 1976년 『한국사신론』(개정판)을 내면서, 민족 문제에 대하여 새로운 성찰을 제시하였다.

한국사의 주인공은 결국 한국인인 것이다. 이 한국인은 물론 한국 민족이란 말로 대치시킬 수가 있다. 그런데 한국인 혹은 한국 민족을 개인과 같은 단일한 존재로서 추상화시키는 것은 한국사의 진실을 이해하는 데 오히려 방해가 된다. 한국 민족도 하나의 사회적 존재인 것이며, 거기에는 각기 역사적인 역할이 다른 여러 인간 집단이 존재해 있었기 때문이다.

그런데 이들 여러 인간 집단이 존재하는 양상이나 변화해 온 과정

10) 이기백의 논문 「신민족주의사관과 식민주의사관」(『한국사학의 방향』, 일조각, 1978)에 따르면 "민족적 세계관에 입각한 세계사적인 국사"의 주장이야말로 이인영 한국사관의 새로운 경지라고 높이 평가하였다(p. 115).
11) 이인영, 『국사요론』, 「국사와 세계사」 p. 220.
12) 이 책의 1부에 실린 글 「개설서를 통해 본 한국사학사의 전통」의 각주 87) 참조.

을 다른 민족의 경우와 비교하여, 어떤 점이 같았고 또 어떤 점이 달랐는가를 생각해 보는 것이 필요하다. 왜냐하면 한국 민족도 결국은 인류의 한 구성원이고, 따라서 거기에는 인류의 다른 구성원들과 공통점과 차이점을 인식하는 것이 한국 민족의 역사를 명확하게 이해하는 길의 하나가 되겠기 때문이다. 이러한 공통점과 차이점의 인식은 딴말로 한다면, 그 보편성과 특수성의 인식이 되겠다.[13)]

그는 한국사의 주인공은 한국 민족이지만, 이 민족을 단일한 존재로 추상화시켜서는 안 된다는 점을 경계하면서, 한국사의 특수한 성격을 구명하되, 그 특수성이 세계사적인 보편성 속에서 추구되어야 함을 강조하였다. 손진태와 이인영, 그리고 이기백으로 이어지며 발전하여 온 남한의 민족주의사관은 오늘날 한국 학계를 대변할 수 있는 입장이 되었다. 그런 점에서 북한의 민족주의사관이 계속 폐쇄적이고 세계사와 완전히 고립되어 발전해 왔다면, 남한의 민족주의사관은 더욱 그 문호가 넓어지고 다양한 세계와 공존할 수 있는 양상으로 발전하여 왔던 것이다.

(2) 17, 8세기 사회 발전론

오늘날 남한 학계에서 17, 8세기는 특별한 시대로 주목을 받고 있다. 농업과 상공업이 과거 어느 때보다 발전하고, 실학 사상이 전개되었던 이 시대는 이후 우리 나라의 근대화 문제와 맞물려 매우 중요시되었다. 이 점은 북한에서도 마찬가지였다. 그러므로 이 시대의 역사 서술을 비교하여 보면 남북한 역사학의 공통점과 차이점을 또 다른 측면에서 비교해 볼 수가 있을 것이다.

북한의 개설서인 『조선통사』에서도 출판 시기에 따라 이 시대사의

---

13) 이기백, 『한국사신론 개정판』(일조각, 1976), p. 5.

[표 15]『조선통사(상)』 1977년 판과 1991년 판의 17, 8세기 서술 구성 비교

1977년 판『조선통사(상)』	1991년 판『조선통사(상)』
제10장 17세기 상품 화폐 관계의 발전 제1절 17세기 전반기 대내외 정세 제2절 17세기 후반기 생산의 복구와 상 업의 발전 농업과 수공업의 발전 상업의 발전 제3절 대동법의 실시와 금속 화폐의 전 국적 유통의 시작 대동법의 실시 금속 화폐의 전국적 유통의 시작 제4절 17세기의 문화	제8장 17세기 대내외 정세와 봉건적 착취 관 계의 변화 제1절 17세기 중엽 국내 형편과 대외 관계의 격화 제2절 외래 침략자들을 반대한 인민들의 투쟁 제3절 17세기 이후 봉건 착취 관계에서의 변화, 농민 폭동의 앙양 　1. 봉건적 토지 소유 관계와 토지 경 　영 형태에서의 변화 　2. 대동법의 실시 / 3. 신역제에서의 변화 　4. 노비 신공법의 수정 　5. 농민 폭동의 앙양 제4절 17세기의 문화
제11장 18세기 자본주의적 관계의 발생, 실학의 발전 제1절 18세기 전반기의 사회 경제 형편 과 계급적 모순의 장성 18세기 토지 소유 관계에서의 변 화와 전쟁에 의한 착취의 강화 농업 생산의 발전 수공업의 발전 / 광업의 발전 금속 화폐 유통 범위의 확대 국내 상업의 발전 대외 무역의 발전 계급적 모순의 장성과 봉건 지배 계급을 반대한 인민들의 투쟁 균역법의 실시 / 신포법의 개정 탕평 정책과 형벌 제도의 변화 제2절 자본주의적 관계의 발생 상업 자본의 형성과 매점 활동, 상 인 자본의 생산 부문에로 침투 농촌에서의 계급 분화 고용 노동의 장성 광업에서 자본주의적 관계의 발생 발전 동점과 은점에서 공장제수공업의 형성 금속 가공업에서의 자본주의적 관 계의 발생 발전 놋그릇 수공업에서의 자본주의적 관계의 형성 제3절 18세기의 문화	제9장 상품 화폐 관계의 발전, 자본주의적 관 계의 발생 제1절 농업과 수공업의 발전 　1. 농업의 발전 　2. 수공업의 발전 제2절 상품 화폐 관계의 발전 　1. 금속 화폐의 류통 　2. 상품류통의 장성 제3절 자본주의적관계의 발생 　1. 상업 자본에 의한 소상품 생산의 지배, 　자유로운 로동력의 형성 　2. 자본주의적 관계의 발생 발전 제4절 봉건적 억압과 착취를 반대한 인민들 의 투쟁 제5절 18세기의 문화

서술에 중요한 차이가 있다. 먼저 『조선통사(상)』 1977년 판과 1991년 판의 해당 부분 내용 구성을 보면 이러한 차이점을 구체적으로 확인할 수 있다.

앞의 [표 15]를 보면 17·8세기 경제의 발전에 대한 서술이 1977년 판 『조선통사(상)』에서 훨씬 자세하게 되어 있음을 알 수 있다. 우선 서술 분량면에서 현격한 차이가 있다. 1977년 판 『조선통사(상)』은 1988년에 도서출판 오월에서 다시 조판 간행되었는데, 이 책의 404쪽에서 496쪽까지가 이 부분의 서술에 해당된다. 이에 비하여 평양에서 출판된 1991년 판에서는 408면에서 474면까지가 17, 8세기에 대한 서술이다. 할애된 면수에서도 상당한 차이가 있지만, 이 두 책 한 면에 실린 글자 수를 따지면 이 차이는 더욱 커진다. 서울에서 인쇄된 1977년의 『조선통사(상)』에서는 한 면에 약 1470자 정도가 인쇄되며, 1991년의 평양 판에서는 한 면에 약 1020자 정도가 인쇄된다. 이것을 면수와 결합하면 1977년 판이 1991년 판보다 두 배 이상이나 자세하게 서술되어 있음을 알 수 있다. 그러나 이러한 양적인 면에서의 차이뿐 아니라 그 내용면에서의 차이점을 살펴볼 필요가 있다.

1977년 판의 제10장 제2절의 '농업과 수공업의 발전' 부분을 보면 17세기에 후반기에 이르러 수공업이 발전하고, 목면·담배·인삼 등 '공예 작물 재배'가 성행하는데, 이는 모두 상품 화폐 관계의 발전이 상당한 자극을 주었기 때문이었다고 하면서 당시의 농업에 대해 다음과 같이 서술하였다.

> 새로운 작물들의 도입은 농업에서 생산의 다각화와 전문화를 빠르게 함으로써 농업 생산을 더욱 발전시킬 수 있게 하였을 뿐 아니라 상품 생산 발전에 적지 않은 영향을 주었다. 그것은 생산물의 많은 부분이 생산자 자신의 소비에 충족된 양곡 생산과는 달리 시장화되는 비율이 매우 높아지기 때문이었다.14)

말하자면 경제 작물의 재배로 인하여 점차 상업적 농업이 발전하였으며, 이는 자급 자족적인 농업 경영에서 점차 탈피하고 있었다는 것을 의미하는 것이다. 그러므로 이러한 분위기는 대동법 실시 이후 수공업의 발전과 어울리면서 화폐의 전국적 유통이 시작되었음을 서술하고 있다.

그리고 1977년 판의 제11장 1절에서는 17세기 후반기의 새로운 경제 발전이 더욱 촉진되어 화폐 경제가 더욱 확대되었음을 서술하였다. 이러한 화폐 경제는 농업에 다시 영향을 주어 마침내 화폐 지대가 발생하게 되었는데, 그것이 중요한 영향을 미쳤음을 다음과 같이 서술하였다.

> 화폐 지대가 발생함으로써 자립적 생산자와 토지 소유자 사이의 전통적인 신분 관계는 소작상의 순수한 화폐 관계로 전환되었다. 농민들은 화폐 지대를 물기 위하여 폐쇄된 자연 경제의 장벽을 뚫고 자기의 생산물을 시장에 나가서 팔지 않으면 안 되었다. 이리하여 화폐 지대가 발생한 곳의 농민들은 시장을 통하여 다른 상품 생산자와 연계를 맺지 않을 수 없게 되었다.15)

이처럼 18세기에 들어서면서 자본주의적인 화폐 경제가 더욱 확대되었으며, 여기에 자극되어 농업과 수공업도 크게 진전되었음을 서술하였다. 농업에 있어서 비료의 사용이 권장되고, 이앙법이 확대되며 이모작이 보급되었을 뿐 아니라 상업적 농업이 더욱 발전하였음을 상세하게 서술하였다. 그리고 이러한 발전은 "자급 자족적 자연 경제의 장벽을 그 밑뿌리로부터 흔들어 놓기 시작하였다."16) 그리고 제1

---

14) 1977년 판 『조선통사(상)』(오월, 1988), p. 415.
15) 앞의 책, p. 434.
16) 앞의 책, p. 437.

절의 '국내 상업의 발전' 항목에서는 도고 상업의 발전과 경강 상인이나 개성 상인을 중심으로 하는 상업의 발전에 대해 매우 자세하게 설명하고 있다. 이러한 발전은 사회 내부의 계급적 모순을 확대하기도 하였지만, 자본주의적 관계의 발전을 촉진하였다는 것이다. 1977년 판『조선통사(상)』의 제11장은 경제의 발전에 따른 계급적 모순의 확대와 자본주의적 관계의 발생이라는 두 가지 문제를 다룬 것이다.

　1991년 판『조선통사(상)』의 제8장과 9장은 17, 8세기의 사회 경제의 발전에 대한 부분인데, 그 구체적인 내용은 1977년 판에 훨씬 못 미친다. 우선 해당 부분의 목차 내용만 보더라도 이러한 차이를 한눈에 알 수 있다. 특히 1977년 판의 제11장과 1991년 판의 제9장은 18세기 역사를 서술한 곳인데, 그 내용 구성이라는 점에서 보면 1977년 판이 훨씬 체계적으로 되어 있다. 사실 그 구체적인 서술을 보더라도 1991년 판에서는 경제 작물의 재배나 이앙법의 보급, 이모작이 시행 등과 같은 구체적인 서술은 거의 빠져 있다. 그리고 이러한 농업 경제의 발전이 화폐 경제의 발전과 상호 영향을 주고받으며 18세기에 이르러 자본주의적 경제가 발전해 갔다는 1977년 판의 체계적 서술은 거의 사라지다시피하고, 1991년 판에는 그 형태만 겨우 남아 있는 형편이다. 그러므로 1991년 판에는 18세기에 이르러 소위 '자본주의적 관계'가 발생했다는 점만이 강조되고 있을 뿐이다. 『조선통사(하)』에서 공산주의의 자생적 발전을 강조하기 위한 전제로서만 18세기의 역사가 의미를 지닌 것으로 해석한 탓이라고 생각한다.

　사실 17, 8세기 사회 경제의 발전에 대해서는 남한의 학계도 특별한 관심을 가지고 있는 분야여서 관계된 연구 성과도 많이 축적되어 있다. 이러한 연구 성과를 가장 잘 반영한 개설서로 알려진 이기백의『한국사신론』을 가지고 그 내용을 검토해 보면 북한과의 공통점과 차이점을 잘 알 수 있다. 더욱이 이기백은 1963년『국사신론』, 1967

년 『한국사신론』, 1977년 『한국사신론』(개정판), 1990년 『한국사신론』 (신수판)을 거듭하면서 그 동안 학계의 연구의 진전에 따라 자신의 개설서를 꾸준히 개정하여 왔기 때문에 그의 개설서를 보면 자연히 17, 8세기 역사 서술의 변천 과정을 잘 파악할 수 있다.

1963년 『국사신론』에서는 제5편 '조선 왕조'라는 부분에 건국에서부터 대원군 시대까지가 다 묶여 있을 뿐 17, 8세기 부분이 전혀 강조되어 있지 않다. 그러나 그가 왕조 중심이 아닌 지배 세력의 변화를 바탕으로 새로운 시대 구분을 시도했던 1967년 『한국사신론』에서는 제11장의 제목이 '농촌의 분화와 상업 자본의 발달'로 바뀌었다. 벌써 이 시기의 역사 해석이 이처럼 달라진 것이다. '경제적 성장'이라는 이 책 제11장의 4절은 '농촌 사회의 분화' '상업 자본의 발달' '수공업의 새 양상'이라 하여 조선 후기 사회 경제의 발달에 대해 훨씬 구체적이며 새로운 내용으로 꾸며져 있다. 그러나 1977년 『한국사신론』 (개정판)의 제11장의 제목은 '광작 농민과 도고 상인의 성장'이라는 제목을 수정되었다. 이것은 이 시기 농업의 발전을 주도했던 농민과 새로이 대두한 상인층을 더욱 구체적으로 서술할 수 있을 정도로 이 분야에 대한 학계의 연구가 진전된 것을 반영한다. 그리고 이러한 체제는 1990년 『한국사신론』(신수판)에서도 그대로 이어지고 있다. 이것은 사회 경제의 발전이라는 이 시대사의 중요성이 남한의 역사 서술에서는 달라지지 않았다는 것을 잘 보여 주고 있다.

또한 이기백의 개설서들에서 주목되는 점은 이 시기의 경제 발전을 강조하되 결코 자본주의의 발전이라는 측면에서 이 문제를 보고 있지 않다는 점을 강조하고자 한다. 남한의 학계에서도 이 시기에 자본주의적 경제가 발전했다는 주장이 많지만, 그에 못지 않게 자본주의라고 하는 서구적 경제 체제가 자생적으로 우리 나라에서 발전했다고 말할 수 없다는 주장도 강하다. 이기백은 세계사의 보편성 속에

한국사도 포함되는 것이지만, 그렇다고 종속되는 것은 결코 아니라는 점을 강조하였던 것이다.[17]

사회 경제사를 강조하는 북한의 역사 서술에서 1990년대에 이르러 이런 중요성이 크게 감소하고 있다는 것은 매우 주목할 현상이라고 생각한다. 1977년 판에서 그처럼 이 시기의 경제 발전상을 강조하면서 자본주의의 자생적 발생에 대해 주목하였던 북한 역사 서술이, 1990년대에 와서는 이 시기의 경제 발전을 강조하지 않는 것은 그 나름대로의 이유가 있을 것이다. 그러면서도 자본주의의 자생적 발전이 18세기에 이루어졌다는 점은 여전히 강조한다는 것은 앞뒤가 맞지 않는 태도라고 생각한다.

그러므로 남북한 역사 서술에서 17, 8세기 경제사에 대한 관심은 매우 높았을 뿐 아니라 그 세부적 내용에 있어서는 비슷한 점도 적지 않았다. 그러나 그 전체를 해석하는 틀은 이처럼 달랐으며, 1990년대에 이를수록 그 차이성은 더욱 확대되어 갔다는 점을 인식하는 것이 중요하다고 생각한다.

2. 남북한 역사학의 차별성

위에서 남북한 학계의 유사성을 민족주의적 경향과 17, 8세기의 경제사라는 두 가지 측면에서 살펴보았다. 그 결과 유사성은 남북한 역사 서술의 근본적인 차이점이라는 큰 틀 안에서 발견되는 것이라는

---

17) 이기백, 『한국사신론 신수판』(일조각, 1996), pp. 6~9 참조. 여기에서 저자는 한국사의 보편성과 특수성의 문제를 구체적으로 언급하고 있는데, 이를 통하여 저자의 학문적 입장을 확실히 알 수 있다. 이러한 입장은 1976년의 『한국사신론 개정판』, 서장에서 처음 체계적으로 표명되었다.

점을 확인할 수 있었다. 이처럼 유사한 내용에서조차 근본적인 차이점이 현격하다면, 아예 처음부터 완전히 다른 측면에 이르면 그 차이점은 얼마나 클지는 말할 필요도 없다. 여기에서는 몇 가지 측면에서 이런 차이점을 부각시켜 보고자 한다.

(1) 북한의 정통론

먼저 북한의 역사 서술은 성리학의 영향을 받은 조선 시대의 역사서술에서나 볼 수 있는 정통론이 존재한다는 점을 꼽을 수 있다.『조선통사(상)』의 상고사 부분은 고조선을 중심으로 서술되어 있으며, 삼국 시대 부분은 완전히 고구려가 중심이 되어 있다. 제3편 봉건 사회의 3장 4절을 보면 그 제목부터 '고구려에 의한 국토 통일 정책의 추진과 세 나라의 호상 관계'라고 되어 있다. 그리고 그 첫 대목을 다음과 같이 김일성 어록을 인용하면서 시작하고 있다.

> 고구려는 오래 전부터 삼국의 통일을 중요한 정책으로 내세웠으며 삼국 통일을 실현하기 위한 투쟁을 주변 나라들의 침략을 반대하는 투쟁과 밀접히 결합하여 힘있게 밀고 나갔다.[18]

그리고 고구려가 평양으로 천도한 것도 "고구려가 세 나라의 통일 정책을 보다 적극적으로 추진시키기 위해서였으며 또 외래 침략 세력으로부터 나라의 안전을 더 잘 지키기 위해서이기도 하였다."[19] 백제와 신라에 대해서는 극히 짧고 간단하게 언급한 다음 고구려의 수, 당 제국과의 투쟁사를 상세하게 서술하고 있는 것도 이들이 삼국 가운데 고구려를 얼마나 중요시하는지를 잘 보여 준다.

18) 1977년 판『조선통사(상)』, p. 96.
19) 앞의 책, p. 99.

이어서 『조선통사(상)』에서는 신라의 통일이라는 표현은 존재하지 않으며, '7세기 중말엽의 반침략 투쟁과 발해의 성립'이라는 대목으로 처리하고 있다. 그러므로 소위 신라의 삼국 통일 과정은 단지 신라와 당나라의 연합 침공에 대한 고구려와 백제인의 투쟁으로 대치되어 있다. 그러므로 발해는 고구려를 계승한 왕조였다.

> 발해는 정치, 경제, 문화의 모든 분야에서 고구려를 계승한 나라였다. …… 발해국을 세우는 데서 주동적 역할을 논 것도 고구려 사람들이었고 발해국에서 권력을 잡은 주되는 세력도 고구려 사람들이였다. 발해왕은 자신을 '고려'[고구려] 국왕이라고 불렀다. 발해국 안에서 고구려 사람들은 말갈 사람들로부터 '두령'이라는 이름으로 불리웠다. 고구려 고토에 발해국이 창건됨으로써 우리 강토에는 두 개의 봉건 국가 '발해, 후기 신라'들이 남아 있게 되였다.[20]

여기서 소위 통일 신라는 '후기 신라'로 표현되었으며, 후기 신라에 대한 서술은 거의 없다. 그러므로 이 시기의 역사는 발해를 중심으로 서술되었다.

『조선통사(상)』에서는 고려의 통일을 중요시하고 있다. 그래서 이 책에서는 고려의 통일을 우리 나라 최초의 통일 국가의 등장이란 관점에서 다루고 있으며, 이 시작을 "원래 우리 민족은 수천 년의 오랜 력사를 통하여 하나의 문화와 하나의 언어를 가지고 살아온 단일 민족입니다"[21]라는 김일성의 어록으로 시작하고 있으며, 이어서 고려의 건국 의미를 강조한 김일성의 어록을 다시 길게 인용하고 있다.

> 동족의 나라들을 하나로 통합하려던 고구려의 지향은 10세기 초에

---

20) 앞의 책, pp. 146~147.
21) 앞의 책, p. 187.

창건된 고려에 의하여 계승되었다. 고려는 신라가 차지하고 있던 대
동강 이남 지역의 주민들은 물론, 멀리 북쪽에서 이주하여 온 발해의
유민들까지도 하나의 주권 밑에 통합하였으며 광활한 고구려의 옛땅
을 되찾기 위하여 힘찬 투쟁을 벌였다. 고려라는 이름도 고구려에서
유래한 것이다.22)

고구려가 이루지 못한 국토의 통일을 고려가 달성했다는 점에서
이들은 고려의 건국을 특별히 중요시하였던 것이다. 그러나 고려를
멸망시키고 등장한 조선의 건국에 대해서는 아무런 의미도 부여하지
않았다.

그러므로 이러한 점을 정리하여 보면 북한에서는 고조선―고구
려―발해―고려―북한으로 이어지는 역사를 정통으로 인정하고 있
다고까지 말할 수 있다. 신라나 조선 왕조는 여기에서 거의 형식적인
서술만 있을 뿐이었다. 이것은 오늘날의 북한의 수도가 평양이며, 또
고려의 수도였던 개성도 북한의 영토 안에 있다는 점에서, 북한 정권
의 역사적 정통성을 강조하려는 의도에서 빚어진 역사 인식 태도라
고 하겠다. 이것은 모든 왕조를 우리 역사의 정당한 한 부분으로 인
정하는 남한 학계의 입장과는 너무도 다르다. 그만큼 북한의 역사학
이 정치 권력에 예속되어 있음을 보여 주는 예라 하겠다.

오늘날 북한이 철저한 자력갱생주의를 주장하는 김일성의 주체사
상을 국시로 내걸고 있음을 감안하면 이와 같은 북한의 정통론의 현
실적 필요성을 쉽게 짐작할 수가 있다. 그리고 현재의 남북 분단 상
황에서 남한이 아니라 북한이 우리 역사의 진정한 정통성을 계승한
국가임을 과시하려는 그들의 의도가 역사 서술에 어떻게 반영되었는
지도 알 수가 있다.

---

22) 앞의 책, pp. 187~188.

(2) 김일성의 개인 숭배와 현대사 인식

『조선통사(하)』에서는 1945년 조국의 해방을 이루어 낸 것은 김일성의 업적임을 드러내기 위하여 이렇게 서술하고 있다.

> 나라를 찾아 주시고 민족을 구원해 주신 위대한 수령님의 조국 개선을 우리 인민은 반만년의 유구한 력사에서 일찍이 있어 본 적이 없는 대경사로 그처럼 열렬히 환영하였으며 수령님을 만나 뵈올 그 날을 손꼽아 기다렸다.
> 그러나 위대한 수령님께서는 환영 모임에 참석하시는 것도, 항일 혈전의 20성상 그 언제나 잊으신 적이 없는 고향 만경대의 방문도 다 뒤로 미루시고 간고한 투쟁의 피로도 푸실 사이도 없이 건국 앞에 나선 긴급하고 중대한 문제부터 풀어 나가시였다.23)

김일성은 "나라를 찾아 주시고 민족을 구원해 주신 위대한 수령님"으로 서술되었으며, 이후의 현대사는 오직 그 한 사람을 중심으로만 기록되었다. 그러므로 북한의 현대사는 김일성 개인에 대한 숭배의 역사에 지나지 않는다. 사실 1987년 판『조선통사(하)』를 보면 무장 항일 투쟁과 조선 혁명 정부의 결성, 주체사상의 확립 및 조선인민혁명군을 이끈 김일성의 활약상이 134쪽에서 299쪽까지 한 번도 거르지 않고 서술되어 있을 정도이다.

심지어 『조선통사(하)』에서는 한국전쟁 부분을 미무리하면서 이 전쟁의 의의를 이렇게 정리하고 있다.

> 조국 해방 전쟁에서의 조선 인민의 력사적 승리는 오직 위대한 수령 김일성 동지의 현명한 령도에 의하여서만 이루어질 수 있었다.
> 위대한 수령 김일성 동지께서는 조국 해방 전쟁의 전 기간 조국과

---

23) 앞의 책, p. 302.

인민의 운명을 한 몸에 지니시고 겹쌓인 난관과 시련을 헤치시면서 우
리 당과 국가, 군대와 인민을 빛나는 승리에로 현명하게 이끄시였다.
　조국 해방 전쟁에서의 조선 인민의 승리는 영생 불멸의 주체사상
이 가져다준 빛나는 결실이였다.
　주체사상은 우리 당과 정부, 인민 군대와 인민에게 그 어떠한 엄
혹한 시련도 이겨내고 원쑤와 싸워 이길 수 있는 필승 불패의 사상
정신적 량식을 안겨 주었다.
　위대한 수령님께서 창시하신 주체사상이 있고 수령님의 현명한 령
도가 계심으로 하여 전쟁 승리의 모든 요인들이 확고히 마련될 수
있었다.24)

　김일성이 주체사상으로 항일 무장 투쟁을 이끌었는데, 그들의 말대
로라면 이 때에 와서 조국 해방 전쟁을 완전한 승리로 이끈 것도 김
일성과 그가 창시한 '영생 불멸의 주체사상' 때문이었다는 위의 인용
문은 북한의 역사학이 북한의 현 체제에 얼마나 철저하게 예속되어
있는지를 단적으로 보여 주고 있다.
　그러므로 민족의 구세주로 김일성을 숭배하고, 한 사람을 주체로
하여 서술된 북한의 근현대사를 보면, 북한의 역사학이 더 이상 역사
학이 아닌 종교적 교리서에 다름이 없다고 하겠다. 그러므로 김일성
의 역할이 강조되는 일제 시대 이후의 역사 서술에서 남북한의 차이
점을 따진다는 것은 너무도 무의미한 일이다. 학문과 종교를 비교할
수는 없기 때문이다.

---

24) 앞의 책, p. 492.

3. 남북한 역사학의 학문적 통합은 가능한가?

(1) 남북한 역사학의 학문적 통합은 가능한가?

최근 남북간의 교류가 급진전되고 있고, 이러한 교류가 더욱 확대되리라는 기대도 확산되고 있다. 그에 따라 남북한 사이에 학문적 교류도 더욱 폭넓어지리라는 기대도 할 수 있다. 그러나 지난 몇 년 간 틈틈이 북한의 역사학에 대한 연구를 해온 필자의 경험으로 본다면, 남북한 사이에 건전한 역사학의 교류는 거의 불가능하다고 생각한다. 북한에는 학문으로서의 역사학이 더 이상 존재하지 않기 때문이다.

북한의 역사학이 북한 정권의 철저한 도구에 지나지 않는다 해도, 부분적으로는 공통되는 분야가 많다. 지금까지 살펴본 바와 같은 민족주의적 역사 해석이나 17, 8세기 사회 경제의 발전 같은 분야 이외에도 남북한 역사학계가 공통된 관심을 표명할 수 있는 수많은 소단위의 주제가 있다. 그러나 역사학의 궁극적인 목적은 종합적인 해석을 지향하는 것이다. 그러므로 결국에는 결코 결합될 수 없는 차이점이 드러날 것이 확실하다.

만약 남북한 역사학의 학문적 통합이 피할 수 없는 과제라는 데 모두 동의한다면, 적어도 북한에서는 역사학을 김일성을 우상화하기 위한 수단으로 더 이상 이용해서는 안 될 것이며, 남한에서는 남북 통합이라는 명분을 살리기 위해 지금까지 누려 왔던 학문의 자유를 상당 부분 포기해야 할 것이다. 그러나 이것이 가능한 일이며, 또 바람직한 일인가? 남한의 학계에서 학문의 자유를 희생하면서까지 역사학의 통합을 꾀한다고 해서 진정한 남북 통일의 길이 열리겠는가? 필자는 학문의 자유가 제한되는 통합이란 있을 수 없는 일이라고 확신한다. 그리고 남북한의 이런 현실이 이 시대에 공존한다고 해서 그 가치가 동등하다고도 생각하지 않는다. 북한의 역사학은 학문의 세계에서 결코 있어서는 안 될 상태에 빠져 있다고 생각하기 때문이다.

1980년대 중반 이후 남한의 사회가 더욱 개방되고 민주화되면서 이제 마르크스의 사관에 따르는 역사학자들도 자유로운 역사 연구를 할 수 있게 되었으며, 그에 따라 유물사관을 따르는 역사책들도 많이 출판되고 있는 실정이다. 그런 입장에 서게 되면 마르크스-레닌주의를 표방했던 북한의 역사학과의 교류가 가능하리라는 전망을 내릴 수도 있을지 모른다. 그러나 북한 사회가 더 이상 고전적인 마르크스-레닌의 사상에 입각한 사회주의 국가가 아니라는 것은 말할 필요도 없게 되었으며, 북한의 역사책을 읽어보면 그런 현실을 쉽게 확인할 수 있다. 그러므로 북한의 역사학은 유물사관에 입각한 남한의 역사 서술과도 통합이 불가능하다고 생각한다.

사실 학문의 세계에서는 인위적인 통합이라는 말 자체가 성립하지 않는다. 학문의 세계에서는 다양한 견해가 저마다 공존하고 대립하면서 새로운 단계로 발전해 가기 때문에 이것을 통합한다는 것은 진정한 학문을 말살하는 것이나 다름없다. 그리고 남북 통일이라는 이름 하에서도 역사학의 통합은 가능하지도 않고, 또 전혀 필요하지도 않다고 생각한다. 다만 북한의 역사학이 권력의 예속에서 완전히 벗어난다면 서로 견해를 달리하더라도 활발하며 생산적인 토론과 대화가 가능할지도 모른다. 그러나 현 상태에서 북한의 역사학이 권력의 예속에서 완전히 벗어난다는 것이 가능한 일이겠는가? 결국 남북한 역사학의 성격이 이처럼 상이하다는 것은 남북한의 국가적 성격이 그만큼 다르다는 것을 의미하며, 남북한의 국가적 성격이 이처럼 다르다면, 역사학 이외의 다른 분야에서도 동등한 통합은 불가능하다는 결론에 이르게 된다. 그러므로 남북한의 문제를 소박한 민족주의적 감성에 의해 해결하려고 노력하기보다는, 남북한은 동등한 통합이 불가능한 이질적인 두 국가라는 차원에서 냉정하고 이성적인 태도에 따라 노력하는 자세가 절실히 요망된다. 남북의 통일은 누구나 원하는 것이라 하지만, 그것을 달성하는 길은 남북한 두 체제의 성격이 다른 만큼이나 험난하고 길지도 모른다는 장기적인 전망 속에서 우리의 미래를 생각하는 지혜가 필요하다. 한국전쟁 이후 오랜 동안 통일 논의가 금기시되어 왔던 과거를 생각하면, 오늘날 남북의 교류가 시작되고 통일 논의가 공개적으로 이루어지고 있다는 것은 매우 고무적인 일이다. 그러나 바로 이런 때일수록 신중하고, 이성적인 태도로 이 문제에 접근하는 것이 시간은 더 걸릴지라도 더 나은 결과를 가져올 수 있다고 확신한다.

(2) 남북한 문제에 대한 새로운 전망

2000년 6월 15일 김대중 대통령이 평양을 방문하여 김정일 국방위원장과 만나 악수를 나누고 여러 가지의 현안에 대해 회담을 나눈 것은 남북 관계의 역사에 큰 획을 긋는 사건으로 기억될 것이다. 당시 너나할것없이 느꼈던 흥분과 환호의 열정은 너무도 뜨거운 것이었고, 텔레비전의 화면을 통해 전달되는 평양의 모습은 우리들의 마음에 깊이 새겨졌다. 그때는 누구나 통일이 임박했다는 것을 실감하는 듯했으며 지난 50년간의 처절한 대립의 역사가 과거의 장으로 물러나게 되었음을 느꼈을 것이다. 그 뒤로 정부 주도로 진행된 남북간의 온갖 접촉과 그의 가시적인 성과들은 우리들의 통일에 대한 기대를 최대한으로 증폭시켰던 것이다.

그러나 그후 10개월 가까이 지나면서 흥분은 가라앉고 점차 현실적인 문제점이 드러나기 시작한 것은 당연한 일이었다. '금강산 관광'으로 상징되는 남북간의 경제와 문화 교류도 그 처음 시작 때 막연히 기대했던 것보다는 확대되지 않았으며, 그 밖의 모든 분야에 걸친 교류도 일반의 기대를 크게 앞지르지는 못했다.

우리 사회는 인터넷 혁명의 격랑에 휘말리면서 모든 것은 일시적이요 상품화된 가치로 판단되는 경향이 매우 강해졌다. 심지어는 남북 관계조차도 그 사건이 지니는 상품성으로 그 가치가 평가되는 면이 전혀 없다고 만은 할 수 없다. 대통령의 평양 방문 이후 여러 달이 지나면서 우리 사회에서 그런 열정을 다시 찾기는 어렵게 되었다. 상품적 가치가 금방 평양에서 다른 곳으로 옮겨간 것이다. 이것은 일면 남북 문제조차도 이제 우리 사회의 수많은 문제들 가운데 하나일 뿐이라는 현실 인식의 토대 위에서 따져야 한다는 점을 일깨워 주는 면도 있지만, 동시에 남북 문제를 지나치게 정치적 논리로만 따져서는 안 된다는 것을 일깨워 주는 것이었다고 생각한다.

텔레비전에 비춰지는 화면만으로 모든 문제가 풀리기에는 남북간의 이질성이 너무도 크다는 사실을 한시도 잊어서는 안 된다. 통일이란 무엇인가? 남북간에 존재하는 엄청난 차이점을 넘어서서 하나의 사회로 통합하자는 것이 아닌가? 그렇다면 그 통합이라는 것이 어떻게 이루어질 수가 있는가? 우리는 하나의 민족이라는 이름으로 주체사상과 민주주의 이념을 하나로 묶을 수 있으며, 북한의 통제 사회와 남한의 개방 사회를 하나로 통합할 수 있는가? 남북한 역사학의 학문적 통합이 불가능한 것이라면, 그 역사학의 모체가 되는 남북한 두 사회의 통합은 가능할 수 있는가? 사람에 따라서는 북한 사회를 이해해야 한다고 말하며, 필자와 같은 견해를 민족적이 아니며 너무도 냉정하다고 나무랄지도 모른다. 그러나 상대방을 깊이 알아야 진정한 이해에 도달할 수가 있으며, 진정한 이해에 도달했다 해서 상대방의 모든 것을 옳다고 인정하는 것은 아니라는 평범한 진리를 망각해서는 안 된다. 남과 북은 서로 다른 사회를 지향하고 있으며, 그에 따라 지향하는 가치관도 다르다는 것은 말할 필요도 없다. 그러면 두 사회가 추구하는 가치 체계가 모두 같다고 할 수가 있는가? 그렇다면 두

개의 완전히 이질적인 사회가 두 개의 서로 다른 가치 체계로 통합될
수가 있겠는가?

남북한 두 사회는 아무리 공존과 통일을 강조하더라도 서로 다른
이념에 토대를 둔 별개의 사회 사이에서 벌어지는 치열한 경쟁 관계
를 모두 초월할 수는 없다. 남북이 하나의 민족이라는 이름으로 다
같이 통일을 지향한다면 그 경쟁 관계는 더 뜨거워질 것이라고 확신
한다. 1998년 9월 5일자로 확정된 북한의 '조선민주주의인민공화국
사회주의 헌법' 전문에는 다음과 같은 대목이 있다.

> 위대한 수령 김일성 동지는 민족의 태양이시며 조국 통일의 구성
> 이시다. 김일성 동지께서는 나라의 통일을 민족 지상의 과업으로 내
> 세우시고 그 실현을 위하여 온갖 로고와 심혈을 다 바치시였다. 김일
> 성 동지께서는 공화국을 조국 통일의 강유력한 보루로 다지시는 한
> 편 조국 통일의 근본 원칙과 방도를 제시하시고 조국 통일 운동을
> 전 민족적인 운동으로 발전시키시여 온 민족의 단합된 힘으로 조국
> 통일 위업을 성취하기 위한 길을 열어 놓으시였다.

이 전문은 김일성의 업적을 토대로 북한 정권이 탄생했음을 강조
하면서 위에서 본 것처럼 그가 "공화국을 조국 통일의 강유력한 보
루"를 다지고, "조국 통일 운동을 전 민족적인 운동으로 발전" 시켰
다고 상소하였다. 농시에 농 헌법의 제9조에서는 "조선민주주의인민
공화국은 북반부에서 인민 정권을 강화하고 사상, 기술, 문화의 3대
혁명을 힘있게 벌려 사회주의의 완전한 승리를 이룩하며 자주, 평화
통일, 민족 대단결의 원칙에서 조국 통일을 실현하기 위하여 투쟁한
다"고 규정하여 북한 정부가 한반도의 통일 지향하는 것임을 분명히
하였다.

한편 1987년 10월 29일에 개정된 대한민국 헌법 전문은 다음과 같

이 되어 있다.

> 유구한 역사와 전통에 빛나는 우리 대한국민은 3·1 운동으로 건
> 립된 대한민국 임시정부의 법통과 불의에 항거한 4·19 민주 이념을
> 계승하고, 조국의 민주 개혁과 평화적 통일의 사명에 입각하여 정
> 의·인도와 동포애로써 민족의 단결을 공고히 하고, ……

즉 남한에서도 "조국의 민주 개혁과 평화적 통일"이 국가가 지향하
는 최고의 목적임을 분명히 하였다. 동 헌법의 제3조에서는 "대한민
국의 영토는 한반도와 그 부속 도서로 한다"고 명시하고 제4조에서
는 "대한민국은 통일을 지향하며, 자유 민주적 기본 질서에 입각한
평화적 통일 정책을 수립하고 이를 추진한다"고 명확하게 밝히고 있
다. 현재 남한은 한반도 전체와 부속 도서를 영토로 규정하고 있으며,
따라서 "대한민국은 통일을 지향"한다는 명분을 헌법에서 명확하게
규정하고 있는 것이다.

이처럼 남북한은 모두 한반도의 통일을 가장 중요한 국가적 목표
로 설정하고 있다는 점을 유의해야 한다. 이처럼 동일한 영토 내에
통일을 지향한다면 실질적으로나 이념적으로 상대방의 존재를 인정
하기가 쉽지 않다. 우리 사회에서는 교육을 많이 받은 사람들 가운데
서도 통일을 매우 낙관적으로 이야기하는 사람들이 많다. 그러나 위
에서 인용한 남북한 헌법을 보면 북한은 김일성의 주체사상에 의해
'조국 통일'을 지향하며, 남한은 '자유 민주적 기본 질서에 입각'해서
통일을 지향한다는 점을 분명히 하였다. 김일성의 주체사상과 남한의
자유 민주주의적 가치 체계가 어떻게 통합될 수 있는가? 이처럼 두
사회가 너무도 다른 이념으로 통일을 지향하기 때문에, 통일의 지향
은 두 사회의 엄청난 대립과 경쟁 관계를 불러일으킬 것이 확실하다.
지난 50년의 적대 관계와 치열한 대립 경쟁도 따지고 보면 이런 맥락

에서 이해할 수가 있다. 서로는 서로를 자신의 체제와 이념으로 통합
시킬 대상으로 인식할 뿐 대등한 국가라는 인식은 전무한 것이다. 민
족이 하나라고 아무리 강조해도 이 한계를 그처럼 단순화된 관념으
로 극복할 수는 없다.

　남한과 북한이 두 개의 서로 다른 국가로 지구상에 공존한다 해도
국가간의 경쟁 관계를 면할 수 없는 것인데, 두 국가가 반드시 통일
에 이르고야 말겠다고 나선다면 그 경쟁이 얼마나 치열할 것인가? 그
러므로 남북 관계에서 오늘날 전개되는 새로운 시도로 이러한 경쟁
관계가 다 없어진다고 믿어서도 안 되고, 믿게 해서도 안 된다고 본
다. 다만 그 경쟁 관계를, 1950년의 한국전쟁과 그 이후의 냉전 체제
에서처럼 서로를 파멸로 이끄는 전쟁이라는 수단에서 벗어나 어느
쪽이 인간적 가치를 더 증진시킬 수 있는 체제로 나아가느냐의 평화
로운 경쟁 체제(전쟁이 아니라는 점에서)로 전환시켜야 한다. 지금의 남
북한 관계의 개선이라는 점도 이런 맥락에서 보아야 타당한 것이다.

　두 사회 모두 현재 상태에서 완벽한 이상 사회에 도달했다고 말할
수는 없겠지만, 그래도 어느 사회가 인류의 보편적 가치를 증진하는
데 더 기여할 수 있을지가 장차 두 사회의 우열을 명확하게 갈라놓을
것이다. 그리고 그에 따라 통일에 대한 논의도 달라질 것이 분명하다.
이러한 엄연한 현실을 화려한 행사나 민족은 하나라는 관념만으로
뒤덮을 수는 없다. 따라서 역사학계를 포함해서 우리 사회가 남북 통
일에 대비하기 위해 무엇을 해야 한다면, 그것은 당장은 가능하지도
않은 통합 방안을 강구할 것이 아니라, 북한의 실상에 대하여 세부적
인 데까지지도 상세한 내용을 파악하려는 본격적인 연구를 하는 일이
필요하다고 생각한다. 현재의 남북 대화는 정치적 주도권 잡기로 나
아가고 있다. 물론 초기 단계에서 이것은 당연한 일이기도 하다. 그러
나 정치란 그 이해 관계에 따라 어쩔 수 없는 파당성을 지니게 마련

이므로 북한에 관한 모든 자료와 정보를 정치권이나 정부의 일각에서 독점하는 체제로는 바람직한 미래를 기대할 수가 없다. 그런데도 현재의 현실에서는 북한의 역사 교과서들, 논문들, 역사책들, 및 기타 역사 관계 자료들을 구해 보기가 여전히 어렵다. 그리고 이러한 자료들을 제대로 갖추어 놓은 도서관도 없는 실정이다. 이러한 실정을 생각해 보면, 북한의 역사학을 연구하기 위한 기반조차도 마련되어 있지 않다고 생각한다. 그리고 이런 점들은 학계의 노력만으로는 불가능한 것이므로, 정책적으로라도 북한의 자료를 체계적으로 수집하는 일에 시급히 착수해야 한다고 생각한다.

북한에 대한 종합적인 지식이 깊어지면 질수록 현재 남북한에 존재하는 차이점이 어떻게 극복되어야 할 것이며, 또 이처럼 변화무쌍한 현대 세계에서 남북한 관계가 어떠한 방향으로 진전되어야 할지를 결정할 수 있는 지혜가 생길 것이다. 더 나아가 적어도 북한에 관한 한 우리들이 세계에서 가장 가치 있는 학술적 정보를 지니고 있다는 명성을 얻는다는 것은 한반도의 문제를 예의 주시하는 이해 당사국들로 하여금 남북한 문제에 관한 한 우리의 견해를 진심으로 경청하게 만들 수 있을 것이다. 남북간의 현안 문제들도 갈수록 다양한 형태로 제기될 것이며, 이런 문제들에 대해서 정파적 이해 관계나, 편의적 자세로 임하면 결코 남북 관계의 바람직한 미래는 생각하기 어려울지도 모른다. 남북 문제의 지혜로운 해결 없이 우리의 평화와 번영이 세계적 수준으로 발전해 가기는 어렵다. 그러므로 남북 문제를 지혜롭게 풀어갈 수 있는 근본을 쌓아가려는 노력을 파당적 이해 관계를 넘어서 시급히, 지속적으로 기울여 한다고 생각한다. 그리고 남북 문제처럼 우리 모두의 운명에 관련된 중요한 문제에 대해 우리 사회 안에 다양한 견해가 동시에 존재한다는 현실을 너무도 자연스럽게 인정해야 하며, 결코 자신과 다른 견해를 무시하고 없애려는 태도를 지녀서는 안 된다. 견해의 다양성과 그 견해들 사이의 경쟁 관계는 개방 사회의 필연적 귀결이기 때문이다. 다양한 견해들 사이에서 벌어지는 치열한 논쟁은 더 나은 대안을 수렴하는 방향으로 발전하는 과정이어야 한다. 인간은 누구도 완전한 지식에 도달할 수 없으므로, 자신의 견해로 다른 견해를 통일해 버리려는 패권주의적 자세를 지녀서는 안 된다. 현재 매우 빠른 속도로 다원화되어 가는 우리 사회에서는 어떤 문제에서건 통일된 하나의 견해를 이끌어 내기가 매우 어렵다는 점을 알아야 한다. 그러므로 남북 문제에 대한 성숙한 태도는 자연히 민주적 절차를 존중하고 신뢰하는 우리 사회 내부의 진정한 민주화 과정에서 달성될 것이다. 그런 점에서도 북한 연구가 누구에게나 개방되고 활성화되면서, 그에 대한 토론과 논쟁이 더욱 활발하게 전개되기를 기대한다.

부 록

참고한 개설서(출판연대순)

출판연도	저 자	서 명(출판사)
1899	學部	大韓歷代史略(亞細亞文化社 韓國開化期教科書叢書(1977))
1905	玄采	中等教科 東國史略(위와 같음)
1910	柳瑾	新撰 初等歷史(大韓皇城廣德書林)
1921	林泰輔	朝鮮通史(東京: 富山房)
1922	金澤榮	韓國歷代小史(南通翰墨林書局/金澤榮全集(아세아문화사, 1978))
1923	朝鮮史學會	朝鮮史講座 一般(朝鮮總督府)
1923	安廓	朝鮮文明史(自山 安廓國學論著集(여강출판사, 1994))
1924	靑柳南冥	朝鮮文化史 大全(朝鮮硏究會藏版)
1928	玄采	半萬年 朝鮮歷史(京城 德興書林)
1931	崔南善	朝鮮歷史(東明社)
1934	李昌煥	朝鮮歷史(北星社)
1935	稻葉岩吉	朝鮮滿洲史(平凡社)
1937	李淸源	朝鮮歷史讀本(東京: 書店 白揚社)
1940	三品彰英	朝鮮史槪說(弘文堂)
1937	宮崎五十騎	槪觀朝鮮史(東京: 四海書房)
1945. 10	咸敦益	朝鮮歷史(한글 文化普及會)
1945. 12	文錫俊	朝鮮歷史(咸鏡南道教育文化部)
1946. 2	김성칠	조선역사(朝鮮金融組合聯合會)
1946. 7	鄭碧海	朝鮮歷史(中央出版社)
1947	全錫淡	朝鮮史教程(乙酉文化社)
1948	李丙燾	朝鮮史大觀 (同志社)
1949	孫晉泰	國史大要(乙酉文化社)
1950	李仁榮	國史要論(金龍圖書會社)
1950	柳洪烈	韓國文化史(陽文社)
1951	김성칠	국사통론(강당사)
1951	旗田魏	朝鮮史(岩波全書 154)
1952	三品彰英	朝鮮史槪說(弘文堂)
1952	李丙燾	修訂增補 國史大觀(白映社)

출판연도	저 자	서 명
1954	韓㳓劤, 金哲俊	國史槪論(明學社)
1955	李丙燾	新修版 國史大觀(普文閣)
1961	李基白	國史新論(泰成社)
1958	李弘稙, 韓㳓劤, 申奭鎬, 曺佐鎬	國史新講(一潮閣)
1967	李基白	韓國史新論(一潮閣)
1970	韓㳓劤	韓國通史(乙酉文化社)
1975	曺佐鎬	韓國史通論(博英社)
1976	金錫禧, 朴容淑	韓國史槪說(藝文社)
1976	李基白	改正版 韓國史新論(一潮閣)
1978	柳昌馨, 李存熙	韓國史槪說(東文社)
1979	河炫綱	韓國의 歷史(新丘文化社)
1982	李鉉宗	韓國의 歷史(大旺社)
1983	李丙燾	韓國史大觀(東方圖書)
1985	池明觀	韓國文化社(三民社)
1986	邊太燮	韓國史通論(三英社)
1986	한국민중사연구회	한국민중사(풀빛)
1987	韓㳓劤	改訂版 韓國通史(乙酉文化社)
1988	사회과학원력사연구소	조선문화사(사회과학원)
1989	邊太燮	韓國史通論(三英社)
1990	李基白	新修版 韓國史新論(一潮閣)
1990	구로역사연구소	바로 보는 우리 역사(거름)
1992	邊太燮	三訂版 韓國史通論(三英社)
1992	한국역사연구회	한국역사(역사비평사)

1970년대 이후 출판된 교과서류의 개설서 목록(출판연대순)

출판연도	저 자	서 명(출판사)
1952	서울대학 國史研究室	國史槪說(홍문서관)
1956	學園社編輯局 編	간추린 國史(학원사)
1958	金龍德	國史槪說(동화문화사)
1968	金黃龍	(新制) 國史세미나(학창사)
1968	전국전문학교문화사편집위원회	韓國史(박문사)
1968	南都泳, 鄭濟愚	(전통) 國史新說(성문각)
1969	전문학교역사교육연구회	韓國史(박영사)
1971	전문학교역사교육연구회	國史槪說(박영사)
1972	國史教材研究會 編	國史(대성출판)
1973	李炫熙	韓國史(일신사)
1974	교양교재편찬위원회 편	國史(동국대출판부)
1974	李相鉉 編	韓國史講解(지학사)
1974	文守弘	韓國史(구역서재)
1975	邊太燮	새 國史(법문사)
1975	孫弘烈	韓國史(현암사)
1975	國史教材研究會 編著	國史(대성출판주식회사)
1975	鄭東雨	(교학) 國史(교학사)
1976	李炫熙	(개정판)韓國史(일신사)
1976	金錫禧, 朴容淑	韓國史槪說(예문관)
1976	南都泳	韓國史(법정학회)
1977	金永喆	韓國史講義(행정고시학회)
1977	李在熙	韓國史槪說(동문사)
1978	車文燮	韓國史(화학사)
1978	鄭命岳	國史大全(光吾理解社)
1979	裵漢極, 劉炳基	韓國史槪要(학문사)
1980	國史槪說教材編纂會	國史槪說(경기대출판부)
1980	朴賢緒, 金京誤, 李完宰 공저	韓國史(한양대학교)
1980	공업전문학교교재편찬위원회	(標準教材)韓國史槪說(工業專門學校教材編纂委員會)
1980	교육대학한국사연구회 편	韓國史(한국도서관협의회출판부)

출판연도	저 자	서 명(출판사)
1981	教養教材編纂委員會	韓國史(동국대출판부)
1981	李完宰	韓國史(尋雪堂)
1981	李炫熙, 鄭國老	韓國史槪論(일신사)
1982	李在崑	(公務員) 韓國史(대명출판사)
1982	朴廣成 編著	國史(교학연구사)
1982	洪鍾弼	韓國史槪論(남명문화사)
1982	鄭英熹	韓國史槪說(형설출판사)
1982	대명고시연구원 편	韓國史(대명출판사)
1982	鄭英熹	韓國史槪要(신양출판사)
1982	李元淳, 崔炳憲, 韓永愚	國史(서울대출판부)
1982	教材編纂委員會 編	韓國史槪說(영지문화사)
1983	鄭昨瀧	(新增) 韓國史(학문사)
1984	朴成壽	韓國史(동양문화사)
1984	홍종필	韓國史槪說(명지대출판부)
1984	李求鎔	韓國史槪要(합동교재공사)
1984	朴榮圭	國史(경기공업개방대학)
1985	慶北大學校 國史教材編纂委員會	韓國史(경북대출판부)
1985	국사교재편찬위원회 편	교양 한국사(한국외국어대출판부)
1986	교양교재편찬위원회 편	韓國史(세종대학)
1986	국사교재편찬위원회 편	韓國史(학문사)
1986	金奉斗, 潘允洪	韓國史講論(교문사)
1986	李根洙, 趙純香, 趙炳香	교양 韓國史(경기대출판부)
1986	鄭國老	韓國史講論(세환출판사)
1986	李在崑	(要解) 韓國史(대명출판사)
1986	朴榮圭	韓國史(경기공업개방대학출판부)
1986	梁東絢, 金在庚	韓國史槪論(국제출판사)
1986	홍종필	韓國史槪論(백산출판사)
1986	대학국사교재편찬회 편	韓國史(재동문화사)
1987	성신여자대학 사학과 교수실 편	韓國史(성신여대출판부)

출판연도	저 자	서 명(출판사)
1987	교양한국사편찬위원회	教養 韓國史(단국대출판부)
1988	劉永博 編著	韓國史(동방도서)
1988	鄭國老, 柳完相, 조동훈	韓國史講論(홍문당)
1988	梁東絢	韓國史槪論(국제출판사)
1988	李元淳 등 공저	(韓國放送通信大學敎材) 國史(한국방통대)
1989	李玫圭 編著	(大學) 韓國史(창문각)
1989	한국역사 연구회 편	한국사강의(한울아카데미)
1990	교양국사연구회 편	(이야기) 韓國史(청아출판사)
1990	韓永愚	한국사대강(경세원)
1990	梁東絢	國史槪說(창문각)
1990	國家考試學會指導敎授陣 編著	(大學敎養) 國史(국가고시학회)
1990	金相泰	韓國史講座(진성사)
1991	盧武志	韓國史(정훈출판사)
1991	柳昌馨	韓國史講論(형설출판사)
1992	螢雪出版社 國史敎材編纂委員會	韓國史講論(형설출판사)
1992	方龍植 編著	國史新講(형설출판사)
1993	평생교육원 편집	國史(평생교육원)
1993	裵勇一	韓國史槪論(대왕사)
1993	朴性植, 權大石 編著	韓國史槪觀(영남서원)
1994	國史敎材編纂會 編	韓國史槪說(보문당)
1994	공업전문대학교새편찬위원회	韓國史槪說(태성)
1994	우성문화사지도교수진 편	韓國史(우성문화사)
1994	尹乃鉉, 朴成壽, 李炫熙	새로운 韓國史(삼광출판사)
1995	柳完相 등 공저	韓國史講座(홍문당)
1996	(국민사)편집기획실 편저	國史(국민사)
1996	(범론사) 편집부 편저	국사(범론사)
1996	한양대학교한국사연구실 편	한국사 16강(한양대출판부)
1996	張都錫, 柳樹鉉 編著	(새 흐름) 韓國史(한국교육문화원)

찾아보기